2020—2021年中国工业和信息化发展系列蓝皮书

2020—2021年中国工业发展质量蓝皮书

中国电子信息产业发展研究院 编 著

刘文强 主 编

关 兵 王 昊 张文会 副主编

电子工业出版社
Publishing House of Electronics Industry
北京·BEIJING

内 容 简 介

本书以习近平新时代中国特色社会主义思想为指引，围绕我国工业经济当前的重点、热点、难点问题进行研究，特别是对制造业高质量发展过程中所面临的机遇与挑战进行深度分析，构建了成熟的指标体系。

全书围绕"工业高质量发展"，遵循新发展理念，紧密结合制造强国建设的主要目标，充分吸纳"供给侧结构性改革"对工业经济发展的新要求，全面剖析了工业发展质量的内涵，明确了构建评价体系的基本原则和主要思路，并在往年评价体系的基础上，对一些指标进行了适时调整，对全国和各省（区、市）的工业发展质量，以及工业主要行业发展质量进行了评价。

本书旨在推动我国工业经济高质量发展，可供相关人士参考阅读。

未经许可，不得以任何方式复制或抄袭本书之部分或全部内容。
版权所有，侵权必究。

图书在版编目（CIP）数据

2020—2021年中国工业发展质量蓝皮书 / 中国电子信息产业发展研究院编著；刘文强主编. —北京：电子工业出版社，2021.11
（2020—2021年中国工业和信息化发展系列蓝皮书）
ISBN 978-7-121-42409-0

Ⅰ. ①2⋯　Ⅱ. ①中⋯　②刘⋯　Ⅲ. ①工业发展－经济运行质量－研究报告－中国－2020-2021　Ⅳ. ①F424

中国版本图书馆CIP数据核字（2021）第238919号

责任编辑：陈韦凯
文字编辑：杜　强
印　　刷：中煤（北京）印务有限公司
装　　订：中煤（北京）印务有限公司
出版发行：电子工业出版社
　　　　　北京市海淀区万寿路173信箱　邮编：100036
开　　本：720×1 000　1/16　印张：16.75　字数：375千字　彩插：1
版　　次：2021年11月第1版
印　　次：2021年11月第1次印刷
定　　价：218.00元

凡所购买电子工业出版社图书有缺损问题，请向购买书店调换。若书店售缺，请与本社发行部联系，联系及邮购电话：(010) 88254888，88258888。

质量投诉请发邮件至zlts@phei.com.cn，盗版侵权举报请发邮件至dbqq@phei.com.cn。
本书咨询联系方式：chenwk@phei.com.cn，(010) 88254441。

前　言

　　2020年，突如其来的新冠肺炎疫情对世界各国带来了前所未有的冲击。主要发达经济体一方面意识到产业链供应链安全的重要性，加快推动产业链供应链本地化、区域化和多元化；另一方面重新思考产业政策的重要性，加快出台人工智能、半导体等产业政策，抢占产业制高点，全球产业竞争更加激烈。

　　2020年，面对国内外复杂形势，党的十九届五中全会提出了"加快构建以国内大循环为主体、国内国际双循环相互促进的新发展格局"重要战略部署，为我国应对复杂严峻的经济形势，做好当前和未来较长时期经济发展工作提供了战略方向。在习近平总书记带领和党中央、国务院统筹部署下，我国取得了疫情防控的阶段性胜利，工业企业复工复产快速推进，成为主要经济体中唯一实现正增长的国家。然而，我国工业经济发展中存在的结构性矛盾也在此次疫情中暴露无遗，产业基础高级化和产业链现代化任重道远，传统工业增长动能趋弱，新动能尚未发挥出支撑工业经济增长的主要作用，新旧动能转换尚需时日。在此背景下，加快推进制造强国战略，加快推动工业高质量发展，增强我国工业特别是制造业的国际竞争力迫在眉睫。

　　本书深入研究"工业发展质量"，目的在于考量我国各省（区、市）工业经济及各工业行业在上述新的发展背景和环境下的发展进程。"工业发展质量"是指在一定时期内一个国家或地区工业发展的优劣状态,综合反映了速度、结构、效益、创新、资源、环境及信息化等方面关系的协调程度。本书通篇围绕"工业高质量发展",遵循新发展理念,紧密结合制造强国建设的主要目标,充分吸纳"供给侧结构性改革"对工业经济发展的新要求,全面剖析工业发展质量的内涵,明确构建评价体系的基本原则和主要思路,在往年评价体系的基础上,对 20 项指标进行了适时的调整,对过去近十年全国及各省(区、市)的工业发展质量,以及工业主要行业发展质量进行了评价。

在研究过程中,我们深刻体会到,工业发展质量内涵丰富,构建一套相对合理的评价体系,并对全国、各省(区、市)以及工业行业进行评价,是一项极富挑战性和创造性的工作,具有现实意义。年度中国工业发展质量蓝皮书已连续推出了 7 版,引发了学术界的广泛关注和热烈反响,《2020—2021 年中国工业发展质量蓝皮书》在认真吸收和采纳行业专家及学者具有建设性的建议和意见的基础上,对 2020 年我国工业发展质量相关热点、重点和难点问题进行透析,期望能够引起更多国内外学术界有识之士的共同关注。

由于时间、精力、能力有限,虽谨思慎为、几经推敲,但本书不足之处在所难免,恳请业界同人不吝赐教。

目 录

理 论 篇

第一章 理论基础 002
 第一节 研究背景和文献综述 002
 第二节 工业发展质量的概念及研究意义 006

第二章 评价体系 009
 第一节 研究思路 009
 第二节 基本原则 012
 第三节 指标体系 013
 第四节 评价方法 018
 第五节 数据来源及说明 020

全 国 篇

第三章 全国工业发展质量分析 023
 第一节 全国工业发展质量指数走势分析 023
 第二节 全国工业发展质量分类指数分析 025

第四章 工业大类行业发展质量分析与评价 031
 第一节 评价体系构建与数据收集 031
 第二节 工业大类行业发展质量指数分析与评价 032

区 域 篇

第五章　四大区域工业发展质量评价与分析 ……………………… 037
第一节　四大区域截面指数分析 …………………………… 037
第二节　四大区域分类指数分析 …………………………… 039

第六章　地方省市工业发展质量评价与分析 …………………… 043
第一节　梯队分析 …………………………………………… 043
第二节　分类指数分析 ……………………………………… 048
第三节　地区分析 …………………………………………… 051

专 题 篇

第七章　工业高质量发展专题研究 ……………………………… 165
第一节　"十三五"我国区域工业发展呈现五大特征 …… 165
第二节　关键核心技术攻坚战需要打好"四大战役" …… 172
第三节　我国区域工业经济运行特点及建议 ……………… 175
第四节　加快构建我国制造业参与国内国际双循环的新发展格局 … 180
第五节　从世界500强榜单看中美制造业实力演变 ……… 184

第八章　"新基建"专题研究 ………………………………………… 189
第一节　"新基建"建设运营面临的风险及建议 ………… 189
第二节　"十四五"时期我国特高压项目带动输变电设备发展趋势研判 … 193
第三节　区块链赋能"新基建"四方面及建议 …………… 200
第四节　专项债支持"新基建"需突破的三大瓶颈及建议 … 203

第九章　工业财税金融政策专题研究 …………………………… 207
第一节　从"两会"看支撑制造业高质量发展的财税政策走向及建议 … 207
第二节　全球数字税争议焦点及对我国相关产业的影响 … 210
第三节　数字经济是否存在税收流失风险？ ……………… 214
第四节　高度关注数字税对我国相关产业的影响 ………… 218
第五节　OECD数字服务税双支柱框架解读 ……………… 220

第十章　新能源汽车及智能网联汽车专题研究 ………………… 225
第一节　美国智库CSIS报告对我国新能源汽车产业发展的三点启示 … 225
第二节　德国促进新能源汽车行业发展政策的启示 ……… 228
第三节　疫情背景下智能网联汽车及相关技术发展新机遇 … 232

第四节　从"全球汽车零部件供应商百强榜"看我国本土企业发展差距 235
　　第五节　"新基建"背景下新能源汽车充电桩行业发展前景、技术特征及建议 239

展　望　篇

第十一章　形势展望 244
　　第一节　2020年工业经济运行特点 244
　　第二节　2021年工业形势展望 250

第十二章　政策展望 255
　　第一节　切实增强制造业创新能力 255
　　第二节　稳步提升产业链供应链现代化水平 257
　　第三节　大力推动制造业全产业链优化升级 258
　　第四节　加快构建制造业双循环发展新格局 259

后记 260

理 论 篇

第一章 理论基础

党的十九大报告作出了"我国经济已由高速增长阶段转向高质量发展阶段"的重大战略判断。我国工业经济发展不仅实现了从高速到中高速的平稳换挡，而且从规模速度型粗放增长开始转向质量效益型发展，工业发展更加注重质量与效益的平衡，追求稳中有进、稳中提质，更加注重工业发展质量变革、效率变革、动力变革。基于这一现状，本章主要从新发展理念出发，提出有关工业发展质量的概念，并认为对工业发展质量的衡量是多维度的，主要体现在速度和效益的有机统一、结构持续调整和优化、技术创新能力不断提高、资源节约和环境友好、两化融合不断深化、人力资源结构优化和待遇提升六方面。对工业发展质量进行评价，不仅是衡量工业转型升级成果的需要，还是把握工业经济运行规律和正确指导地方工业科学发展的有效手段。

第一节 研究背景和文献综述

一、研究背景

新中国成立以来，我国经济社会发生了翻天覆地的历史性变化，主要经济社会指标占世界的比重大幅提高，居世界的位次不断前移，国际地位和国际影响力显著提升。2020年我国经济总量突破100万亿元大关，初步核算，全年国内生产总值达1015986亿元，比上年增长2.3%，在全球主要经济体中唯一实现经济正增长。工业是立国之本，是实体经济的主体和建设现代化经济体系的主要着力点。我国已拥有全球门类最齐全的工业体系和配套网络，其中220多种工业产品产量居世界第一。2020年，我国制造业对世界制造业贡献的比重接近30%，连续11年成为世界最大的制造业国家。

当前世界经济形势仍然复杂严峻，复苏不稳定不平衡，新冠肺炎疫情（以下简称疫情）冲击导致的各类衍生风险不容忽视。疫情变化和外部环境存在诸多不确定性，我国经济恢复基础尚不牢固。2020 年，面对疫情冲击以及复杂严峻的国内外环境，在以习近平同志为核心的党中央坚强领导下，统筹推进疫情防控和经济社会发展的各项政策措施取得显著成效，"六稳""六保"任务落实不断推进，企业复产水平稳步提升，工业生产持续稳定恢复。2020 年全部工业增加值达 313071 亿元，比上年增长 2.4%，占 GDP 的比重为 30.8%。装备制造业持续发挥重要支撑作用，新动能发展强劲。2020 年，装备制造业增加值增长 6.6%，增速高于规模以上工业 3.8 个百分点，对规模以上工业增长贡献率达 70.6%，有力支撑工业增长稳步回升。高技术制造业增加值增长 7.1%，增速高于规模以上工业 4.3 个百分点。其中，医疗仪器设备及仪器仪表制造业、电子及通信设备制造业、计算机及办公设备制造业增速分别为 12.1%、8.8%、6.5%。

近年来，我国坚持以创新、协调、绿色、开放、共享为发展理念，推动制造业高质量发展，不断推进制造强国建设。

一是科技创新引领作用增强。2020 年我国位列全球创新指数排名第 14 位，连续两年进入世界前 15 位。创新投入增长较快，2020 年全国研究与试验发展（R&D）经费支出比上年增长 10.3%，占国内生产总值比例为 2.4%。

二是发展协调性稳步提高。重大区域发展战略统筹推进，京津冀协同发展、长江经济带发展、粤港澳大湾区建设、长三角一体化发展按下快进键，黄河流域生态保护和高质量发展上升为国家战略，区域协同发展格局进一步优化。

三是节能降耗减排成效显现。2020 年全国万元国内生产总值能耗比上年下降 0.1%，万元国内生产总值二氧化碳排放量下降 1.0%。

四是对外贸易稳中提质。2020 年我国货物进出口总额达 32.16 万亿元，比上年增长 1.9%，连续三年超过 30 万亿元。2020 年，我国对"一带一路"沿线国家进出口总额达 9.37 万亿元，比上年增长 1.0%。

五是供给侧结构性改革成效明显。2020 年全国工业产能利用率为 74.5%。截至 2020 年年末，规模以上工业企业资产负债率为 56.1%，比上年末下降 0.3 个百分点。[1]

---

[1] 科技创新、节能减排、对外贸易等相关数据来源于国家统计局、海关总署、中国工业统计年鉴、中国科技统计年鉴、中国能源统计年鉴等相关部门和年鉴。

中央工作经济会议指出：2021年要推动经济持续恢复和高质量发展。要依靠创新提升实体经济发展水平，促进制造业高质量发展。要充分发挥国家作为重大科技创新组织者的作用，坚持战略性需求导向，确定科技创新方向和重点，着力解决制约国家发展和安全的重大难题。要发挥新型举国体制优势，发挥好重要院所高校国家队作用，推动科研力量优化配置和资源共享。要统筹推进补齐短板和锻造长板，针对产业薄弱环节，实施好关键核心技术攻关工程，尽快解决一批"卡脖子"问题，在产业优势领域精耕细作，搞出更多独门绝技。要大力发展数字经济，加大新型基础设施投资力度。要扩大制造业设备更新和技术改造投资。要加快调整优化产业结构、能源结构，推动煤炭消费尽早达峰，大力发展新能源。

我国将着力振兴实体经济，工业发展将更加注重质量和效益，更加注重质量变革、效率变革、动力变革，更加注重质量发展的体系建设。推动高质量发展是当前和今后一个时期确定发展思路、制定经济政策、实施宏观调控的根本要求，将形成高质量发展的指标体系、政策体系、标准体系、统计体系、绩效评价体系、政绩考核体系，推动我国经济在实现高质量发展上不断取得新进展。

二、文献综述

党的十九届五中全会指出，我国已转向高质量发展阶段，"十四五"时期经济社会发展要"以推动高质量发展为主题"，部分专家和学者对此进行了解读和研究。

王一鸣（2020年）认为我国转向高质量发展阶段有五个主要特征：从"数量追赶"转向"质量追赶"，从"规模扩张"转向"结构升级"，从"要素驱动"转向"创新驱动"，从"分配失衡"转向"共同富裕"，从"高碳增长"转向"绿色发展"。

许召元（2021年）认为推动制造业高质量发展，一是要完善科技创新、现代金融和人力资源更好服务实体经济的体制机制，二是要扎实推进产业基础高级化，三是要提升产业链现代化水平，四是要优化区域产业格局、培育世界级先进制造业集群，五是要坚持参与全球分工、深化全球合作。

任保平（2021年）指出转向高质量发展阶段是一个系统性变革，高质量发展的评价不是某一方面的评价，因此要进行评价体系的系统性变革，为高质量发展的实践提供科学导向。主张依据新发展理念，从创新、协调、绿色、共享和开放五个维度建立指标体系。

科技创新是工业高质量发展强劲的内生动力。国家"十四五"规划纲要把创新放在了具体任务的首位，提出坚持创新在我国现代化建设全局中的核心地位，把科技自立自强作为国家发展的战略支撑。沈坤荣、赵倩（2020年）指出我国已进入高质量发展阶段，在追赶、逼近世界技术前沿的过程中，要从以引进和消化吸收为代表的模仿型技术进步转向自主创新。国家统计局测算结果显示，中国创新指数再创新高，2019年中国创新指数达到228.3（2005年为100），比上年增长7.8%。分领域看，创新环境指数、创新投入指数、创新产出指数和创新成效指数比上年均呈现不同程度的增长。测算结果表明，我国创新环境明显优化，创新投入稳步提高，创新产出大幅提升，创新成效进一步显现，创新发展新动能不断增强。2021年，工业和信息化部围绕产业创新，进一步加快建设国家制造业创新中心。精准实施产业基础再造工程，加快推进关键核心技术攻关，完善创新产品应用生态。

绿水青山就是金山银山，绿色发展是工业高质量发展的题中之义。2021年政府工作报告中提出，要加快发展方式绿色转型，协同推进经济高质量发展和生态环境高水平保护。向绿色转型正成为经济发展的新趋势、新特征。韩晶（2020年）指出我国高度重视经济发展和生态环境保护的不平衡问题，如何通过绿色发展解决"不平衡"是实现高质量发展的必由之路。绿色发展是发展方式的根本性转变，是发展质量和效益的突破性提升。王金南、严刚（2021年）指出"十四五"是实现我国碳排放达峰的关键期，也是推动经济高质量发展和生态环境质量持续改善的攻坚期，必须按照党中央的要求和部署，加快制定并落实国家碳排放达峰行动方案。

高水平对外开放正为我国工业高质量发展增添新的活力。2021年政府工作报告中提出，要实行高水平对外开放，促进外贸外资稳中提质。要实施更大范围、更宽领域、更深层次对外开放，更好参与国际经济合作。王晓红（2020年）认为要发挥我国吸引外资的综合优势，推动利用外资由规模速度型向综合效益型转变，发挥外资在稳外贸、稳投资、稳就业、促创新等方面的作用，更好地服务于经济高质量发展和产业迈向全球价值链中高端的目标。李燕、赵昌文（2020年）认为妥善应对产业链重构趋势，需要加快推动制造业高质量发展，形成具有更强创新力、更高附加值的产业链，积极参与全球产业链竞争合作，拓展新的发展机遇。

综上所述，当前以及未来相当长的一段时期内，我国工业经济发展应更

加关注工业发展的质量和效益，更加注重工业发展质量变革、效率变革、动力变革。推动工业经济高质量发展，是保持工业经济持续健康发展的必然要求，是遵循经济规律发展的必然要求。就当前国内外复杂形势看，急需构建一套合理、完善的评价体系，来客观、科学地反映和评价我国新时代工业发展质量，引导和推动工业产业结构向更加合理的方向调整。

第二节　工业发展质量的概念及研究意义

一、概念及内涵

工业发展质量的衡量是多维度的，涉及生态效益、经济结构、创新能力、民生水平等多个方面。赛迪研究院工业经济研究所认为：广义上，工业发展质量是指一定时期内一个国家或地区工业发展的优劣状态；狭义上，工业发展质量是在保持合理增长速度的前提下，更加重视增长的效益，不仅包括规模扩张，还包括结构优化、技术创新、资源节约、环境改善、两化融合、惠及民生等诸多方面。现阶段其内涵主要体现在以下六个方面。

第一，速度和效益有机统一。工业发展质量的提高是以稳定的发展速度为基础的，目前我国工业经济运行呈现"稳中有进"的特点，"稳"主要体现在工业增速保持在一定的水平，"进"更多地体现在质量和效益的提高。忽视效益和质量的盲目扩张很可能以资源高消耗、环境高污染为代价，并可能引发产业结构失衡等一系列严重问题，将影响工业的良性循环和健康发展。提升工业发展质量的关键在于实现速度和效益的有机统一。

第二，结构持续调整和优化。工业结构反映了生产要素在产业间、地区间、企业间的资源配置情况，是工业总体发展水平的重要评价维度。工业结构的优化升级有助于提高工业发展质量，是工业发展质量提升的重要表现，必须要统筹处理好传统产业和新兴产业、劳动密集型产业和资本技术密集型产业、重化工业与轻工业、东部地区与中西部地区、大集团大企业与中小企业、国有企业与非国有企业等重要关系，优化生产要素配置。

第三，技术创新能力不断提高。技术创新是工业发展质量提高的源泉，提高产业技术创新能力，有助于实现内涵式发展，推动工业转型升级。在新一轮科技革命的背景下，必须转变经济发展方式，建立健全工业化的创新驱动机制，实现工业化动力从投资驱动向创新驱动转变，进而形成创新驱动的现代化经济体系。提高工业发展质量，要求完善创新生态体系，实现创新链、产业链与资金链的有机统一，保障科研经费投入，促进科技成果的转化。

第四，绿色发展持续推进。实现工业经济与资源环境的和谐发展，是缓解资源约束矛盾的根本出路，是提高工业发展质量的前提。绿色发展是工业发展质量的重要要求，也是工业经济效益的具体表现方面之一。实践证明，粗放利用资源的发展模式只会加剧资源约束矛盾，而以损害环境为代价的工业发展具有极强的社会负外部性。提升工业发展质量，必须提高资源利用效率，发展循环经济，有效控制污染排放。

第五，两化融合不断深化。随着新兴信息技术的产生和应用，工业互联网、大数据、人工智能、虚拟现实和实体经济深度融合，信息技术、信息产品、信息资源、信息化标准等信息化要素，在工业技术、工业产品、工业装备、工业管理、工业基础设施、市场环境等各个层面的渗透与融合，是推动工业转型升级的重要科技助力，也是优化工业系统管理水平的重要手段。

第六，人力资源结构优化和待遇提升。随着我国人口老龄化的加剧，劳动力成本上升，以廉价劳动力为特征的人口红利在不断消失。但随着改革开放后我国人均受教育水平的提高，劳动力质量呈现明显改善，成为我国人口红利的新特征。提高工业发展的质量，既要充分依托我国在人才和劳动力资源方面的巨大优势，特别是要关注人均受教育水平的提高，同时还要着眼于解决广大人民群众的就业与收入问题，实现发展成果人民共享的同时，扩大内需，增强国内购买力。

二、评价意义

党的十九大明确提出，必须坚持质量第一、效益优先，以供给侧结构性改革为主线，推动经济发展质量变革、效率变革、动力变革，提高全要素生产率，着力加快建设实体经济、科技创新、现代金融、人力资源协同发展的产业体系，着力构建市场机制有效、微观主体有活力、宏观调控有度的经济体制，不断增强我国经济创新力和竞争力。结合实际情况，我们认为，未来我国工业发展质量的评价，应综合考虑产业结构优化、协调发展、绿色发展、工业创新能力等多个维度，着力提高工业发展的质量和效益。加强对工业发展质量的评价和研究，是推进工业转型升级的重要基础性工作之一，也是深入贯彻落实十九大及十九届二中、三中、四中、五中全会和中央经济工作会议相关精神，实现制造强国战略的重要实践性工作之一，对我国新时代工业经济实现健康平稳增长具有重要意义。

第一，研究和评价工业发展质量是科学衡量工业转型升级效果的迫切需要。加快工业转型升级已成为推动我国经济结构调整和发展方式转变的重大举措。工业转型升级主要体现在自主创新、结构优化、两化深度融合、绿色低碳、对外开放等诸多方面，其核心目标就是要实现工业发展质量的不断提升。工业转型升级是一个系统性工程，单一指标难以准确客观衡量转型升级的效果，当前急需构建一套能够全面准确衡量工业发展质量的指标体系，引导地方政府和企业走内生增长、集约高效的发展道路。

第二，研究和评价工业发展质量是正确引导地方工业实现科学发展的有效手段。长期以来，片面追求规模、增速的指标扭曲了行业或地区工业发展的经济行为，在推动工业规模高速扩张的同时，也引发了资源浪费、环境污染、产能过剩、产品附加值低、竞争力不强等深层次问题。加强对工业发展质量的评价，有利于引导各级政府实现工业增速与效益的统一，通过加大创新投入、优化产业结构、推进节能减排等措施改善工业整体素质，引导地方将工作重心转移到发展方式的转变上来。

第三，研究和评价工业发展质量是准确把握工业经济运行规律的内在要求。通过对工业发展质量的长期持续跟踪评价，有利于全面分析工业经济运行的中长期特点、趋势及影响因素，深刻剖析工业经济发展中的深层次问题和矛盾，准确把握工业经济运行的客观规律，进而在把握规律的基础上指导实践，提高政府决策的科学性与合理性。

因此，了解和掌握 2020 年我国工业相关政策，构建我国工业发展质量的评价体系，分析全国及地方（省、区、市）的工业发展质量水平和工业细分行业的发展质量情况，探讨工业发展质量的热点和面临的问题，展望工业发展存在的机遇与挑战，对促进我国新时代工业经济更高质量、更有效率、更可持续的发展具有重要意义。

第二章

评价体系

党的十九届五中全会明确指出，"坚持把发展经济着力点放在实体经济上，坚定不移建设制造强国、质量强国、网络强国、数字中国"。《国民经济和社会发展第十四个五年规划和二〇三五年远景目标的建议》(以下简称《建议》)提出"保持制造业比重基本稳定，巩固壮大实体经济根基""产业链供应链安全稳定是构建新发展格局的基础"，并把"增强产业链供应链自主可控能力"确定为2021年要抓好的重点任务之一。2021年中央经济工作会议进一步强调，"加快构建以国内大循环为主体、国内国际双循环相互促进的新发展格局，要紧紧扭住供给侧结构性改革这条主线，注重需求侧管理，打通堵点，补齐短板，贯通生产、分配、流通、消费各环节，形成需求牵引供给、供给创造需求的更高水平动态平衡，提升国民经济体系整体效能"。本章将基于工业发展质量的基本内涵，从工业高质量发展的主要特征出发来确定评价指标体系的基本框架和主要内容，并按内在逻辑要求来选择具有代表性的指标；同时，坚持以指标数据的可获得性为前提来保证评价结果的客观性。在构建评价体系时坚持系统性、可比性、可测度、可扩展等原则，最终选取的指标涵盖速度效益、结构调整、技术创新、资源环境、两化融合、人力资源6个方面，包含20项具体指标。本章详细介绍了工业发展质量评价指标体系的指标选取、指标权重、指标数据来源，以及工业发展质量时序指数和截面指数的测算方法，是后续测算工业发展质量指数的基础。

第一节 研究思路

十九届五中全会和《建议》都提出"加快发展现代产业体系，推动经济体系优化升级。坚持把发展经济着力点放在实体经济上，坚定不移建设制造

强国、质量强国、网络强国、数字中国，推进产业基础高级化、产业链现代化，提高经济质量效益和核心竞争力"。"十四五"时期经济社会发展主要目标之一就是在质量效益明显提升的基础上实现经济持续健康发展，质量效益应成为"十四五"时期工业发展的重要评价指标。《建议》提出，"十四五"时期的指导方针和主要目标是要"坚定不移贯彻创新、协调、绿色、开放、共享的新发展理念，坚持稳中求进工作总基调""加快建设现代化经济体系，加快构建以国内大循环为主体、国内国际双循环相互促进的新发展格局"。《建议》还强调"保持制造业比重基本稳定，巩固壮大实体经济根基"，"十四五"时期必须遵循的原则之一是坚持系统观念，"注重防范化解重大风险挑战，实现发展质量、结构、规模、速度、效益、安全相统一"。速度、结构、效益、可持续发展等指标应纳入评价体系。2021年中央经济工作会议指出，"要增强产业链供应链自主可控能力""关键核心技术实现重大突破，进入创新型国家前列"，创新应成为工业发展质量评价的重要内容。"十四五"规划纲要草案（以下简称"规划纲要草案"）提出"加强技术经济安全评估，实施产业竞争力调查和评价工程"，体现出构建工业发展质量评价体系的必要性和重要性。为全面落实十九届五中全会精神、《建议》等文件精神，推动制造强国战略深入实施，我们构建完善了工业发展质量评价指标体系，以科学监测我国工业发展质量，准确分析推动工业发展过程中存在的突出问题，助力工业发展方式转变，提高工业竞争力和创新力。

评价体系的构建需要认真研究、不断尝试和逐步完善，必须在明确工业发展质量内涵的基础上，选取能够反映当前发展阶段下，我国工业发展水平和质量的指标，对数据进行处理，并对初步测算结果进行分析与验证，然后根据验证结果对指标体系进行必要的修改和调整，确立适合我国国情和工业化发展阶段的评价指标体系，最终用于全国及地方（省、区、市）的工业发展质量评价。中国工业发展质量研究思路如图2-1所示。

（一）指标选取

首先应根据工业发展质量的基本内涵，确定评价指标体系的基本框架和主要内容，并按内在逻辑要求选择重要而有代表性的指标组成初步的指标框架体系。在确立指标框架体系的基础上，按照系统性、可比性、可测度、可扩展的原则，选取具体指标。为保证评价结果的准确性和客观性，本书所需数据全部来源于国家统计局等权威机构发布的统计年鉴和研究报告。

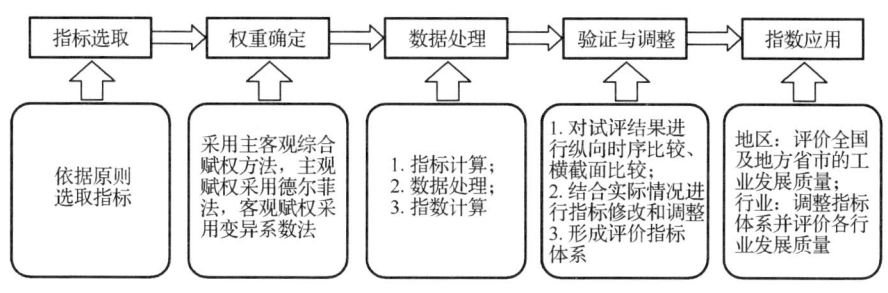

```
指标选取 → 权重确定 → 数据处理 → 验证与调整 → 指数应用
   ↑          ↑          ↑           ↑            ↑
依据原则    采用主客观    1.指标计算；  1.对试评结果进    地区：评价全国
选取指标    综合赋权方    2.数据处理；  行纵向时序比较、  及地方省市的
           法，主观     3.指数计算    横截面比较；      工业发展质量；
           赋权采用德                2.结合实际情况进   行业：调整指标
           尔菲法，客                行指标修改和调整   体系并评价各行
           观赋权采                  3.形成评价指标     业发展质量
           用变异系数法               体系
```

图 2-1 中国工业发展质量研究思路

资料来源：赛迪智库整理，2021 年 4 月。

（二）权重确定

采用主、客观综合赋权法，主观赋权法选用德尔菲法，客观赋权法选用变异系数法，这样不仅能够充分挖掘数据本身的统计意义，也能够充分利用数据指标的经济意义。主、客观综合赋权法能够客观、公正、科学地反映各指标所占权重，具有较高的可信度。为便于逐年之间的比较，采用 2012—2019 年主、客观权重的平均值作为统一权重。

（三）数据处理

首先计算无法直接获取的二级指标，如高技术产品出口占比、就业人员平均受教育年限等。对于截面指数，将所有指标进行无量纲化处理，利用无量纲化数据和确定的权重，得到地方省市的工业发展质量截面指数；对于时序指数，将所有指标换算为以 2012 年为基期的发展速度指标，然后进行加权，得到全国及地方（省、区、市）工业发展质量时序指数。

（四）验证与调整

指标体系确定后，对全国及地方（省、区、市）的工业发展质量进行试评。利用试评结果对工业发展质量进行纵向时序分析和横向截面比较，并结合全国及地方省市的实际情况，发现指标体系存在的问题，对指标体系进行修改和调试，直至形成科学、全面、准确的评价指标体系。

（五）指数应用

利用调整后的指标体系，对全国及地方省市的工业发展质量进行评价。通过分析评价结果，发现我国及各省市工业发展过程中存在的问题，并据此

提出促进工业发展质量提升的对策建议。针对行业的实际情况，对部分不适合指标和不可获得指标进行剔除，得到适用于行业之间比较的评价指标体系，并利用实际数据评价行业发展质量。

第二节　基本原则

一、研究的指导原则

以创新、协调、绿色、开放、共享的发展理念为指导，以质量效益明显提升为中心，以推进供给侧结构性改革为主线，加快构建以国内大循环为主体、国内国际双循环相互促进的新发展格局，坚定不移地走好中国特色新型工业化道路。紧紧围绕新型工业化道路的内涵和高质量发展的要求，聚焦制造强国战略的主要目标，在保证一定增长速度的前提下，工业应实现更具效益的增长，结构不断优化升级，技术创新能力不断增强，资源环境不断改善，两化融合不断加深，人力资源优势得到更充分发挥。

二、指标的选取原则

指标的选择，首先应根据工业发展质量的基本内涵，确定评价指标体系的基本框架和主要内容，并按内在逻辑要求选择具有代表性的指标。同时，以指标数据的可获得性为前提并保证评价结果的客观性，指标数据应全部来源于统计年鉴或权威机构发布的研究报告。

三、体系的构建原则

构建评价指标体系是开展工业发展质量评价工作的关键环节。针对工业发展质量的内涵和特征，在构建评价指标体系的过程中要遵循以下四个原则。

第一，系统性原则。工业发展质量涉及经济、社会、生态等诸多方面，但评价指标体系不可能无所不包，只有那些真正能够直接反映工业发展质量内在要求的要素才能被纳入指标体系之中。同时，评价指标体系不应是一些指标和数据的简单堆砌与组合，而应当是一个安排科学、结构合理、逻辑严谨的有机整体。

第二，可比性原则。指标的选择必须充分考虑到不同地区在产业结构、自然环境等方面的差异，尽可能选取具有共性的综合指标，并且代表不同经济含义的指标，在经过无量纲化处理后，可以相互比较。考虑到总量指标不具备可比性，指标选择尽量采用均量指标，兼顾采用总量指标；尽量采用普适性指标，兼顾采用特殊指标。

第三，可测度原则。要求所选择的指标应充分考虑到数据的可获得性和指标量化的难易程度，定量与定性相结合，既能全面反映工业发展质量的各种内涵，又能最大限度地利用统计资料和有关规范标准，采取各种直接的或间接的计算方法加以量化，否则就会失去指标本身的含义和使用价值。

第四，可扩展原则。指标的选取要突出现阶段工业发展的战略导向，构建出符合工业转型升级、两化深度融合等新形势新要求的指标体系。同时，由于受统计指标、数据来源等多种因素制约，建立评价指标体系不宜过分强调它的完备性。对于暂时无法纳入本评价体系的指标，要根据实际需要和可能，逐渐补充和完善。

第三节　指标体系

一、概念

工业发展质量评价指标，是指能够反映工业经济发展质量和效益等多方面的各项具体数据。这些数据按照一定的目的和方式进行组织而形成的指标集合，构成了工业发展质量评价指标体系，它能够比较科学、全面、客观地向人们提供工业发展质量的相关信息。

二、作用

工业发展质量评价体系，能够反映我国工业经济与社会发展的健康程度，能够指导我国走好新型工业化道路，有利于我国国民经济的持续稳定增长。

工业发展质量评价体系具有三大作用：

第一，描述与评价的功能，可以将工业经济的发展质量利用相关的指标进行具体描述，使工业经济高质量发展的现状一目了然。

第二，监测和预警的功能，可以监测战略目标的完成情况和政策实施的效果，为防止经济、社会和资源环境危害的产生，提供预警信息。

第三，引导和约束的功能，对于各地区的工业发展具有一定的导向作用，可以与周边类似省份互设标杆进行比较。

总之，工业发展质量评价体系提供了评价工业经济与社会、资源、环境

等之间关系的量化工具。为了实现工业经济可持续发展的目标，我国有必要利用好这一工具，对工业发展的过程进行监测和评价、指导和监督、规范和约束。当然，工业发展阶段和水平是动态变化的，其评判标准并非一成不变，工业发展质量评价体系的内容也将与时俱进。

三、框架设计

（一）指标选取

评价指标体系的框架设计，必须建立在准确理解和把握工业发展质量内涵的基础上。根据对工业发展质量内涵的理解和指标选取的基本原则，本书建立了由速度效益、结构调整、技术创新、资源环境、两化融合、人力资源共六大类（一级指标）、20 项具体指标（二级指标）组成的中国工业发展质量评价指标体系（见表 2-1）。

表 2-1 中国工业发展质量评价指标体系

总 指 标	一 级 指 标	二 级 指 标
工业发展质量	速度效益	规上工业增加值增速
		工业企业资产负债率
		工业成本费用利润率
		工业营业收入利润率
	结构调整	高技术制造业主营业务收入占比
		制造业 500 强企业占比
		规上小型工业企业收入占比
		高技术产品出口占比
	技术创新	工业企业 R&D 经费投入强度
		工业企业 R&D 人员投入强度
		单位工业企业 R&D 经费支出发明专利数
		工业企业新产品销售收入占比
	资源环境	单位工业增加值能耗
		单位工业增加值用水量
	两化融合	电子信息产业占比
		两化融合水平
		宽带人均普及率

续表

总　指　标	一　级　指　标	二　级　指　标
工业发展质量	人力资源	工业城镇单位就业人员平均工资增速
		第二产业全员劳动生产率
		就业人员平均受教育年限

资料来源：赛迪智库整理，2021年4月。

需要说明的是，由于工业发展质量的内涵十分丰富，涉及领域较多，并且关于工业发展质量的研究仍然在不断探索和完善中，目前社会各界对如何评价工业发展质量也还没有形成统一的认识。因此，构建评价指标体系是一项需要不断探索和长期实践，且极富挑战性的工作。经过近几年的摸索和调整，目前指标体系已相对稳定，本书在上一版评价指标体系的基础上，根据数据可获取情况对部分指标进行了微调，主要是剔除"工业应用信息化水平"，新增"两化融合水平"和"宽带人均普及率"，未来仍会根据经济发展需要和数据获取情况进行微调。

（二）指标阐释

根据评价体系的框架设计，主要分为如下六大类一级指标。

一是速度效益类。发展速度和经济效益是反映一个国家和地区工业发展质量的重要方面。这里主要选取了规上工业增加值增速、工业企业资产负债率、工业成本费用利润率和工业营业收入利润率四项指标（见表2-2）。

表2-2　速度效益类指标及说明

指　标	计　算　公　式	说　明
规上工业增加值增速	$\left(\dfrac{当年工业增加值}{上年工业增加值}-1\right)\times 100\%$	反映规模以上（指标名称中简称规上）工业增加值的增长速度
工业企业资产负债率	$\dfrac{负债总额}{资产总额}\times 100\%$	反映企业利用债权人提供的资金从事经营活动的能力，也反映工业企业经营风险的大小
工业成本费用利润率	$\dfrac{工业利润总额}{工业成本费用总额}\times 100\%$	反映工业企业投入的生产成本及费用的经济效益，同时也反映企业降低成本所取得的经济效益
工业营业收入利润率	$\dfrac{规上工业利润总额}{规上工业营业收入}\times 100\%$	反映工业企业所营业务的获利能力

资料来源：赛迪智库整理，2021年4月。

二是结构调整类。产业结构的优化和升级是走新型工业化道路的必然要求，对于工业经济的高质量增长具有重要意义。这里主要选取了高技术制造业主营业务收入占比、制造业500强企业占比、规上小型工业企业收入占比和高技术产品出口占比四项指标（见表2-3）。

表2-3 结构调整类指标及说明

指标	计算公式	说明
高技术制造业主营业务收入占比	$\dfrac{\text{高技术产业主营业务收入}}{\text{工业主营业务收入}} \times 100\%$	一定程度上能够反映我国产业结构的优化程度
制造业500强企业占比	评价全国时为世界500强企业中的中国企业数量占比，评价地方省市时为中国制造业企业500强中的各省市企业数量占比	反映具有国际竞争力的大中型工业企业发展状况及产业组织结构
规上小型工业企业收入占比	$\dfrac{\text{规上小型工业企业营业收入}}{\text{规上工业企业营业收入}} \times 100\%$	反映规模以上小型工业企业的发展活力
高技术产品出口占比	$\dfrac{\text{高技术产品出口额}}{\text{出口总额}} \times 100\%$	反映国家/地区工业产品的出口竞争力

资料来源：赛迪智库整理，2021年4月。

三是技术创新类。创新是第一动力，是走内涵式发展道路的根本要求，也是我国工业转型升级的关键环节。这里主要选取了工业企业R&D经费投入强度、工业企业R&D人员投入强度、单位工业企业R&D经费支出发明专利数和工业企业新产品销售收入占比四项指标（见表2-4）。

表2-4 技术创新类指标及说明

指标	计算公式	说明
工业企业R&D经费投入强度	$\dfrac{\text{工业企业R\&D经费支出}}{\text{工业企业主营业务收入}} \times 100\%$	反映规模以上工业企业研发经费的投入强度
工业企业R&D人员投入强度	$\dfrac{\text{工业企业R\&D人员数}}{\text{工业企业从业人员年平均人数}} \times 100\%$	反映规模以上工业企业研发人员的投入强度
单位工业企业R&D经费支出发明专利数	$\dfrac{\text{工业企业发明专利申请数}}{\text{工业企业R\&D经费支出}}$	反映规模以上工业企业单位研发经费投入所创造的科技成果的实力
工业企业新产品销售收入占比	$\dfrac{\text{新产品主营业务收入}}{\text{工业企业主营业务收入}} \times 100\%$	反映规模以上工业企业自主创新成果转化能力以及产品结构

资料来源：赛迪智库整理，2021年4月。

四是资源环境类。加强资源节约和综合利用，积极应对气候变化，是加快转变经济发展方式的重要着力点，也是实现工业可持续发展的内在要求。限于数据可获取性，这里主要选取了单位工业增加值能耗、单位工业增加值用水量两项指标（见表2-5）。

表2-5 资源环境类指标及说明

指　　标	计　算　公　式	说　　明
单位工业增加值能耗	$\dfrac{工业能源消费总量}{不变价工业增加值}$	反映工业生产节约能源情况和利用效率
单位工业增加值用水量	$\dfrac{工业用水总量}{不变价工业增加值}$	反映工业生产过程中水资源的利用效率

资料来源：赛迪智库整理，2021年4月。

五是两化融合类。信息化与工业化融合是我国走新型工业化道路的必然要求，也是提高工业发展质量的重要支撑。根据数据可获得性原则，本研究选取了电子信息产业占比、两化融合水平、宽带人均普及率三项指标（见表2-6）。我们认为，电子信息产业发展的好坏，与地方产业结构轻量化、高级化有高度相关性。宽带人均普及率能够反映两化融合基础设施水平。

表2-6 两化融合类指标及说明

指　　标	计　算　公　式	说　　明
电子信息产业占比	$\dfrac{电子信息制造业收入}{规上工业营业收入} \times 50\% + \dfrac{软件业务收入}{GDP} \times 50\%$	反映地区电子信息制造业和软件业的发展程度和水平，体现工业化与信息化的发展水平
两化融合水平	《中国两化融合发展数据地图》公布，包括单项应用、综合集成、协同与创新三个一级指标，评估内容主要是产品、企业管理、价值链三个维度	反映地区两化融合发展水平和发展进程，体现新时代两化融合发展新目标、新内容、新要求
宽带人均普及率	$\dfrac{互联网宽带接入用户数}{年末人口数} \times 100\%$	宽带是信息化的基础，是两化融合的关键，宽带人均普及率能够反映区域两化融合基础设施建设效果

资料来源：赛迪智库整理，2021年4月。

六是人力资源类。人才是第一资源，人力资源是知识经济时代经济增长的重要源泉，也是我国建设创新型国家的基础和加速推进我国工业转型升级的重要动力。这里主要选取了工业城镇单位就业人员平均工资增速、第二产业全员劳动生产率和就业人员平均受教育年限三项指标来反映人力资源情况（见表2-7）。

表2-7 人力资源类指标及说明

指　　标	计　算　公　式	说　　　明
工业城镇单位就业人员平均工资增速	$\left(\dfrac{当年工业企业职工平均工资}{上年工业企业职工平均工资} - 1\right) \times 100\%$	体现一定时期内工业企业职工以货币形式得到的劳动报酬的增长水平，反映工业发展对改善民生方面的贡献
第二产业全员劳动生产率	$\dfrac{不变价第二产业增加值}{第二产业就业人员数}$	综合反映第二产业的生产技术水平、经营管理水平、职工技术熟练程度和劳动积极性
就业人员平均受教育年限	就业人员小学占比×6+就业人员初中占比×9+就业人员高中占比×12+就业人员大专及以上占比×16	能够较好地反映就业人员的总体素质

资料来源：赛迪智库整理，2021年4月。

第四节　评价方法

一、指数构建方法

统计指数是综合反映由多种因素组成的经济现象在不同时间和空间条件下平均变动的相对数。从不同的角度，可以对统计指数进行不同的分类：按照所反映现象的特征不同，可以分为质量指标指数和数量指标指数；按照所反映现象的范围不同，可分为个体指数和总指数；按照所反映对象的对比性质不同，可分为动态指数和静态指数。

本书通过构建工业发展质量时序指数来反映全国及地方（省、区、市）工业发展质量的时序变化情况，旨在进行自我评价；通过构建工业发展质量截面指数来反映全国行业发展质量、地方工业发展质量在某一时点上的截面比较情况，旨在进行对比评价。按照统计指数的分类，工业发展质量时序指数即为动态指数中的定基指数，工业发展质量截面指数即为静态指数，并在上述过程中计算了速度效益、结构调整等六个方面的分类指数，即个体指数。

（一）时序指数的构建

首先，计算2012—2019年各省（区、市）各项指标以2012年为基期的发展速度；然后，根据所确定的权重，对各年发展速度加权计算，得到各地区工业发展质量时序指数及分类指数。

（二）截面指数的构建

首先，按照式（2-1）将2012—2019年各省（区、市）的原始指标进行无量纲化处理；然后，按照式（2-2）和式（2-3）进行加权求和，分别得到各地区工业发展质量截面指数和分类指数。

$$X'_{ijt} = \frac{X_{ijt} - \min\{X_{jt}\}}{\max\{X_{jt}\} - \min\{X_{jt}\}} \quad (2\text{-}1)$$

$$\text{IDQI}_{it} = \frac{\sum_{j=1}^{20} X'_{ijt} W_j}{\sum_{j=1}^{20} W_j} \quad (2\text{-}2)$$

$$I_{it} = \frac{\sum X'_{ijt} W_j}{\sum W_j} \quad (2\text{-}3)$$

式（2-1）~（2-3）中，i代表各省（区、市），j代表20项二级指标，X_{ijt}代表t年i省j指标，$\max\{X_{jt}\}$和$\min\{X_{jt}\}$分别代表t年j指标的最大值和最小值，X'_{ijt}代表t年i省j指标的无量纲化指标值，W_j代表j指标的权重，IDQI_{it}代表t年i省的工业发展质量截面指数，I_{it}代表t年i省的分类指数，分类指数的权重为该分类指数所对应指标的权重。

需要说明的是，因为全国工业发展质量无须做截面比较，因此全国工业发展质量指数是时序指数。

二、权重确定方法

在指标体系的评价过程中，权重的确定是一项十分重要的内容，因为权重直接关系到评价结果的准确性与可靠性。从统计学上来看，权重确定一般分为主观赋权法和客观赋权法，前者一般包括德尔菲法（Delphi Method）、层次分析法（The Analytic Hierarchy Process，简称AHP）等，后者一般包括主成分分析法、变异系数法、离差及均方差法等。主观赋权法的优点在于能够充分利用专家对于各指标的内涵及其相互之间关系的经验判断，并且简便易行，但存在因评价主体偏好不同有时会有较大差异这一缺陷；客观赋权法的优点在于不受人的主观因素的影响，能够充分挖掘指标数据本身所蕴含的信息，但存在有时会弱化指标的内涵及其现实意义这一缺陷。为避免主观赋

权法的经验性较强以及客观赋权法的数据依赖性较强，本书利用德尔菲法和变异系数法进行主、客观综合赋权的方法。选择变异系数法的原因在于，从评价体系中的各项指标来看，差异越大的指标越重要，因为它更能反映各地区工业发展质量的差异，如果全国各省市的某个指标没有多大差别，则没有必要再将其作为一项衡量的指标，所以对差异越大的指标要赋予更大的权重。

权重的测算过程如下：首先按照式（2-4）计算各项指标的变异系数；然后按照式（2-5）和式（2-6）计算各项指标的客观权重；最后利用由德尔菲法得到的主观权重和由变异系数法得到的客观权重进行平均，得到各项指标的最终权重。

$$V_{jt} = \frac{\sigma_{jt}}{\overline{X}_{jt}} \quad （2-4）$$

$$W_{jt} = \frac{V_{jt}}{\sum_{j=1}^{19} V_{jt}} \quad （2-5）$$

$$W_j = \sum_{t=2012}^{2018} W_{jt}/7 \quad （2-6）$$

式中，V_{jt} 代表 t 年 j 指标的变异系数，σ_{jt} 代表 t 年 j 指标的标准差，$\overline{X}_{jt}$ 代表 t 年 j 指标的均值，W_{jt} 代表 t 年 j 指标的权重，W_j 代表 j 指标的最终权重。

第五节　数据来源及说明

一、数据来源

本书所使用的数据主要来源于国家统计局发布的历年《中国统计年鉴》《中国科技统计年鉴》《中国高技术产业统计年鉴》《中国工业统计年鉴》《中国劳动统计年鉴》，各省（区、市）统计局发布的历年地方统计年鉴，工信部发布的历年《中国电子信息产业统计年鉴》，历年《中国两化融合发展数据地图》。

二、数据说明

（一）对象

由于西藏缺失指标较多，故不参与本评价；加之港澳台地区的数据来源有限也不作评价；因此，本书的最终研究对象为全国及 30 个省（区、市）。

（二）指标说明

由于历年统计年鉴没有直接公布全国及各地区 2012—2019 年的单位工业增加值能耗、单位工业增加值用水量数据，因此为保证工业发展质量时序指数在时间维度上的可比性，我们利用各地历年统计年鉴中的工业增加值、工业增加值指数、工业能耗、工业用水量数据，计算得到 2012—2019 年 30 个省（区、市）以 2015 年为不变价的单位工业增加值能耗和单位工业增加值用水量。

由于 2019 年只公布营业收入，不再公布主营业务收入，因此涉及主营业务收入的指标，自 2018 年起均改为采用营业收入；在计算第二产业全员劳动生产率时，将第二产业增加值数据调整为 2015 年不变价，以保证时序指数能够真实反映走势情况；单位工业企业 R&D 经费支出发明专利数采用 R&D 价格指数进行平减，该指数由固定资产投资价格指数和消费者价格指数按等权合成；500 强企业占比这一指标，在衡量全国工业发展质量时，是指世界 500 强企业中的中国企业数量所占比重，在衡量地方工业发展质量时，是指中国企业联合会和中国企业家协会联合发布的历年中国制造业企业 500 强中的各省市企业数量所占比重。

此外，由于资产负债率和单位工业增加值能耗、单位工业增加值用水量均为逆向指标，因此在计算过程中我们对其进行取倒数处理，以便于统一分析。

全国篇

第三章

全国工业发展质量分析

在第二章构建的工业发展质量评价体系的基础上，本章测算了2012—2019年全国工业发展质量总指数及分类指数，分析了分类指数对总指数增长的贡献情况。结果显示：2012—2019年，全国工业发展质量指数呈逐年提升趋势，从2012年的100.0提高至2019年的142.1，年均增速为5.1%。表明自2012年以来，我国工业发展质量稳步提升。从分类指数看，六大分类指数整体呈上升趋势。其中，两化融合、技术创新、资源环境、人力资源提升较快，年均增速分别为7.9%、7.1%、5.7%、5.5%，快于总指数年均增速；速度效益、结构调整提升较慢，年均增速分别为1.6%、3.9%，低于总指数年均增速。从分类指数对总指数的影响看，与2012年相比，2019年六大分类指数对工业发展质量总指数增长的贡献率和拉动作用差异较大，技术创新和两化融合对总指数增长的贡献率较高，均超过25%；结构调整、人力资源、资源环境的贡献率均在10%~15%，速度效益的贡献率最低。

第一节　全国工业发展质量指数走势分析

利用本书所构建的评价体系，根据主、客观综合赋权法，按照时序指数计算方法，得到2012—2019年全国工业发展质量指数及分类指数，结果见表3-1。根据表3-1中最后一行绘制全国工业发展质量指数走势图，结果见图3-1。需要说明的是，由于全国工业发展质量无须做截面比较，因此该指数即为时序指数。

结合表3-1和图3-1，2012—2019年，全国工业发展质量指数呈逐年提升趋势，从2012年的100.0提高至2019年的142.1，年均增速为5.1%。表明自2012年以来，我国工业发展质量稳步提升。

表 3-1 2012—2019 年全国工业发展质量指数及分类指数

	2012	2013	2014	2015	2016	2017	2018	2019	2012—2019 年年均增速
速度效益	100.0	101.8	101.1	101.6	105.8	111.3	114.7	112.1	1.6%
结构调整	100.0	109.3	111.5	117.1	120.9	124.8	128.9	131.1	3.9%
技术创新	100.0	105.0	110.1	113.2	120.9	132.3	150.9	162.0	7.1%
资源环境	100.0	99.6	107.6	114.6	122.6	130.6	137.9	147.0	5.7%
两化融合	100.0	104.7	109.7	124.3	133.6	146.5	159.3	170.3	7.9%
人力资源	100.0	105.7	111.4	117.1	122.6	129.7	138.2	145.4	5.5%
工业发展质量指数	100.0	104.6	108.1	113.6	119.7	127.6	136.6	142.1	5.1%

资料来源：赛迪智库整理，2021 年 4 月。

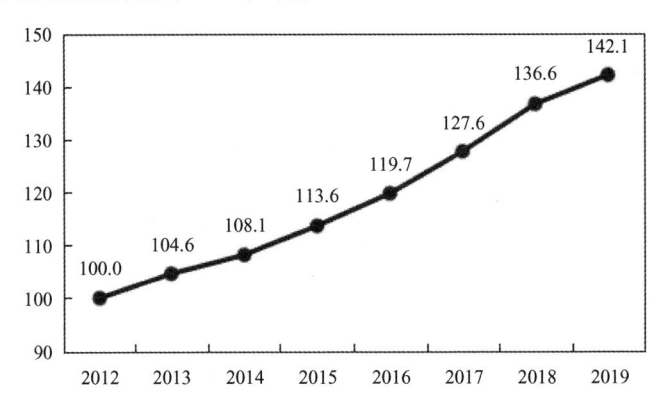

图 3-1 2012—2019 年全国工业发展质量指数

资料来源：赛迪智库整理，2021 年 4 月

从增速看，2012 年以来我国工业增速明显回落，全口径工业增加值增速和规模以上工业增加值增速分别从 2012 年的 8.1%和 10%持续回落至 2019 年的 4.8%和 5.7%，规模以上工业增速相对全口径工业增速的领先幅度也从 2012 年的 1.9 个百分点收窄至 2019 年的 0.9 个百分点。2020 年，受新冠肺炎疫情冲击，我国全口径工业增加值增速和规模以上工业增加值增速分别回落至 2.4%和 2.8%，虽然增速较往年有较大幅度的回落，但我国是全球唯一实现经济正增长的主要经济体。

从结构看，2012 年以来我国产业结构不断优化，产业新动能加速释放。2020 年我国高技术制造业增加值较上年增长 7.1%，增速高出规模以上工业

4.3 个百分点；装备制造业增加值较上年增长 6.6%，高出规模以上工业 3.8 个百分点。主要工业行业中，电气机械和器材制造业，计算机、通信和其他电子设备制造业，黑色金属冶炼和压延加工业，汽车制造业，专用设备制造业等在疫情冲击之下仍保持6%以上的增长。

从国际看，2012年以来我国工业产品的国际竞争力显著增强。在我国制造业产出规模稳居世界第一的同时，工业产品出口结构不断优化，中高端工业品的国际竞争力持续增强。2020年，我国规模以上工业企业实现出口交货值超过 12.3 万亿元，较上年小幅下降 0.3%，增速较上年回落 1.6 个百分点。其中，医药制造业在防疫物资带动下，出口交货值增长 36.6%，增速较上年加快 31.3 个百分点；计算机、通信和其他电子设备制造业及专用设备制造业出口交货值分别增长 6.4%和 5.8%，增速较上年加快 4.7 个和 0.9 个百分点；都远高于规模以上工业平均水平。同时，工业品出口结构持续优化，2020年计算机、通信和其他电子设备制造业出口交货值占比继续提高至 47.6%，比 2012 年提高 8.4 个百分点；纺织服装、服饰业出口交货值占比降至 2.3%，比 2012 年下降 1.9 个百分点。

综合看，2012 年以来，我国工业经济整体保持中速增长，但企业效益改善不明显；产业结构调整取得积极成效，技术创新能力不断提升，两化融合水平继续提高，资源环境有所改善，人力资源水平明显改善。整体看，工业发展质量稳步提高。

第二节 全国工业发展质量分类指数分析

本章第一节分析了 2012—2019 年全国工业发展质量总指数走势，本节着重分析各分类指数的走势及其影响因素。

一、分类指数走势及其对总指数的影响

（一）评价结果分析

2012—2019 年，全国工业发展质量的六大分类指数整体呈上升趋势（见图 3-2）。其中，两化融合、技术创新、资源环境、人力资源提升较快，年均增速分别为 7.9%、7.1%、5.7%、5.5%，快于总指数年均增速；速度效益、结构调整提升较慢，年均增速分别为 1.6%、3.9%，低于总指数年均增速。从分类指数对总指数的影响看，2012—2019 年，六大分类指数对工业发展质量

指数增长的贡献率和拉动作用差异较大（见表 3-2）。其中，技术创新和两化融合对总指数增长的贡献率较高，均超过 25%，结构调整、人力资源、资源环境的贡献率均在 10%～15%，速度效益的贡献率最低。

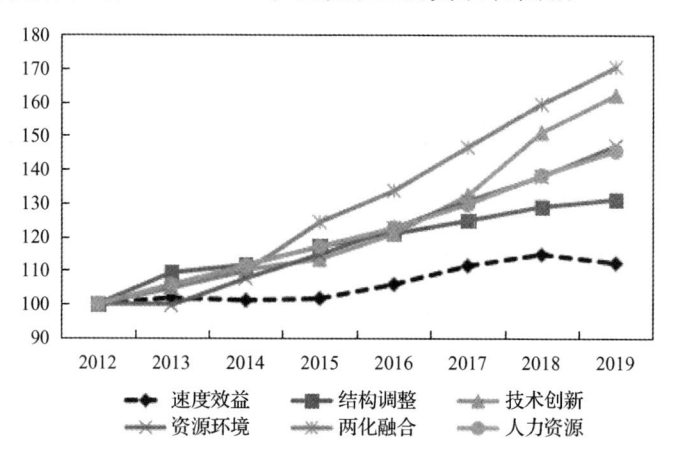

图 3-2　2012—2019 年全国工业发展质量分类指数

资料来源：赛迪智库整理，2021 年 4 月

表 3-2　2012—2019 年六大分类指数对总指数增长的贡献率和拉动

	速度效益指数	结构调整指数	技术创新指数	资源环境指数	两化融合指数	人力资源指数	合　计
贡献率（%）	6.6	14.8	29.5	11.2	25.1	12.9	100.0
拉动（百分点）	0.3	0.8	1.5	0.6	1.3	0.7	5.1

注：表中数据经四舍五入后只取到小数点后一位，累加后与实际"合计"数可能会有偏差，特此说明，全书同。

资料来源：赛迪智库整理，2021 年 4 月。

（二）原因分析

1. 技术创新

第一，从创新投入来看，我国工业企业创新经费投入和人员投入强度都持续提高。2019 年，我国规模以上工业企业研究与试验发展（R&D）经费支出为 13971.1 亿元，与营业收入之比达到 1.31%，比 2012 年提升了 0.53 个百分点。2019 年，我国规模以上工业企业 R&D 人员全时当量为 315.2 万人年，比 2012 年增加了 90.6 万人年；占工业平均用工人数的比重为 3.98%，比 2012

年提高了 1.63 个百分点。

第二，从创新产出来看，近些年来我国工业企业专利数量不断攀升。2019年，规模以上工业企业专利申请数达 1059808 件，其中发明专利数为 398802 件，规模以上工业企业有效发明专利数为 1218074 件。专利数量的持续增长，反映出我国工业自主创新能力和水平日益提高。

2. 结构调整

2012 年以来，我国工业在结构调整方面取得显著成效。

第一，高技术制造业规模不断扩大。从收入看，2019 年我国高技术制造业营业收入达到 15.9 万亿元，占规模以上工业企业营业收入的 15%，比 2012 年提高 4.0 个百分点。从增加值看，2019 年，我国高技术制造业增加值占规模以上工业比重为 14.4%，比 2012 年提高 5.0 个百分点。最新统计数据显示，2020 年我国高技术制造业增加值同比增长 7.1%，高出规模以上工业 4.3 个百分点；占规模以上工业比重已达到 15.1%，产业结构明显优化。

第二，装备制造业整体实力明显增强。近几年，通过深入实施制造强国战略，持续推进"核高基"、宽带移动通信、高档数控机床、大飞机、"两机"等重大科技专项，装备制造业综合实力显著提升。2020 年，装备制造业增加值占规模以上工业比重为 33.7%，比 2012 年提高 5.5 个百分点，对工业经济的支撑力度显著提高。

第三，工业企业组织结构不断优化。从大企业来看，2020 年发布的《财富》世界 500 强榜单，我国有 133 家企业上榜，上榜企业数量居全球第一，大企业的国际竞争力稳步提高。从中小企业来看，2019 年末，我国规模以上小型企业达到 329631 家，平均吸纳就业 3196 万人，在规模以上工业企业中占比分别为 87.2%和 40.3%。当前，中小企业已经成为支撑我国国民经济和社会发展的重要力量，在促进经济增长、保障就业稳定等方面发挥着不可替代的重要作用。可以预见，随着我国经济发展环境的逐步完善，大众创业、万众创新将成为我国经济增长的新引擎，中小企业特别是小微企业的发展活力将对宏观经济增长起到重要作用。

3. 人力资源

2012 年以来，我国就业人员的平均受教育年限稳步提高，工业职工工资水平不断提高，劳动生产率也持续提升，人力资源水平明显提高。从工资增速看，2019 年我国规模以上工业城镇单位就业人员平均工资达到 8.2 万元，较上年增长 8.8%；从劳动生产率看，2019 年我国第二产业全员劳动生产率

（2015 年不变价）达到 16.5 万元/人，较上年提高 5.3%；从平均受教育年限看，2019 年我国就业人员平均受教育年限达到 10.5 年，其中受过高等教育的人员占比提升较为明显。

4. 两化融合

近几年，我国在两化融合方面取得较大进展，电子信息产业占比、两化融合水平等都有明显突破。

第一，从电子信息产业的发展来看，2020 年，我国规模以上电子信息制造业增加值同比增长 7.7%，增速较上年回落 1.6 个百分点；电子信息制造业营业收入同比增长 8.3%，增速较上年加快 3.8 个百分点；电子信息产品出口交货值同比增长 6.4%，增速较上年加快 4.7 个百分点；软件和信息技术服务业完成软件业务收入 8.2 万亿元，同比增长 13.3%。

第二，从两化融合水平看，2020 年我国两化融合水平达到 56%，较 2012 年提高 10.9 个百分点；关键工序数控化率和数字化研发设计工具普及率分别达到 52.1% 和 73%，较 2012 年提高 16.3 个和 24.2 个百分点，两化融合程度稳步提高。

5. 速度效益

从规模和速度来看，2020 年，我国工业增加值达到 31.3 万亿元，比上年增长 2.4%；其中，规模以上工业增加值增长 2.8%，克服疫情带来的重重困难，率先实现正增长，为整个宏观经济的持续稳定恢复奠定坚实基础。从经济效益来看，2020 年，我国规模以上工业企业资产负债率为 56.1%，较上年降低 0.3 个百分点；营业收入利润率为 6.08%，较上年提高 0.2 个百分点；每百元主营业务收入中的成本为 83.89 元，较上年减少 0.11 元，我国工业企业效益逐步改善。

6. 资源环境

自 2012 年以来，我国主要工业行业能耗和水耗都显著下降。首先，单位工业增加值能耗明显下降。2019 年，我国单位工业增加值能耗（2015 年不变价）为 1.08 吨标准煤/万元，较 2012 年累计下降 17%。其次，单位工业增加值用水量快速下降。2019 年，我国工业用水总量降至 1217.6 亿立方米，用水绝对量已连续 6 年下降；单位工业增加值用水量（2015 年不变价）降至 41.2 立方米/万元，较 2012 年累计下降 42.3%。我国工业用能和用水效率提升显著。

综合来看，近年来，我国工业发展取得了较大成绩，技术创新能力明显提升,两化融合不断深化,人力资源素质和待遇明显改善,资源利用效率持续提升,结构持续调整和优化,速度效益回落至中速增长平台,企业效益有待提升。

二、分类指数影响因素分析

为清楚地看到影响全国工业发展质量分类指数的内部因素,本书计算了20项二级指标对各自所属分类指数的贡献率和拉动,计算结果见表3-3。

表3-3　20项二级指标对分类指数的贡献率和拉动

一级指标	二级指标	贡献率（%）	拉动（百分点）
速度效益	规上工业增加值增速（%）	128.9	2.1
	工业企业资产负债率（%）	4.7	0.1
	工业成本费用利润率（%）	-17.5	-0.3
	工业营业收入利润率（%）	-16.1	-0.3
	合计	100.0	1.6
结构调整	高技术制造业主营业务收入占比（%）	34.0	1.3
	制造业500强企业占比（%）	66.0	2.6
	规上小型工业企业收入占比（%）	0.2	0.0
	高技术产品出口占比（%）	-0.2	0.0
	合计	100.0	3.9
技术创新	工业企业R&D经费投入强度（%）	33.3	2.4
	工业企业R&D人员投入强度（%）	33.5	2.4
	单位工业企业R&D经费支出发明专利数（件/亿元）	11.5	0.8
	工业企业新产品销售收入占比（%）	21.6	1.5
	合计	100.0	7.1
资源环境	单位工业增加值能耗（吨标准煤/万元）	21.8	1.2
	单位工业增加值用水量（立方米/万元）	78.2	4.4
	合计	100.0	5.7
两化融合	电子信息产业占比（%）	21.4	1.7
	两化融合水平	8.4	0.7
	宽带人均普及率（%）	70.2	5.5
	合计	100.0	7.9

续表

一级指标	二级指标	贡献率（%）	拉动（百分点）
人力资源	工业城镇单位就业人员平均工资增速（%）	31.3	1.7
	第二产业全员劳动生产率（万元/人）	61.2	3.4
	就业人员平均受教育年限（年）	7.5	0.4
	合计	100.0	5.5

资料来源：赛迪智库整理，2021年4月。

2012—2019年，全国工业发展质量的六大分类中，两化融合指数、技术创新指数、资源环境指数、人力资源指数增长较快。其中，两化融合指数由宽带人均普及率和电子信息产业占比联合拉动，两者的贡献率分别为70.2%和21.4%，拉动两化融合指数提升5.5个和1.7个百分点。技术创新指数显著提升，主要是由工业企业R&D人员投入强度、工业企业R&D经费投入强度以及工业企业新产品销售收入占比提高联合驱动的，贡献率分别为33.5%、33.3%和21.6%。资源环境指数增长主要是由单位工业增加值用水量下降推动的，贡献率高达78.2%。人力资源指数主要是由第二产业全员劳动生产率提高及工业城镇单位就业人员平均工资增速所共同带动的，贡献率分别为61.2%和31.3%。

结构调整指数和速度效益指数增长低于总指数。其中，结构调整指数增长主要是由制造业500强企业占比持续提高、高技术制造业主营业务收入占比提高联合推动的，贡献率分别为66%和34%，分别拉动结构调整指数增长2.6个和1.3个百分点。速度效益指数缓慢增长，虽然规上工业增加值增速继续保持中速增长，但工业企业资产负债改善有限，而工业成本费用利润率和工业营业收入利润率没有提高甚至出现了下降，拖累了速度效益指数的增长。

第四章 工业大类行业发展质量分析与评价

本章通过构建工业大类行业发展质量评价指标体系，对我国工业大类行业 2015—2019 年的发展质量进行评价。本评价体系涵盖速度效益和技术创新两大类、共计 8 个指标。基于指标体系从横向和纵向分别计算截面指数和时序指数，以便于分别评价发展质量水平和质量提升速度。评价结果表明，装备制造业在技术创新的带动下，发展质量水平普遍较高，但质量提升速度并不快；原材料行业和采矿业等上游行业速度效益提升更为明显，从而带动了整体质量的较快提升；消费品中大多数行业属于传统劳动密集型行业，其速度效益和技术创新水平均一般，质量提升速度也不快，增长压力较大。

第一节 评价体系构建与数据收集

一、指标选取

行业和地区通常是工业发展质量评价的两个维度，而在地区的工业发展质量评价体系中，有部分指标不适用于工业大类行业评价，如结构调整类指标。同时，对于资源环境、两化融合、人力资源类指标大部分行业未公布统计数据或难以收集，且由于行业自身特点，这类指标的行业间比较意义不大。因此，为了体现工业大类行业间的主要差异和特色，以下构建速度效益和技术创新两大类、8 个具体指标的评价体系（见表 4-1）。

表 4-1 行业发展质量评价指标及说明

指 标	计 算 公 式	说 明
规上工业增加值增速	$\left(\dfrac{当年工业增加值}{上年工业增加值}-1\right)\times 100\%$	反映规模以上工业增加值的增长速度

续表

指　标	计　算　公　式	说　明
工业劳动生产率	$\dfrac{规上工业营业收入}{规上工业从业人数} \times 100\%$	反映单位从业人员创造的营业收入，反映生产技术水平、经营管理水平、职工技术熟练程度和劳动积极性
工业成本费用利润率	$\dfrac{工业利润总额}{工业成本费用总额} \times 100\%$	反映工业企业投入的生产成本及费用的经济效益，同时也反映企业降低成本所取得的经济效益
工业营业收入利润率	$\dfrac{规上工业利润总额}{规上工业营业收入} \times 100\%$	反映工业企业所营业务的获利能力
工业企业R&D经费投入强度	$\dfrac{规上R\&D经费支出}{规上工业营业收入} \times 100\%$	反映规模以上工业企业研发经费的投入强度
工业企业R&D人员投入强度	$\dfrac{工业企业R\&D人员数}{工业企业从业人员年平均人数} \times 100\%$	反映规模以上工业企业研发人员的投入强度
单位工业企业R&D经费支出发明专利数	$\dfrac{工业企业发明专利申请数}{工业企业R\&D经费支出}$	反映不变价规模以上工业企业单位研发经费投入所创造的科技成果的实力
工业企业新产品销售收入占比	$\dfrac{规上工业企业新产品营业收入}{规上工业营业收入} \times 100\%$	反映规模以上工业企业自主创新成果转化能力以及产品结构

资料来源：赛迪智库整理，2021年4月。

二、行业选取

根据国家统计局最新国民经济行业分类，我国工业大类行业分为41个，但由于开采辅助活动、其他采矿业、废弃资源综合利用业3个行业的部分指标数据缺失，故本指标体系仅对此外的38个工业大类行业进行评价。

三、数据来源

规上工业增加值增速为国家统计局直接公布，另外7个指标数据均通过公式计算得出，原始数据全部来自国家统计局数据库、历年中国统计年鉴等。

第二节　工业大类行业发展质量指数分析与评价

为突出行业发展特点，本章在确定指标权重时，对8个指标取相等权重。从横向看，对原始数据进行标准化，对38个工业大类行业2019年的发展质量、速度效益、技术创新截面指数进行排名（见表4-2），旨在比较行业发展

水平；从纵向看，将原始数据调整为以 2015 年为基期，对 38 个工业大类行业 2015—2019 年发展质量、速度效益、技术创新的年均增速即时序指数进行排名，旨在反映行业发展质量的提升速度。

表 4-2　38 个行业发展质量截面指数和时序指数排名

工业大类行业	截面指数排名			时序指数排名		
	发展质量	速度效益	技术创新	发展质量	速度效益	技术创新
仪器仪表制造业	1	7	1	18	13	21
医药制造业	2	4	6	24	10	29
电气机械和器材制造业	3	13	5	23	20	20
计算机、通信和其他电子设备制造业	4	21	3	25	14	25
铁路、船舶、航空航天和其他运输设备制造业	5	23	2	36	28	34
专用设备制造业	6	18	4	15	11	16
烟草制品业	7	1	22	38	36	36
石油和天然气开采业	8	2	26	7	3	13
通用设备制造业	9	25	7	20	22	19
化学纤维制造业	10	14	9	34	17	35
金属制品、机械和设备修理业	11	10	14	26	6	33
汽车制造业	12	27	8	35	30	30
酒、饮料和精制茶制造业	13	3	28	17	4	26
黑色金属冶炼和压延加工业	14	12	18	3	2	27
非金属矿物制品业	15	9	24	9	7	8
化学原料和化学制品制造业	16	24	12	33	19	28
其他制造业	17	32	10	21	26	17
橡胶和塑料制品业	18	28	11	16	31	10
电力、热力生产和供应业	19	17	20	37	32	32
有色金属冶炼和压延加工业	20	19	19	32	16	31
燃气生产和供应业	21	5	34	1	15	1
金属制品业	22	26	13	19	33	14
印刷和记录媒介复制业	23	30	15	11	27	7
水的生产和供应业	24	8	33	6	8	5
食品制造业	25	16	25	27	18	24

续表

工业大类行业	截面指数排名 发展质量	截面指数排名 速度效益	截面指数排名 技术创新	时序指数排名 发展质量	时序指数排名 速度效益	时序指数排名 技术创新
造纸和纸制品业	26	29	17	22	25	18
有色金属矿采选业	27	11	29	5	9	3
煤炭开采和洗选业	28	6	38	2	1	38
家具制造业	29	31	16	10	23	6
石油加工、炼焦和核燃料加工业	30	15	35	31	5	37
文教、工美、体育和娱乐用品制造业	31	35	23	13	21	12
黑色金属矿采选业	32	20	37	4	35	2
纺织业	33	38	21	28	38	15
非金属矿采选业	34	22	36	8	12	4
皮革、毛皮、羽毛及其制品和制鞋业	35	33	31	12	24	11
木材加工和木、竹、藤、棕、草制品业	36	36	27	14	37	9
农副食品加工业	37	34	32	30	34	22
纺织服装、服饰业	38	37	30	29	29	23

资料来源：赛迪智库整理，2021年4月。

从横向截面指数看，工业大类行业发展质量呈现以下特点：

（1）装备行业的发展质量普遍偏高。在国家统计局所统计的8个装备制造行业中，除金属制品业之外，其他七大制造行业发展质量指数均位于前列。主要原因是此类行业研发投入强度和创新产出效率较高，这进一步印证了装备制造业和高技术产业在我国经济发展中的重要战略地位。另一方面，此类行业在速度效益方面表现一般，除仪器仪表制造业、电气机械和器材制造业的速度效益指数分别排名第7位和第13位之外，其他行业的速度效益指数均排在第17位之后。

（2）多数消费品行业发展质量水平不高。绝大部分消费品行业效益水平一般、技术创新水平整体不高。酒、饮料和精制茶制造业以及烟草制品业由于其特殊性，效益水平较高，带动发展质量指数排名靠前；其他大部分消费品行业发展质量指数排名均靠后。值得一提的是医药制造业，发展质量指数排名第2位，速度效益和技术创新指数分别排名第4位和第6位。

（3）原材料行业和采矿业质量发展排名分化明显。石油和天然气开采业由于速度效益排名领先，其发展质量排名第8位；而其他采矿行业均排名靠

后。化学原料和化学制品制造业、黑色金属冶炼和压延加工业、非金属矿物制品业等原材料行业发展质量排名均为中游。石油加工、炼焦和核燃料加工业由于技术创新排名靠后，拖累其发展质量指数排名第30位。

从纵向时序指数看，工业大类行业发展质量呈现以下特点：

（1）多数原材料行业和采矿业发展质量提升快。2015—2019年发展质量年均增速排名靠前的行业中，有近一半是原材料和采矿业等上游行业，其中采矿行业发展质量指数年均增速均超过10%。原因主要是近几年此类行业的产能利用率明显提高，相关企业的效益水平大幅提升；但黑色金属矿采选业、有色金属矿采选业、非金属矿物制品业是由于技术创新水平大幅提升而带动发展质量提升。

（2）装备制造业发展质量指数提升较慢。专用设备制造业年均增速排在第15位，在装备制造8个行业中年均提升速度最快，其速度效益和技术创新提升速度均处于中上游水平。其他7个行业中，汽车制造业以及铁路、船舶、航空航天和其他运输设备制造业在速度效益和技术创新指标的提升速度均相对落后。尤其是汽车制造业，速度效益指数甚至停滞不前，拖累了其发展质量的提升。

（3）消费品行业发展质量提升速度大多处于中游水平。仅家具制造业，印刷和记录媒介复制业，文教、工美、体育和娱乐用品制造业，皮革、毛皮、羽毛及其制品和制鞋业，木材加工和木、竹、藤、棕、草制品业的质量提升较快，其他行业提升速度排名普遍分布在第15~30位，纺织业由于速度效益提升缓慢，其整体质量提升速度也排名靠后。

综合来看，不同类型的行业各有特点。装备制造业发展质量水平普遍较高，但提升速度不快；原材料和采矿业速度效益提升明显，带动整体质量快速提升；大多数消费品行业属于传统劳动密集型行业，其发展质量水平不高，且质量提升速度一般，可持续增长压力较大。

区域篇

第五章

四大区域工业发展质量评价与分析

第三章我们分析了全国工业发展质量指数，2012—2019 年，我国工业发展质量总体稳步提升。本章将从东部、东北、中部和西部四大区域[①]角度来分析我国工业发展质量的水平、特点及存在的问题，为区域协调发展提供相应数据支撑及决策参考。四大区域截面指数测算结果显示：2012—2019 年，东部地区工业发展质量始终遥遥领先其他地区；中部地区工业发展质量稳中有升，紧紧追赶东部地区；西部地区工业发展质量有明显提升，逐渐向中部看齐；东北地区工业发展质量提升缓慢。此外，本章还将从分类指数入手分析四大区域工业发展质量指数变动的具体原因。

第一节　四大区域截面指数分析

基于本书第二章构建的工业发展质量评价指标体系和评价方法，我们得到 2012—2019 年全国 30 个省（区、市）的工业发展质量截面指数（各省分析详见第六章），根据各省（区、市）数据计算出我国四大区域的工业发展质量截面指数及排名，结果见表 5-1 和表 5-2。

[①] 东部地区包括北京、天津、河北、上海、江苏、浙江、山东、广东、福建、海南 10 省（市）；中部地区包括河南、山西、安徽、湖南、湖北、江西 6 省；东北地区包括辽宁、吉林、黑龙江 3 省；西部地区包括新疆、青海、内蒙古、宁夏、甘肃、陕西、四川、重庆、贵州、广西、云南、西藏（未参与分析）12 省（区、市）。

表 5-1 2012—2019 年四大区域截面指数

	2012	2013	2014	2015	2016	2017	2018	2019	2012—2019 年指数均值
东北地区	33.7	31.2	31.1	30.9	29.4	25.9	24.6	20.8	28.4
东部地区	51.6	51.6	54.2	55.9	55.8	50.7	48.8	47.3	52.0
西部地区	31.6	31.6	31.1	32.1	32.6	31.2	30.9	30.0	31.4
中部地区	34.8	34.6	36.0	38.3	38.4	36.3	37.6	37.1	36.7

资料来源：赛迪智库整理，2021 年 4 月。

表 5-2 2012—2019 年四大区域截面指数排名

	2012	2013	2014	2015	2016	2017	2018	2019	2012—2019 年指数均值排名
东北地区	3	4	4	4	4	4	4	4	4
东部地区	1	1	1	1	1	1	1	1	1
西部地区	4	3	3	3	3	3	3	3	3
中部地区	2	2	2	2	2	2	2	2	2

资料来源：赛迪智库整理，2021 年 4 月。

从表 5-1 和表 5-2 可以看出，2012—2019 年，东部地区依靠创新驱动和深化改革开放，工业发展质量一直领先其他地区。中部地区积极承接产业转移，大力推进新型城镇化和实施"中部崛起""长江经济带"战略，工业发展质量持续提升，逐步缩小与东部地区差距。西部地区抓住"西部大开发""一带一路""成渝地区双城经济圈""西部陆海新通道"发展机遇，工业发展质量有明显提升，逐渐向中部看齐。东北地区受宏观周期波动、内生动力不足和结构性矛盾的影响，处于转型关键期，工业发展质量提升较慢。

从各地区工业增长情况看，区域工业分化较为明显。东部地区近年来下行压力有所加大，工业增速放缓。2019 年规模以上工业增加值当月增速平均为 5%，在四大区域中仅高于东北地区。但是，在 2020 年，东部地区缓解了年初受疫情冲击的影响后，呈现持续快速增长态势，全年规模以上工业增加值当月增速平均为 6.17%，在四大区域中居首位，对全国工业经济稳定起到重要拉动作用。中部地区近年来工业增长较快，中部崛起势头强劲，2019 年规上工业增加值当月增速平均为 7.47%，在四大区域中名列第一。其中，江西、湖南 2019 年规上工业增加值增速都在 8% 以上，处于全国领先水平。2020

年，中部地区规上工业增加值当月增速平均为 4.81%，增速放缓，与湖北省受疫情影响较大有一定关系。西部地区增长也较快，仅次于中部地区，2019年规上工业增加值当月增速平均为 6.4%，在四大区域中名列第二。2020 年上半年，西部地区工业增长受疫情影响最小，增速全国领先。主要原因是能源、原材料工业对支撑西北地区工业增长起到决定性作用；出口依存度低、受外部需求影响小。但是下半年，当其他区域呈现快速增长时，西部地区上半年的优势反倒成为其劣势，增速落后于其他区域。东北地区工业经济活力仍然不足，2019 年规上工业增加值当月增速平均为 4.11%，在四大区域中处于最后。2020 年上半年，东北地区受疫情冲击最为显著，但是下半年增长较快，全年规上工业增加值当月增速平均为 4.91%。其中，吉林省 2020 年规上工业增加值增速达到 6.9%，位居全国第 2，对拉动东北地区工业增长起到重要作用，而 2019 年吉林仅排在全国第 27 位。

　　从推动高质量发展的实践看，东部地区是我国重要创新策源地和改革的试验田，是打造先进制造业集群的主阵地。如上海中芯国际 14nm 工艺制程芯片实现量产，浙江深入实施数字经济"一号工程"，江苏民营工业实力不断增强，广东高技术制造业迅猛增长，北京的汽车制造和医药制造业呈现精细化、高端化态势。中部地区具有资源环境承载力较强、发展潜力空间较大的优势，近年来愈发重视科技创新的作用。2019 年武汉、长沙、合肥跻身世界区域创新集群百强，推动中部地区从投资驱动向创新驱动转型。中部地区在产业升级和科技创新方面逐渐向东部地区看齐，与东部地区的产业链、创新链等方面的联系更加紧密，承接产业转移的势头更加强劲，是继东部地区之后引领我国工业高质量发展的重要接续区。西部地区呈现西南和西部分化的局面，西南地区大数据、电子信息等新兴产业加快发展，成渝地区双城经济圈建设上升为国家战略，以成渝地区双城经济圈为核心，产业发展平台日趋完善，在承接东部地区产业转移和引领西部地区发展方面发挥重要作用，有利于在西部形成高质量发展的重要增长极，对于推动西南地区高质量发展具有重要意义。东北地区作为国家重要的老工业基地，迫切需要提升发展活力、内生动力与区域竞争力。

第二节　四大区域分类指数分析

　　本章第一节综合分析了四大区域工业发展质量截面指数及排名情况，本节将从速度效益、结构调整、技术创新、资源环境、两化融合、人力资源这六大分类指数来分析影响各区域工业发展质量的具体因素。

表 5-3 和图 5-1 显示，2012 年，东部地区在两化融合、技术创新、资源环境、结构调整和人力资源方面都显著领先于其他地区；中部地区在结构调整、技术创新、两化融合方面小幅领先东北地区和西部地区，其他分类指标都处于中下游水平；西部地区在速度效益方面处于领先地位，人力资源方面处于中上游水平，其他分类指标排名都比较靠后；东北地区在速度效益、两化融合等方面处于中上游水平。

表 5-3　2012 年四大区域工业发展质量六大分类指数

	速度效益	结构调整	技术创新	资源环境	两化融合	人力资源
东北地区	50.7	24.7	24.8	21.4	41.7	31.5
东部地区	45.4	45.0	58.3	52.3	66.9	43.6
西部地区	55.2	20.0	23.1	20.2	28.8	32.8
中部地区	49.6	30.7	33.7	28.1	30.0	26.7

资料来源：赛迪智库整理，2021 年 4 月。

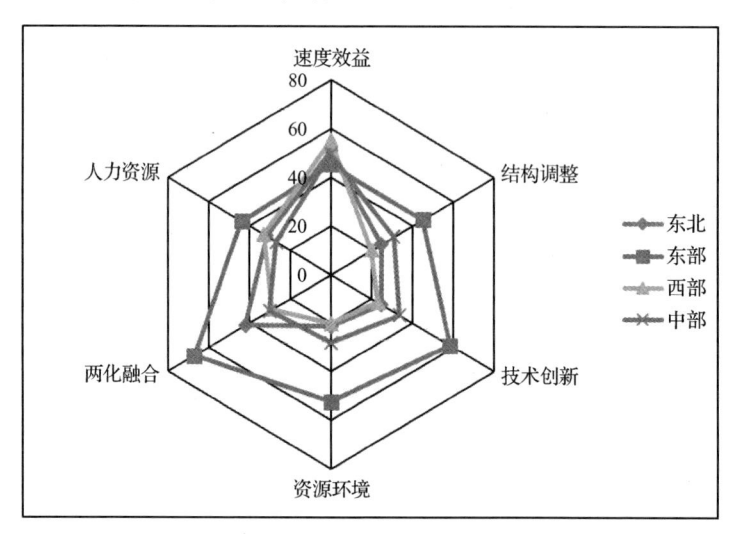

图 5-1　2012 年四大区域工业发展质量分类指数

资料来源：赛迪智库整理，2021 年 4 月。

表 5-4 和图 5-2 显示，2019 年，东部地区除速度效益外，其他分类指数均处于领先地位，其中，速度效益从 2012 年的末位升至第二位，结构调整、

技术创新、资源环境和两化融合继续保持大幅领先优势，这表明东部地区仍然是我国工业发展质量的引领者。通过近几年发展模式的探索创新，东部地区工业发展迈上新台阶，较强的创新活力是东部地区迈向高质量发展最有力的保障。

表 5-4　2019 年四大区域工业发展质量六大分类指数

	速度效益	结构调整	技术创新	资源环境	两化融合	人力资源
东北地区	60.0	10.7	25.3	20.0	15.4	26.8
东部地区	68.1	40.6	53.6	42.1	60.6	39.7
西部地区	66.1	24.1	24.9	18.0	25.2	31.9
中部地区	74.9	34.4	43.6	25.2	28.3	24.7

资料来源：赛迪智库整理，2021 年 4 月。

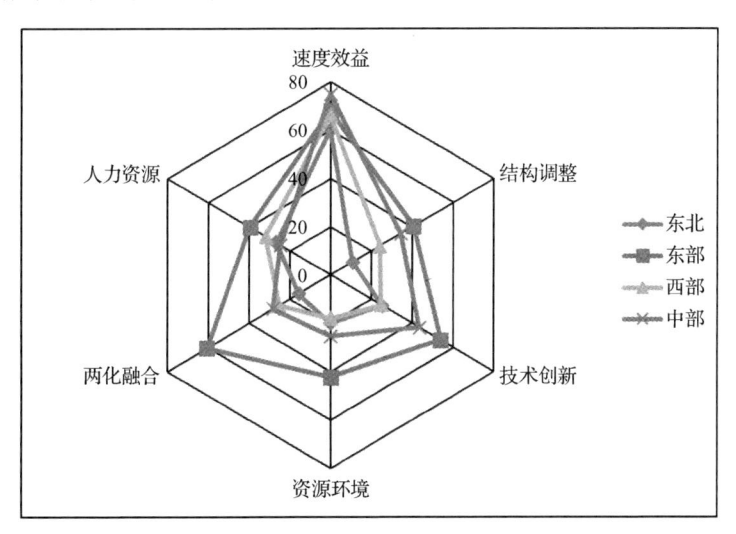

图 5-2　2019 年四大区域工业发展质量分类指数

资料来源：赛迪智库整理，2021 年 4 月

中部地区速度效益升至首位，在技术创新方面相对东北地区和西部地区的优势继续扩大，相对于东部地区的差距也有所缩小；同时，中部地区的人力资源指数仍然处于较低水平，影响了工业发展质量的提升。这表明中部地区在追赶东部地区的过程中，还需要加大对高端人才的引进力度，同时要提升现有产业工人的技能水平，应当为人才工作生活、创新创业提供有利的环境，使人才真正享受各项人才政策的红利，有效激发人才创新创造活力，切

实为区域经济的高质量发展提供智力支持。

西部地区在结构调整方面持续取得成效，部分省份工业增速保持较高水平；但是，技术创新水平较低、资源利用效率不高等问题依然存在。西部地区生态环境脆弱，主要依靠自然资源粗放式开发，传统产业比重过大，位于价值链的底端。首先应坚持绿色发展，大力发展特色优势产业，将独特的资源禀赋优势转换为产品优势，不断提高科技创新能力，构建绿色工业发展体系，推动第一、二、三产业的融合发展。

东北地区在人力资源、资源环境方面取得积极成效，但是速度效益增长缓慢，结构调整、两化融合成效也不明显。东北地区要实现振兴，必须在产业结构调整方面实现突破，要加强传统制造业技术改造，发展新技术、新业态、新模式，加快培育新的增长点。加快推动国有企业改革，大力改善营商环境，营造支持非公有制经济高质量发展的制度环境，深入实施人才优先发展战略，推动东北振兴取得新突破。

第六章
地方省市工业发展质量评价与分析

本章重点分析各地方省市工业发展质量情况。首先,将 30 个省(区、市)按照时序指数和截面指数两个维度进行梯队分析,描绘出 30 个省(区、市)工业发展质量的综合表现。

其次,按照六大分类指数进行地区排序,同时通过离散系数判断区域之间的差距程度。结果显示,当前速度效益方面区域之间差距较小;结构调整和人力资源两个方面区域之间有一定差距,离散系数近 0.5;技术创新、资源环境和两化融合三个方面区域之间差距较大,离散系数分别为 0.59、0.67 和 0.59。

最后,在介绍 30 个省(区、市)宏观经济总体情况、工业经济运行情况的基础上,具体分析其时序指数和截面指数的表现及背后成因。

第一节 梯队分析

通过前面介绍的评价指标体系计算得到 2012—2019 年全国 30 个省(区、市)工业发展质量截面指数及排名,计算结果详见表 6-1 和表 6-2。表中最后一列是 2012—2019 年截面指数的均值和均值排名,反映了 2012—2019 年各地区工业发展质量的横向比较水平。表 6-3 为 2012—2019 年全国及 30 个省(区、市)工业发展质量时序指数,表中最后一列是 2012—2019 年时序指数的年均增速,反映了 2012—2019 年各地区工业发展质量的增长水平。同时,以各地区截面指数均值和时序指数年均增速为基准绘制散点图(见图 6-1),通过 30 个省(区、市)在图中 4 个象限中的位置,可直观地看出各地区工业发展质量在截面指数和时序指数两个维度上的表现。

表 6-1　2012—2019 年 30 个省（区、市）工业发展质量截面指数

	2012年	2013年	2014年	2015年	2016年	2017年	2018年	2019年	2012—2019年均值
北京	74.8	72.8	75.7	74.5	75.2	72.7	66.3	65.4	72.2
天津	56.9	56.5	57.5	59.6	58.8	50.9	47.9	44.8	54.1
河北	29.8	29.4	30.4	35.2	35.8	32.3	29.4	29.2	31.4
山西	25.2	22.7	19.1	20.3	23.2	27.0	26.1	23.7	23.4
内蒙古	34.3	32.7	29.9	31.5	34.3	34.0	32.9	29.3	32.4
辽宁	35.3	36.9	34.8	32.8	29.4	29.7	32.4	25.9	32.2
吉林	31.2	27.1	29.8	31.6	32.2	25.5	22.1	19.8	27.4
黑龙江	34.7	29.5	28.7	28.3	26.6	22.6	19.1	16.8	25.8
上海	59.9	60.2	65.1	64.2	66.0	60.1	54.8	51.9	60.3
江苏	56.6	57.8	59.0	63.4	62.5	58.1	56.5	57.8	59.0
浙江	50.2	53.9	58.1	63.3	65.0	60.9	59.3	59.5	58.8
安徽	35.1	35.5	37.8	41.6	42.3	41.0	42.4	41.3	39.6
福建	47.8	47.8	49.1	48.5	48.1	43.8	44.5	46.4	47.0
江西	30.2	30.4	33.4	36.6	37.4	35.2	38.2	37.1	34.8
山东	47.0	47.2	49.1	51.5	50.4	46.1	42.4	36.5	46.3
河南	36.4	37.1	40.9	42.2	40.2	35.5	38.8	38.8	38.7
湖北	39.5	40.3	42.7	43.9	44.5	40.1	41.9	41.7	41.8
湖南	42.3	41.8	42.3	45.4	42.8	39.0	38.1	40.1	41.5
广东	57.8	58.1	61.4	63.5	63.1	59.3	60.3	57.2	60.1
广西	27.8	28.8	29.5	31.7	30.9	25.2	23.4	22.2	27.4
海南	34.8	32.7	36.8	35.1	33.1	22.9	26.8	24.2	30.8
重庆	40.7	43.2	48.4	51.8	52.9	54.4	48.2	49.1	48.6
四川	35.1	34.4	36.7	39.3	40.9	41.0	43.1	41.7	39.0
贵州	34.1	35.1	34.0	34.9	35.3	34.1	36.7	38.3	35.3
云南	25.3	25.9	23.1	28.2	26.5	29.0	30.0	29.0	27.1
陕西	47.9	50.4	50.0	49.2	50.1	49.7	51.0	45.7	49.2
甘肃	18.2	17.2	16.8	15.2	16.6	10.6	13.4	15.9	15.5
青海	24.1	21.6	19.5	18.4	19.5	16.6	13.5	13.9	18.4
宁夏	24.2	26.4	23.8	26.7	28.1	23.7	25.1	25.9	25.5
新疆	35.5	32.2	30.8	26.3	23.9	24.3	22.5	19.2	26.8

资料来源：赛迪智库整理，2021 年 4 月。

表6-2 2012—2019年30个省（区、市）工业发展质量截面指数排名

	2012年	2013年	2014年	2015年	2016年	2017年	2018年	2019年	2012—2019年均值排名
北京	1	1	1	1	1	1	1	1	1
天津	4	5	6	6	6	7	8	9	6
河北	24	23	21	17	17	19	21	19	20
山西	27	28	29	28	28	22	23	24	28
内蒙古	20	19	22	23	19	18	18	18	18
辽宁	15	14	17	20	23	20	19	22	19
吉林	22	25	23	22	21	23	27	26	23
黑龙江	19	22	25	24	25	28	28	28	26
上海	2	2	2	2	2	3	5	5	2
江苏	5	4	4	4	5	5	4	3	4
浙江	6	6	5	5	3	2	3	2	5
安徽	16	15	14	14	13	11	11	12	13
福建	8	8	9	10	10	10	9	7	9
江西	23	21	19	16	16	16	15	16	17
山东	9	9	8	8	8	9	12	17	10
河南	13	13	13	13	15	15	14	14	15
湖北	12	12	11	12	11	13	13	11	11
湖南	10	11	12	11	12	14	16	13	12
广东	3	3	3	3	4	4	2	4	3
广西	25	24	24	21	22	24	25	25	22
海南	18	18	15	18	20	27	22	23	21
重庆	11	10	10	7	7	6	7	6	8
四川	17	17	16	15	14	12	10	10	14
贵州	21	16	18	19	18	17	17	15	16
云南	26	27	27	25	26	21	20	20	24
陕西	7	7	7	9	9	8	6	8	7
甘肃	30	30	30	30	30	30	30	29	30
青海	29	29	28	29	29	29	29	30	29
宁夏	28	26	26	26	24	26	24	21	27
新疆	14	20	20	27	27	25	26	27	25

资料来源：赛迪智库整理，2021年4月。

表6-3 2012—2019年全国及30个省（区、市）工业发展质量时序指数

	2012年	2013年	2014年	2015年	2016年	2017年	2018年	2019年	2012—2019年年均增速
全 国	100.0	104.6	108.1	113.6	119.7	127.6	136.6	142.1	5.15%
北 京	100.0	101.4	105.7	110.4	113.6	121.0	121.2	126.4	3.40%
天 津	100.0	102.3	105.3	110.6	116.8	121.0	122.7	125.0	3.24%
河 北	100.0	106.5	111.6	117.8	123.7	135.9	137.7	147.7	5.73%
山 西	100.0	100.3	102.7	106.4	117.3	132.2	139.8	141.6	5.09%
内蒙古	100.0	104.5	104.7	110.7	120.2	141.8	148.3	149.0	5.87%
辽 宁	100.0	105.6	105.3	106.4	112.0	121.0	127.3	123.4	3.05%
吉 林	100.0	103.6	112.3	113.0	119.6	123.1	124.1	135.6	4.45%
黑龙江	100.0	102.8	106.1	109.8	113.7	122.0	120.3	126.0	3.35%
上 海	100.0	102.1	107.5	109.2	114.7	117.4	120.8	123.5	3.06%
江 苏	100.0	102.8	106.7	113.9	119.3	125.3	132.4	140.3	4.95%
浙 江	100.0	107.2	113.2	123.0	130.7	138.7	144.0	151.6	6.12%
安 徽	100.0	106.9	122.6	134.2	143.5	156.2	170.8	181.9	8.92%
福 建	100.0	100.7	103.2	106.5	111.3	118.4	127.5	139.7	4.90%
江 西	100.0	106.0	111.3	119.5	129.3	143.5	164.6	176.3	8.44%
山 东	100.0	103.9	107.9	113.0	116.9	122.5	128.8	129.5	3.76%
河 南	100.0	109.7	112.9	120.7	126.1	134.1	162.4	170.5	7.92%
湖 北	100.0	108.6	112.9	119.1	128.5	135.4	144.4	150.5	6.01%
湖 南	100.0	105.3	108.1	118.5	124.0	130.4	133.3	140.6	4.99%
广 东	100.0	104.4	107.8	113.7	121.2	128.2	139.5	142.7	5.21%
广 西	100.0	106.8	111.4	117.0	124.2	127.6	133.2	141.8	5.12%
海 南	100.0	104.3	102.0	107.6	112.0	108.3	116.0	120.0	2.63%
重 庆	100.0	111.6	123.9	137.1	148.2	166.9	173.5	175.3	8.35%
四 川	100.0	107.4	114.4	121.0	130.8	146.4	158.9	166.4	7.54%
贵 州	100.0	105.5	108.2	118.5	124.8	148.9	164.9	180.1	8.77%
云 南	100.0	109.4	105.8	115.6	129.7	148.6	165.1	173.8	8.21%
陕 西	100.0	108.6	111.5	121.5	130.0	141.0	150.7	156.4	6.60%
甘 肃	100.0	106.6	109.1	105.1	125.8	139.5	145.3	169.2	7.80%
青 海	100.0	104.8	112.5	122.7	137.9	137.1	147.2	162.8	7.21%
宁 夏	100.0	105.2	110.2	120.8	136.3	143.2	147.8	154.0	6.36%
新 疆	100.0	101.7	114.7	123.3	130.8	136.3	146.5	139.1	4.83%

资料来源：赛迪智库整理，2021年4月。

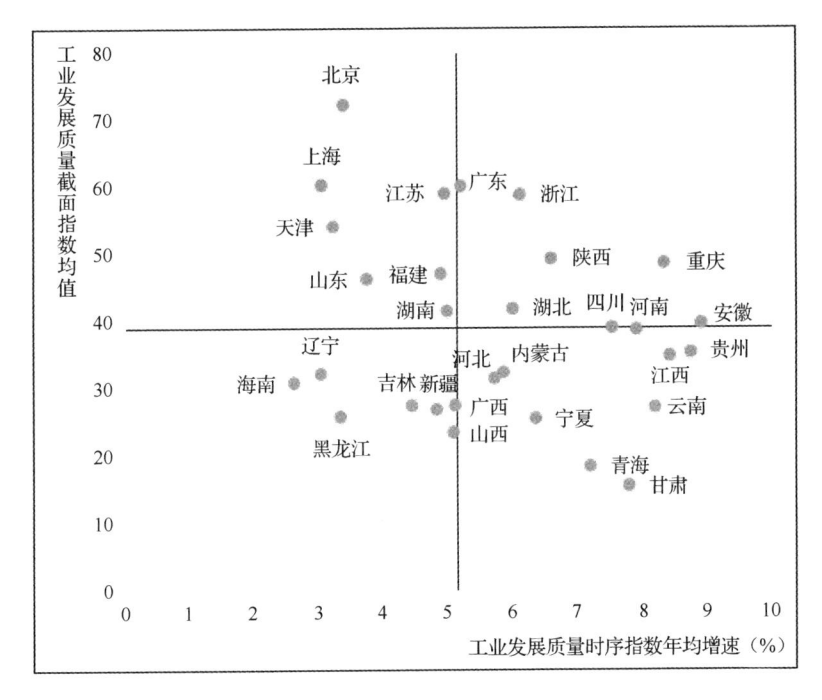

图 6-1　30 个省（区、市）工业发展质量综合表现

资料来源：赛迪智库整理，2021 年 4 月

从工业发展质量截面指数来看，表 6-2 显示，北京、上海、广东、江苏和浙江是我国工业发展质量较好的地区，2012—2019 年始终处于全国前列。

北京工业发展质量始终处于全国首位，其多年来在技术创新、资源环境、两化融合和人力资源 4 个方面始终处于全国领先水平，其中技术创新、资源环境和人力资源 2012—2019 年指数均值位于全国第 1 位。

上海工业发展质量处于全国第 2 位，2012—2019 年六大分类指数均值全部位于全国前 8，其中人力资源方面优势尤为明显，排在全国第 2 位，技术创新和两化融合均排在第 4 位。

广东工业发展质量处于全国第 3 位，2012—2019 年六大类指数均值中有四大类位于全国前 3，其中结构调整排在全国第 2 位，技术创新、资源环境和两化融合均排在第 3 位。

江苏工业发展质量处于全国第 4 位，主要得益于其在结构调整和两化融合两个方面的突出表现，2012—2019 年这两大类指数均值位于全国第 1。

浙江工业发展质量处于全国第 5 位，其中技术创新和结构调整 2012—2019 年指数均值分别排在全国第 2 位、第 3 位，资源环境和两化融合均排在

第 5 位，而速度效益和人力资源均位于全国后半段。

地区分布方面，除东部沿海地区的工业发展质量截面指数处于全国前列以外，西部的陕西和重庆，以及中部的湖北、湖南和安徽也表现较好，均处于全国中上游水平，其中重庆、湖北和安徽排名均有所上升，重庆上升幅度最为明显，从 2012 年的第 11 位上升至 2019 年的第 6 位。

分类指数方面，东部和中西部地区具有自身的特点和优势。例如，陕西、贵州、河南、内蒙古等省份在速度效益和人力资源等方面取得了突出成就，位于全国前列。与此同时，广东、北京、江苏、浙江等东部省市在结构调整、技术创新、资源环境、两化融合 4 个方面表现较好。综合来看，分类指数的走势体现了处于不同发展阶段的地区各自的发展特点及优势。

从工业发展质量时序指数来看，表 6-3 显示，安徽、贵州、江西、重庆和云南 5 个省市的工业发展质量增长较快，年均增速均超过 8%。而山东、北京、黑龙江、天津、上海、辽宁和海南 7 个省市的工业发展质量增长相对较慢，年均增速均处于 4% 以下，其中海南年均增速仅为 2.63%。

图 6-1 显示，位于水平线上方的地区是工业发展质量截面指数位于全国平均水平以上的省（区、市），位于垂直线右侧的地区是工业发展质量时序指数增速高于全国平均水平的省（区、市），因此位于第一象限的地区是工业发展质量截面指数和时序指数均高于全国平均水平的省（区、市）。从 2012—2019 年的总体情况来看，第一象限主要集中了陕西、重庆、湖北和安徽等中西部省市，即这些地区在横向比较中处于全国中上游水平，在纵向走势上也处于质量提升较快阶段，截面指数和时序指数均处于相对领先位置。北京、上海、江苏、天津、福建和山东等东部省市位于第二象限，这是由于当前东部地区在工业质量上已经处于较高水平，进步速度减弱，因此截面指数处于领先水平，时序指数偏低。第三象限主要包括东北地区和海南、新疆，这些地区截面指数和时序指数均表现较弱，处于全国平均水平之下。大量中西部省份处于第四象限，如贵州、江西、云南、青海和甘肃等，这些地区的工业质量处于较快增长阶段，但工业发展质量在全国仍处于偏低的位置。

第二节　分类指数分析

根据 2012—2019 年全国 30 个省（区、市）工业发展质量的六大分类指数的均值，并按照六大分类指数进行地区排序，同时计算六大分类指数的离

散程度，结果见表6-4。

表6-4 2012—2019年全国工业发展质量分类指数各省表现

排名	速度效益 省份	指数	结构调整 省份	指数	技术创新 省份	指数	资源环境 省份	指数	两化融合 省份	指数	人力资源 省份	指数
1	陕西	82.2	江苏	59.6	北京	80.2	北京	99.7	江苏	81.6	北京	88.8
2	贵州	72.1	广东	58.6	浙江	78.2	山东	54.2	北京	80.2	上海	70.4
3	河南	68.9	浙江	56.3	广东	73.2	广东	52.6	广东	79.7	内蒙古	58.2
4	江西	66.3	重庆	50.4	上海	71.7	天津	52.4	上海	76.8	陕西	57.1
5	福建	66.2	山东	49.1	天津	70.7	浙江	49.6	浙江	74.1	新疆	50.6
6	内蒙古	66.0	四川	49.0	江苏	63.9	陕西	45.6	福建	69.4	天津	49.3
7	北京	65.9	上海	43.9	安徽	61.8	重庆	38.5	山东	54.0	江苏	46.8
8	上海	59.8	北京	41.6	重庆	52.6	上海	34.5	天津	52.2	湖北	43.0
9	天津	58.3	河南	40.7	湖南	51.5	福建	34.3	重庆	47.0	宁夏	42.1
10	湖北	58.1	天津	37.8	湖北	45.4	河南	33.0	辽宁	44.9	广东	40.3
11	江苏	57.8	陕西	37.3	山东	40.8	江苏	31.3	四川	35.3	重庆	38.2
12	新疆	57.2	湖北	35.8	福建	36.8	河北	30.9	湖北	33.0	湖南	38.1
13	四川	56.1	安徽	35.0	陕西	33.1	江西	30.2	河北	32.2	福建	36.6
14	海南	56.0	湖南	34.7	辽宁	31.2	四川	26.8	陕西	32.3	辽宁	36.0
15	湖南	56.0	江西	33.7	贵州	28.9	辽宁	26.5	河南	29.3	海南	35.8
16	安徽	55.0	贵州	33.1	四川	28.8	湖南	26.2	湖南	28.0	浙江	35.1
17	重庆	54.4	福建	31.0	黑龙江	28.5	安徽	22.5	山西	27.5	吉林	33.2
18	云南	51.0	河北	27.7	宁夏	28.3	湖北	21.0	宁夏	26.9	山西	30.1
19	广东	50.8	辽宁	25.0	海南	28.2	山西	19.9	海南	25.5	山东	28.7
20	浙江	50.4	广西	24.1	河北	24.3	吉林	18.3	安徽	24.6	黑龙江	27.3
21	广西	49.7	山西	22.7	河南	23.3	云南	17.0	广西	23.4	云南	26.1
22	山东	49.3	吉林	21.3	云南	23.0	黑龙江	15.5	吉林	22.6	青海	24.9
23	吉林	48.2	云南	17.8	甘肃	19.3	贵州	14.0	新疆	22.2	广西	24.6
24	河北	45.7	黑龙江	16.2	江西	19.2	海南	12.9	江西	21.6	江西	22.8
25	黑龙江	41.7	海南	14.6	山西	19.1	内蒙古	12.0	内蒙古	17.5	河北	21.6
26	青海	38.3	内蒙古	14.0	广西	17.9	甘肃	11.6	黑龙江	16.2	四川	21.4
27	宁夏	34.2	青海	11.7	内蒙古	17.8	广西	11.4	云南	16.0	贵州	21.4
28	辽宁	31.2	宁夏	10.5	吉林	14.3	新疆	11.1	青海	16.0	河南	20.1

续表

排名	速度效益		结构调整		技术创新		资源环境		两化融合		人力资源	
	省份	指数	省份	指数	省份	指数	省份	指数	省份	指数	省份	指数
29	山西	23.2	新疆	7.0	新疆	8.9	青海	7.9	贵州	15.8	甘肃	19.0
30	甘肃	21.8	甘肃	6.1	青海	5.4	宁夏	7.7	甘肃	13.1	安徽	14.0
离散系数	速度效益	0.26	结构调整	0.49	技术创新	0.59	资源环境	0.67	两化融合	0.59	人力资源	0.45

资料来源：赛迪智库整理，2021年4月。

速度效益方面，陕西、贵州和河南位于全国前3位，速度效益指数分别为82.2、72.1和68.9；山西和甘肃位于全国后列，速度效益指数均低于30。由计算结果可知，速度效益指数表现较好的主要为中、西部的省份，而东部地区中，福建、北京、上海和天津的速度效益指数相对排名靠前，其他省市处于中等或中等偏下位置。同时，速度效益指数的离散系数为0.26，在六大分类指数中离散程度最低，表明这方面各地区差距较小。

结构调整方面，江苏、广东和浙江位于全国前3位，结构调整指数分别为59.6、58.6和56.3；内蒙古、青海、宁夏、新疆和甘肃位于全国后5位，均为西部省份。可以看到，东部发达省份在结构调整方面成绩显著，而中、西部地区特别是西部地区的结构调整进展缓慢。同时，结构调整指数的离散系数为0.49，表明结构调整方面各地区仍有一定差距。

技术创新方面，北京、浙江、广东、上海和天津的技术创新指数均超过70；吉林、新疆和青海位于全国后3位，技术创新指数均低于15。整体看，技术创新方面东部省市表现较好，中、西部省市普遍排名靠后。同时，其离散系数为0.59，表明技术创新方面各地区分化明显。

资源环境方面，北京的资源环境指数高达99.7，以绝对优势领先；山东、广东和天津的资源环境指数均超过50；资源环境指数排名位于全国后10位的省份中，有8个属于西部地区，反映出西部地区工业生产过程中资源利用效率较低。同时，资源环境的离散系数高达0.67，是分类指数中离散程度最大的，表明各地区之间存在显著差异。

两化融合方面，江苏、北京、广东、上海和浙江的两化融合指数均超过70；贵州和甘肃位于全国后列，两化融合指数分别为15.8和13.1。同时，两化融合的离散系数为0.59，在六大分类指数的离散程度中与技术创新并列第2，表明各地区在两化融合方面存在较大差距。

人力资源方面，北京和上海的人力资源指数均超过 70，大幅领先其他省市；内蒙古、陕西和新疆表现较好，人力资源指数均超过 50；甘肃和安徽人力资源指数均低于 20。从全国整体来看，各地区人力资源指数的离散系数为 0.45，表明地区之间差距尚存。

从上述六大分类指数的地区分析可以看到，当前东部发达地区在结构调整、技术创新、资源环境和两化融合方面普遍表现较好，领先中、西部地区；在速度效益和人力资源两个方面，中、西部地区有一定优势，其中陕西、贵州和河南占据速度效益指数的前 3 位，内蒙古位于人力资源指数的第 3 位，表现突出。

第三节　地区分析

一、北京

（一）总体情况

1. 宏观经济总体情况

2020 年，北京市实现地区生产总值 36102.6 亿元，同比增速为 1.2%。其中，第一、二、三产业增加值分别为 107.6 亿元、5716.4 亿元和 30278.6 亿元，同比增速分别为-8.5%、2.1%和 1.0%。三次产业结构为 0.4∶15.8∶83.8，与上年相比，第二产业比重略有下降。全年高技术产业实现增加值 9242.3 亿元，战略性新兴产业实现增加值 8965.4 亿元，按现价计算，分别较上年增长 6.4%和 6.2%。

2019 年，全社会固定资产投资较上年增长 2.2%。其中，基础设施投资下降 12.3%。分产业看，第二产业增长 28.0%，其中制造业投资增长 66.6%；科学研究和技术服务业投资增长明显，增幅达到 57.0%。全年北京地区进出口总值为 23215.9 亿元，同比增速下降 19.1%；出口、进口增速分别下降 10.0%和 21.1%。

2. 工业经济运行情况

2019 年，北京市实现工业增加值 4216.5 亿元，按可比价格计算，较上年增长 1.4%。其中，规模以上工业增加值较上年增长 2.3%。规模以上工业中，高技术制造业、战略性新兴产业增长较快，增速分别为 9.5%和 9.2%。规模以上工业销售产值为 19983.5 亿元，较上年增长 2.8%。

（二）指标分析

1. 时序指数（见图 6-2 和表 6-5）

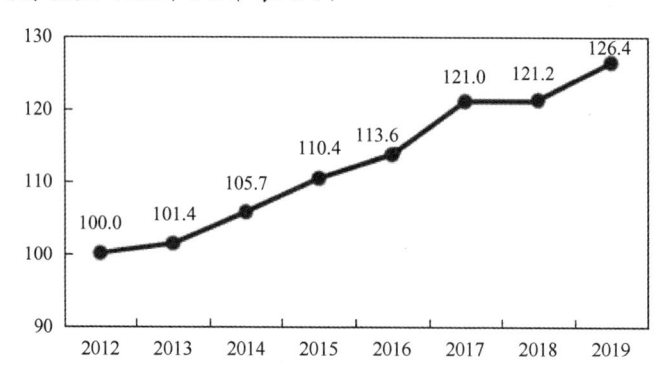

图 6-2　北京市工业发展质量时序指数

资料来源：赛迪智库整理，2021 年 4 月。

表 6-5　2012—2019 年北京市工业发展质量时序指数

	2012	2013	2014	2015	2016	2017	2018	2019	2012—2019 年年均增速
速度效益	100.0	97.3	105.4	113.3	113.0	126.8	109.0	113.9	1.9%
结构调整	100.0	99.6	98.5	98.2	93.5	93.6	94.4	95.9	-0.6%
技术创新	100.0	99.3	102.5	100.3	102.1	104.9	102.8	106.1	0.8%
资源环境	100.0	113.8	123.6	145.9	172.8	189.7	203.2	206.1	10.9%
两化融合	100.0	101.1	103.5	105.9	108.0	116.0	129.0	137.9	4.7%
人力资源	100.0	105.4	111.7	117.7	125.4	131.3	141.7	154.2	6.4%
时序指数	100.0	101.4	105.7	110.4	113.6	121.0	121.2	126.4	3.4%

资料来源：赛迪智库整理，2021 年 4 月。

纵向来看，北京市工业发展质量时序指数从 2012 年的 100.0 升至 2019 年的 126.4，年均增速为 3.4%，低于全国增速 1.7 个百分点。

北京在资源环境方面的改善最为显著，年均增速达到 10.9%，人力资源和两化融合发展也快于工业发展质量整体增速，年均增速分别达到 6.4%和 4.7%。资源环境方面，单位工业增加值能耗和单位工业增加值用水量指标均增长明显，年均增速分别高达 11.5%和 10.3%。人力资源方面，尽管就业人员平均受教育年限指标年均增速仅为 0.8%，但工业城镇单位就业人员平均工资增速和第二产业全员劳动生产率增速分别达到 11.6%和 8.6%，是人力资源

指标增速高于工业发展质量整体增速的主要原因。两化融合方面，电子信息产业占比、两化融合水平、宽带人均普及率三个指标年均增速均高于工业发展质量整体增速，分别达到 4.9%、4.3%和 4.9%。

除上述三方面指标外，其他方面增速均低于总体增速，速度效益、结构调整、技术创新三项指标增速分别只有 1.9%、-0.6%和 0.8%。

速度效益方面，规上工业增加值增速表现较好，增速达到 4.8%，工业企业资产负债率、工业成本费用利润率、工业营业收入利润率则表现欠佳，三者年均增速均低于工业整体增速，后两项指标甚至出现了负增长，年均增速分别为-0.3%和-0.4%。结构调整方面，只有高技术制造业主营业务收入占比 1 项指标实现了正增长，年均增速为 2.4%，规上小型工业企业收入占比、制造业 500 强企业占比、高技术产品出口占比则出现负增长，年均增速分别为-1.2%、-2.7%和-2.2%。技术创新方面，工业企业 R&D 经费投入强度、工业企业 R&D 人员投入强度、工业企业新产品销售收入占比三项指标实现了正增长，增速分别为 0.6、1.9%和 1.8%。单位工业企业 R&D 经费支出发明专利数则为负增长，增速为-1.7%。

2. 截面指数（见表 6-6）

表 6-6　2012—2019 年北京市工业发展质量截面指数排名

	2012	2013	2014	2015	2016	2017	2018	2019	2012—2019 年均值排名
速度效益	17	21	10	2	1	1	8	5	7
结构调整	7	8	8	9	10	13	11	9	8
技术创新	1	1	1	2	3	3	5	5	1
资源环境	1	1	1	1	1	1	1	1	1
两化融合	1	1	1	4	5	4	3	3	2
人力资源	1	1	1	1	1	1	1	1	1
截面指数	1	1	1	1	1	1	1	1	1

资料来源：赛迪智库整理，2021 年 4 月。

横向来看，北京工业发展质量截面指数连续多年排名全国第 1，2012—2019 年平均截面指数为 72.2，排名全国第 1。

2019 年，北京在资源环境、两化融合和人力资源方面表现较好，均处于全国前 3 位。

资源环境方面，单位工业增加值能耗和单位工业增加值用水量均排在全国第 1 位，两项指标表现突出带来了资源环境总体排名全国第 1。

两化融合方面，电子信息产业占比表现抢眼，位居全国第 1。

人力资源方面，就业人员平均受教育年限连续多年位于全国第 1 位，第二产业全员劳动生产率、工业城镇单位就业人员平均工资增速两项指标同样表现较好，分列全国第 8 位和第 2 位。

此外，北京市在技术创新、速度效益和结构调整等方面也处于全国领先水平，分别排在全国第 5 位、第 5 位和第 9 位。速度效益方面，尽管工业企业资产负债率指标仍排在全国第 1 位，但工业营业收入利润率和工业增加值增速指标均较往年有所下降，分别排在全国第 7 位和第 26 位。技术创新方面，工业企业 R&D 人员投入强度、单位工业企业 R&D 经费支出发明专利数两项指标均排在全国第 3，工业企业 R&D 经费投入强度和工业企业新产品销售收入占比则有待提升，两项指标分别处于全国第 10 位和第 6 位。结构调整方面，高技术制造业主营业务收入占比、制造业 500 强企业占比分别位居全国第 3 和第 6，规上小型工业企业收入占比表现欠佳，排在全国第 29 位，成为制约结构调整发展的最主要因素。

3. 原因分析

近年来，在环境治理及产业疏解的大环境下，北京市的发展速度和结构调整受到一定程度的影响，但两化融合、资源环境和人力资源等方面的优势仍然明显。

资源环境方面，近年来北京市一直将绿色发展作为转变发展方式、调整经济结构的重要抓手，全力打好蓝天保卫战、碧水攻坚战，能源结构、产业结构、交通结构不断优化调整。2020 年，全市生态环境明显改善，森林覆盖率达到 44.4%，污染防治攻坚战取得重大进展，劣Ⅴ类水体断面全面消除，细颗粒物年均浓度累计下降 53%，北京大气污染防治经验被联合国环境署纳入"实践案例"。

人力资源方面，北京市继续加大人才就业和生活环境改善收入，重点聚焦高端人才引进。实施促进科技成果转化条例，制定实施"科创 30 条"、高精尖产业"10+3"等系列政策。持续推进营商环境 1.0 至 4.0 版改革，98% 的政务服务事项实现了网上办理、"最多跑一次"，企业和群众办事法治化、便利化水平不断提高。

两化融合方面，大力实施北京大数据行动计划，加快 5G 试点建设，加

速工业转型升级。互联网、大数据、人工智能与实体经济深度融合，抢抓机遇积极布局量子、脑科学等一批新型研发机构，围绕集成电路、人工智能、区块链等推进一批重大项目。

（三）结论与展望

综合时序指数和截面指数来看，北京工业发展质量处于全国首位。六大类指标均处于全国领先位置，反映出近年来北京市在加快经济高质量发展的背景下，推动供给侧结构性改革，实现创新发展。

未来，北京市可以从以下几个方面着手，继续推动高质量发展：一是强化创新核心地位。发挥新型举国体制优势，推进中关村、未来科学城、怀柔国家实验室建设，加快建设各类创新平台和新型研发机构，着力推动量子、人工智能、生命科技等前沿关键核心技术联合攻关取得突破。二是继续加快发展数字经济。壮大信息技术、健康医疗、智能制造、区块链和先进计算等优势产业规模，做优做强集成电路、新材料等战略性新兴产业。

二、天津

（一）总体情况

1. 宏观经济总体情况

2020年，天津实现地区生产总值14083.73亿元，同比增速为1.5%。其中，第一、二、三产业增加值分别为210.18亿元、4804.08亿元和9069.47亿元，分别同比增长-0.6%、1.6%和1.4%。全年固定资产同比增长3.0%。分产业看，第一、二、三产分别增长83.0%、1.6%和2.6%，工业投资增长1.8%，其中制造业投资增长0.6%。

2. 工业经济运行情况

2020年，天津市工业增加值4188.13亿元，较上年增长1.3%。分行业看，采矿业、制造业、"电力、热力、燃气及水的生产和供应业"增速分别为2.8%、1.5%和-1.0%。分企业规模看，大型企业增加值增长1.5%，占规上工业的比重为51.2%；中小微企业增加值增长1.8%，占规上工业比重为48.8%，比上年提高8.4个百分点。

（二）指标分析

1. 时序指数（见图6-3和表6-7）

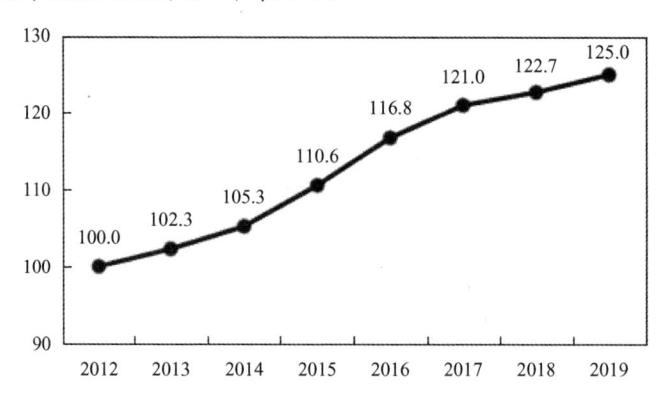

图6-3 天津市工业发展质量时序指数

资料来源：赛迪智库整理，2021年4月。

表6-7 2012—2019年天津市工业发展质量时序指数

	2012	2013	2014	2015	2016	2017	2018	2019	2012—2019年年均增速
速度效益	100.0	100.0	101.4	104.0	107.3	100.6	102.8	103.7	0.5%
结构调整	100.0	97.1	92.5	93.4	95.4	92.0	92.6	94.2	−0.8%
技术创新	100.0	107.4	112.5	117.7	124.7	136.4	125.0	114.5	2.0%
资源环境	100.0	105.9	115.1	125.5	139.4	147.4	151.0	151.8	6.1%
两化融合	100.0	101.7	106.1	113.9	122.4	139.8	155.3	173.1	8.2%
人力资源	100.0	104.9	112.6	123.4	131.3	137.6	143.3	152.1	6.2%
时序指数	100.0	102.3	105.3	110.6	116.8	121.0	122.7	125.0	3.2%

资料来源：赛迪智库整理，2021年4月。

纵向来看，天津工业发展质量时序指数从2012年的100.0上涨至2019年的125.0，年均增速为3.2%，低于全国平均增速1.9个百分点。

天津在资源环境、两化融合和人力资源方面提升较快，年均增速分别为6.1%、8.2%和6.2%。资源环境方面，单位工业增加值能耗、单位工业增加值用水量两项指标均好于工业整体表现，年均增速分别达到6.6%和5.7%。

两化融合方面，电子信息产业占比与两化融合水平增速相差不大，分别为5.3%和5.4%，宽带人均普及率表现较好，增速为12.7%。人力资源方面，第二产业全员劳动生产率增长最快，为9.3%，工业城镇单位就业人员平均工资增速也超过了天津市工业发展质量整体增速，年均增速为7.9%。

除上述三方面指标之外，速度效益、结构调整、技术创新等指标均低于整体增速，结构调整还出现了负增长。速度效益方面，规上工业增加值增速、工业企业资产负债率两项指标实现了正增长，分别为6.9%和1.3%；工业成本费用利润率、工业营业收入利润率两项指标均为负增长，增速分别为-4.5%和-4.2%。技术创新方面，尽管四项指标均实现了正增长，但增速都较慢，其中工业企业R&D经费投入强度、工业企业R&D人员投入强度和工业企业新产品销售收入占比三项指标均低于工业整体表现，增速分别为0.6%、3.0%和1.0%。

2. 截面指数（见表6-8）

表6-8　2012—2019年天津市工业发展质量截面指数排名

	2012	2013	2014	2015	2016	2017	2018	2019	2012—2019年均值排名
速度效益	7	6	5	4	6	22	21	19	9
结构调整	8	10	10	11	14	14	15	14	10
技术创新	4	4	4	3	4	2	7	10	5
资源环境	4	3	4	4	2	3	4	4	4
两化融合	8	9	9	8	9	8	8	8	8
人力资源	5	6	7	4	6	6	5	6	6
截面指数	4	5	6	6	6	7	8	9	6

资料来源：赛迪智库整理，2021年4月。

横向来看，2019年天津工业发展质量截面指数为44.1，排在全国第9名。2012—2019年间平均截面指数为54.1，排名为全国第6。

2019年，天津市工业发展质量的六个方面指标整体发展较好。资源环境、两化融合、人力资源三项均排在全国前10位。

资源环境方面，单位工业增加值能耗和单位工业增加值用水量差别较大，分别排在全国第17位和第2位。两化融合方面，电子信息产业占比指标表现较好，近年来排名处于全国上游水平且相对稳定，2019年排在全国第6位，两化融合方面，电子信息产业占比、两化融合水平、宽带人均普及率

均表现良好，2019 年分别排在第 6、第 8 和第 9 位。人力资源方面，就业人员平均受教育年限指标排在全国第 3 位，工业城镇单位就业人员平均工资增速指标降幅较大，排在全国第 25 位。

此外，技术创新、速度效益和结构调整方面也处于全国中上游水平，分别为第 10 名、第 19 名和第 14 名。

技术创新方面，工业企业 R&D 人员投入强度、工业企业 R&D 经费投入强度与工业企业新产品销售收入占比分别排在全国第 2 位、第 7 位和第 7 位，是支撑技术创新整体良好表现的有利因素；工业企业单位 R&D 经费支出发明专利数指标有待提升，排名全国第 20 名。

速度效益方面，工业企业资产负债率、工业成本费用利润率与工业营业收入利润率三项指标均处于全国中游，分别排在全国第 17 位、第 12 位和第 11 位；规上工业增加值增速指标则表现较差，排在全国第 28 位。

结构调整方面，高技术制造业主营业务收入占比、高技术产品出口占比和制造业 500 强企业占比处于全国中上游水平且比较稳定，2019 年分别排在第 7、第 11 和第 11 位；规上小型工业企业主营业务收入占比排名全国第 14，但较之前年份有了明显上升。

3. 原因分析

近年来，天津市扎实践行新发展理念，深入推进供给侧结构性改革，速度效益、结构调整等方面表现不佳，但人力资源、资源环境和两化融合等方面仍具有优势。

资源环境方面，全市整治"散乱污"企业 2.2 万家，有效破解"钢铁围城""园区围城"，3 家钢铁企业有序退出，撤销取缔工业园区 132 个，完成"散煤"取暖清洁化治理 120 万户。提标改造 110 座污水处理厂，劣 V 类水质断面占比由 65%降为零。

两化融合方面，天津市设立了百亿元智能制造专项资金，智能科技等新动能加快成长，信创产业已形成涵盖芯片、操作系统、整机终端、应用软件等领域的全产业体系；成功举办了四届世界智能大会，国家级车联网先导区成功获批，信息安全集群入选全国先进制造业集群。

人力资源方面，天津市出台实施了"津八条""海河英才"行动计划等一系列政策措施，不断优化放宽"企业提名单、政府接单办"人才引进政策条件。推广"项目+团队"模式，鼓励领军人才打包人才团队、技术专利等资源"带土移植"。

（三）结论与展望

综合时序指数和截面指数来看，天津在多个方面表现良好，但也存在一些问题。未来，天津市可以从以下几个方面着手，继续推动高质量发展：一是在京津冀协同发展"大格局"下，积极承接北京非首都功能疏解，推进重点领域一体化发展，加快北方国际航运枢纽建设。二是继续加强创新体系建设，着力培育战略科技力量，充分发挥国家自主创新示范区引领作用，重点建设国家新一代人工智能创新发展示范区，助推各类"隐形冠军""小巨人"企业快速成长，加快培育创新生态，优化创新空间布局。三是持续优化营商环境，激发各类市场主体活力，建设高标准市场体系，深化"放管服"改革，深化自贸试验区"首创性"制度创新。

三、河北

（一）总体情况

1. 宏观经济总体情况

2020 年，河北实现地区生产总值 36206.9 亿元，比上年增长 3.9%。其中，第一、二、三产业增加值分别为 3880.1 亿元、13597.2 亿元和 18729.6 亿元，增长速度分别为 3.2%、4.8%和 3.3%。三次产业比例调整为 10.7：37.6：51.7。2020 年，河北全社会固定资产投资同比增长 2.9%。其中，第二产业投资下降 5.6%。2020 年，实现社会消费品零售总额 12705.0 亿元，同比增速下降 2.2%。其中，城镇消费增速快于乡村消费增长水平，同比增速分别达到 0.3%和 11.2%；进出口总值达到 4410.4 亿元，比上年增长 10.2%，进口增速较快，达到 15.8%。

2. 工业经济运行情况

2020 年，河北省实现全部工业增加值 11545.9 亿元，同比增长 4.6%，规模以上工业增加值达增速为 4.7%。分主要行业看，计算机、通信和其他电子设备制造业、医药制造业增长最快，增速分别达到 10.7%和 14.1%。非金属矿物制品业、黑色金属冶炼和压延加工业增速也明显高于工业整体增速，分别达到 5.0%和 9.8%。

（二）指标分析

1. 时序指数（见图 6-4 和表 6-9）

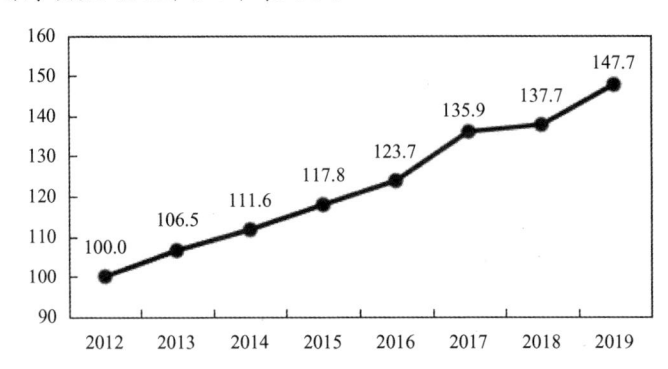

图 6-4 河北省工业发展质量时序指数

资料来源：赛迪智库整理，2021 年 4 月。

表 6-9 2012—2019 年河北省工业发展质量时序指数

	2012	2013	2014	2015	2016	2017	2018	2019	2012—2019 年年均增速
速度效益	100.0	103.2	101.9	100.2	109.4	113.9	106.8	105.3	0.7%
结构调整	100.0	103.9	106.8	113.2	107.5	111.9	100.7	107.8	1.1%
技术创新	100.0	111.4	121.8	129.2	139.2	164.6	186.6	215.8	11.6%
资源环境	100.0	111.0	119.9	132.2	140.7	149.3	160.8	169.6	7.8%
两化融合	100.0	108.8	117.4	130.4	141.9	165.6	161.0	170.3	7.9%
人力资源	100.0	102.5	107.0	112.3	115.6	122.2	128.6	135.2	4.4%
时序指数	100.0	106.5	111.6	117.8	123.7	135.9	137.7	147.7	5.7%

资料来源：赛迪智库整理，2021 年 4 月。

纵向来看，河北工业发展质量时序指数从 2012 年的 100.0 上涨至 2019 年 147.7，年均增速为 5.7%，高于全国平均增速 0.6 个百分点。河北省在技术创新、资源环境和两化融合方面增速均高于整体增速，年均增速分别为 11.6%、7.8% 和 7.9%。

技术创新方面，工业企业新产品销售收入占比和工业企业单位 R&D 经费支出发明专利数增长最快，增速分别达到 15.8% 和 21.5%；其余两项指标也实现了正增长，但工业企业单位 R&D 经费投入强度增速仅为 1.1%，低于工业整体增速。资源环境方面，单位工业增加值用水量表现较好，增速为

16.8%；单位工业增加值能耗表现略差，增速为2.0%。两化融合方面，两化融合水平表现较好，年均增速达51.8%。

除此上述三方面指标之外，速度效益、结构调整、人力资源三项指标也都实现了低速正增长。速度效益方面，工业企业资产负债率、工业成本费用利润率和工业营业收入利润率指标均为负增长，增速分别为-0.3%、-1.8%和-1.7%。结构调整方面，只有高技术制造业主营业务收入占比和制造业500强企业占比实现了正增长，分别为6.5%和0.4%。人力资源方面，工业城镇单位就业人员平均工资增速、第二产业全员劳动生产率和就业人员平均受教育年限三项指标均实现了正增长，但后两项指标增速均低于工业整体增速。

2. 截面指数（见表6-10）

表6-10 2012—2019年河北省工业发展质量截面指数排名

	2012	2013	2014	2015	2016	2017	2018	2019	2012—2019年均值排名
速度效益	22	24	24	22	17	21	22	21	24
结构调整	16	17	19	18	19	18	20	18	18
技术创新	26	24	22	21	20	18	19	13	20
资源环境	13	12	11	14	10	11	11	11	12
两化融合	11	12	11	13	14	15	14	16	13
人力资源	27	28	29	22	27	18	27	25	25
截面指数	24	23	21	17	17	19	21	19	20

资料来源：赛迪智库整理，2021年4月。

横向来看，2012—2019年，河北省工业发展质量截面指数平均值为31.4，排在全国第20名。2019年河北省工业发展质量截面指数为29.2，排在全国第19名，河北省工业发展质量六项指标均排在全国中下游，总体情况和具体指标较上一年份变化不大。

速度效益方面，全部4个指标均处于全国中下游，规上工业增加值增速、工业企业资产负债率、工业成本费用利润率和工业营业收入利润率分别排在第17、23、24、24位。

结构调整方面，制造业500强企业占比近年来始终处于全国前列，2019年排在全国第5位；规上小型工业企业收入占比处于全国中游，排在第14位；高技术产品出口占比、高技术制造业主营业务收入占比则处于全国中下游水平，分别排在第22位和第26位。

技术创新方面，工业企业 R&D 经费投入强度、工业企业新产品销售收入占比、工业企业 R&D 人员投入强度、单位工业企业 R&D 经费支出发明专利数四项指标稳中有升，2019 年分别排在全国第 13、14、17、22 位。

资源环境方面，两项指标差异明显，单位工业增加值用水量处于全国领先水平，排在第 4 位，单位工业增加值能耗则处于全国下游水平，排在第 24 位。

两化融合方面，两化融合水平和宽带人均普及率均处于全国中游水平，分别排在全国第 15 位和第 14 位，电子信息产业占比则有待提升，排在全国第 25 位。

人力资源方面，就业人员平均受教育年限表现最好，排在全国第 17 位，第二产业全员劳动生产率表现较差，排在全国第 30 位，工业城镇单位就业人员平均工资增速排在全国第 22 位。

3. 原因分析

近年来，河北省按照"三六八九"的工作思路，积极贯彻落实京津冀协同发展国家战略，坚持创新驱动，制定了调整产业结构优化产业布局的指导意见，实施工业转型升级、战略性新兴产业发展等行动计划，实施十大优势产业提升和千项技改工程。2020 年，河北省以技术改造、工业设计、两化融合为抓手，加快传统产业结构调整，1.3 万家规模以上工业企业实现技改全覆盖，连续 3 届荣获中国优秀工业设计奖金奖；战略性新兴产业和高新技术产业增加值增速明显快于规上工业，一批新的经济增长点正在加速形成。

（三）结论与展望

综合时序指数和截面指数来看，河北省各项指标排名偏后。随着京津冀协同发展、雄安新区进入大规模建设新阶段、冬奥会设施建设"三件大事"顺利推进，河北省将面临前所未有的发展机遇。

未来，河北省应从以下两个方面着手，继续推动高质量发展：一是积极承接北京非首都功能疏解。积极打造科技创新、高等教育、高端产业、总部金融等承接平台，承接聚集要素资源，培育发展高端高新产业，加快建设现代化经济体系，大力发展新一代信息技术、人工智能、智能装备等战略性新兴产业。二是持续推动工业转型升级。建设一批基础学科研究中心、一批重大科技工程、一批制造业创新中心、一批产业技术创新联盟、一批具有国际水平的科技人才和领军创新团队，加快建设创新型河北、数字河北和制造强

省、质量强省、网络强省，提高经济质量效益和核心竞争力。

四、山西

（一）总体情况

1. 宏观经济总体情况

2020年，山西实现地区生产总值17651.9亿元，其中第一、二、三产业增加值分别为946.7亿元、7675.4亿元和9029.8亿元，同比增速分别为3.6%、5.5%和2.1%。全省固定资产投资（不含农户、不含跨省）增长10.6%。分产业看，第二产业投资增长16.6%，其中工业投资增长16.4%。全省社会消费品零售总额6746.3亿元，同比下降4.0%，其中，城镇消费品零售额下降4.1%，高于乡村消费品零售额降幅3.8%。

2. 工业经济运行情况

2020年，山西全省规模以上工业增加值同比增长5.7%，其中制造业增长4.2%。全省规模以上工业企业营业收入比上年下降1.7%，其中制造业增长1.2%。全省主要工业产品产量方面，光伏电池增长35.8%、化学药品原料增长38.8%、石墨及碳素制品增长21.7%；汽车下降40.2%，其中新能源汽车下降62.8%。规模以上工业企业每百元营业收入中的成本为81.97元，较上年增加0.82元。

（二）指标分析

1. 时序指数（见图6-5和表6-11）

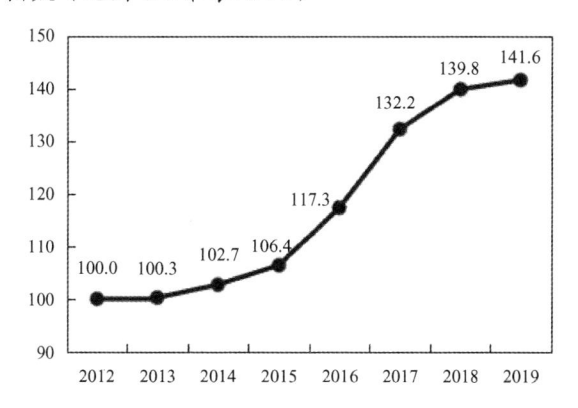

图6-5 山西省工业发展质量时序指数
资料来源：赛迪智库整理，2021年4月。

表 6-11 2012—2019 年山西省工业发展质量时序指数

	2012	2013	2014	2015	2016	2017	2018	2019	2012—2019 年年均增速
速度效益	100.0	80.8	70.2	58.8	68.2	106.1	118.6	106.6	0.9%
结构调整	100.0	102.0	108.9	125.6	148.2	158.5	159.6	165.1	7.4%
技术创新	100.0	111.0	113.7	107.9	119.5	123.4	133.4	132.2	4.1%
资源环境	100.0	109.0	115.8	118.3	123.0	125.9	127.2	134.8	4.4%
两化融合	100.0	106.5	119.0	144.3	152.7	168.8	176.3	185.0	9.2%
人力资源	100.0	101.6	104.8	105.6	107.3	112.6	123.2	136.3	4.5%
时序指数	100.0	100.3	102.7	106.4	117.3	132.2	139.8	141.6	5.1%

资料来源：赛迪智库整理，2021 年 4 月。

纵向来看，山西工业发展质量时序指数从 2012 年的 100.0 上涨至 2019 年的 141.6，年均增速为 5.1%，较全国平均增速略低 0.05 个百分点。

山西省在结构调整、两化融合两个方面表现较好，年均增速分别达到 7.4%和 9.2%。结构调整方面，指标增速差异较大，高技术产品出口占比增速最快，为 12.8%，高技术制造业营业收入占比年均增速也达到了 8.2%，制造业 500 强企业占比和规上小型工业企业收入占比增速分别为 4.9%和 3.0%。两化融合方面，电子信息产业占比年均增速高达 10%，宽带人均普及率年均增速达 11.6%，表现较为突出。

山西省在速度效益、技术创新、资源环境和人力资源年均增速分别为 0.9%、4.1%、4.4%、4.5%，均保持低速增长态势。速度效益方面，工业企业资产负债率、工业成本费用利润率、工业营业收入利润率年均增速分别为 -0.5%、-0.1%、-0.3%，均为负增长，规上工业增加值增速实现 4.0%的正增长。技术创新方面，工业企业新产品销售收入占比、单位工业企业 R&D 经费支出发明专利数表现最好，年均增速分别达到 8.9%、7.3%，工业企业 R&D 经费投入强度、工业企业 R&D 人员投入强度年均增速指标也实现了稳步增长，分别为 1.3%、0.02%。资源环境方面，单位工业增加值用水量年均增速达到 5.9%，单位工业增加值能耗年均增速达到 2.7%。人力资源方面，三项指标均实现了正增长，其中第二产业全员劳动生产率表现最好，年均增速达到 7.6%。

2. 截面指数（见表 6-12）

表 6-12　2012—2019 年山西省工业发展质量截面指数排名

	2012	2013	2014	2015	2016	2017	2018	2019	2012—2019 年均值排名
速度效益	28	30	30	30	29	25	23	24	29
结构调整	23	22	22	22	20	19	19	20	21
技术创新	22	21	20	24	24	26	22	26	25
资源环境	19	16	17	20	18	20	23	22	19
两化融合	17	19	18	17	18	18	18	19	17
人力资源	16	20	23	23	25	10	17	15	18
截面指数	27	28	29	28	28	22	23	24	28

资料来源：赛迪智库整理，2021 年 4 月。

横向来看，2012—2019 年，山西省工业发展质量截面指数平均数为 23.4，排在全国第 28 名。2019 年山西省工业发展质量截面指数为 23.7，排在全国第 24 名，较 2018 年下降 1 名。

山西工业发展质量截面指数所有指标均值排名都处于全国下游水平，速度效益、结构调整、技术创新、资源环境、两化融合、人力资源各指标分别排在全国第 29、21、25、19、17、18 位。

速度效益方面整体表现较差，指标表现差异较明显，其中规上工业增加值增速、工业企业资产负债率、工业成本费用利润率、工业营业收入利润率分别排在全国第 18 位、第 29 位、第 21 位和第 21 位。

结构调整方面，高技术产品出口占比表现最好，排在全国第 3 位，高技术制造业主营业务收入占比、制造业 500 强企业占比、规上小型工业企业收入占比三项指标排名分别在全国第 21 位、第 18 位和第 26 位。

技术创新方面，四项指标均处于全国下游水平，工业企业 R&D 经费投入强度、工业企业 R&D 人员投入强度、单位工业企业 R&D 经费支出发明专利数和工业企业新产品销售收入占比分别排在全国第 25 位、第 28 位、第 23 位和第 21 位。

资源环境方面，单位工业增加值用水量全国排名第 10 位，单位工业增加值能耗表现较差，排在全国第 26 位。

两化融合方面，整体表现有待提升，两化融合水平、宽带人均普及率、电子信息产业占比三项指标年均排名分别处于全国第 18 位、第 18 位和第 21 位。

人力资源方面，就业人员平均受教育年限、工业城镇单位就业人员平均

工资增速指标表现较好，排在全国第 7 位和第 9 位，第二产业全员劳动生产率排在全国第 16 位，较 2018 年有一定提升。

3. 原因分析

山西省工业经济发展长期积累的结构性、体制性矛盾制约其工业高质量发展，如何破解能源依赖是该省长期探索的重要课题。围绕煤炭这一核心资源，山西省形成以钢铁、装备等重工业为主的产业结构和以国企为主的企业结构，经济发展质效较低，营商环境改善压力较大。近年来，山西省积极探索和实践高质量发展新路径，在资源环境、人力资源等维度的相对表现有所提升，但值得注意的是，速度效益、结构调整、技术创新、两化融合等维度指数的全国排名均出现下降，说明山西省近年改革力度虽然较大，但与全国其他省份相比，仍处于相对缓慢的地位，数字经济、高端装备制造、新能源汽车、新材料和新能源等战略性新兴产业发展仍需加大推进力度。

（三）结论与展望

综合时序指数和截面指数来看，尽管山西省个别指标有所改善，但相对全国水平来说，工业发展质量仍有待提升。

未来，山西省应从以下几个方面着手：一是聚焦新基建、新技术、新材料、新装备、新产品、新业态等"六新"突破，深入实施"131"科技成果转化行动，以项目建设推动产业培育，打造"六最"营商环境，加速培育信息产业、半导体、大数据、煤机智能制造、先进轨道交通、碳基新材料等标志性、引领性、牵引性产业集群，塑造产业发展新引擎。二是把握能源革命综合改革试点的发展机遇，深化市场改革，深化财政金融、国资国企、园区建设等相关体制机制改革，进一步提升政府服务能力与国有企业活力。三是立足山西区位优势，主动融入"一带一路"建设，积极融入京津冀一体化协同发展，"东进"对接长三角，"南下"携手大湾区，加强与中部省份、沿海省份及周边省份的区域合作，推动一批产业对接合作项目，提高新兴产业开放合作水平。

五、内蒙古

（一）总体情况

1. 宏观经济总体情况

2020 年，内蒙古生产总值达到 1.74 万亿元，比上年增长 0.2%，全区经

济持续回稳。其中，第一产业增加值较上年增长 1.7%；第二产业增加值较上年增长 1.0%；第三产业增加值较上年下降 0.9%。2020 年，受新冠肺炎疫情等因素冲击，全区实现进出口总值 1043.3 亿元，比上年下降 4.9%，其中，出口 349.1 亿元，下降 7.4%，进口 694.2 亿元，下降 3.7%。2020 年，全区居民消费价格同比上涨 1.9%，其中，城市同比上涨 1.6%；农村牧区同比上涨 2.7%。全区工业生产者出厂价格较上年下降 0.3%，工业生产者购进价格较上年下降 0.5%。

2. 工业经济运行情况

2020 年，全区全部工业增加值比上年增长 0.8%，规模以上工业增加值比上年增长 0.7%，制造业增加值增长 8.4%，其中，电气机械和器材制造业增长 196.9%，专用设备制造业增长 64.4%，计算机、通信和其他电子设备制造业增长 50.1%，产业结构持续优化。2020 年，全区规模以上工业企业实现利润 1315.1 亿元，同比下降 10.9%，规模以上工业企业营业收入利润率为 7.9%，高于全国平均水平约 1.8 个百分点，工业经济效益水平保持良好。

（二）指标分析

1. 时序指数（见图 6-6 和表 6-13）

纵向来看，从 2012 年到 2019 年，内蒙古工业发展质量时序指数由 100.0 上涨至 149.0，年均增速达到 5.9%，高于全国平均增速 0.7 个百分点。

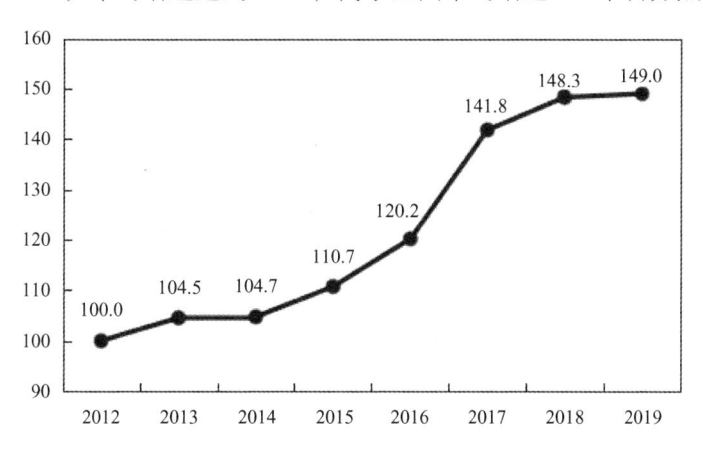

图 6-6　内蒙古工业发展质量时序指数

资料来源：赛迪智库整理，2021 年 4 月。

表 6-13 2012—2019 年内蒙古工业发展质量时序指数

	2012	2013	2014	2015	2016	2017	2018	2019	2012—2019 年年均增速
速度效益	100.0	99.2	84.8	82.3	90.7	109.6	110.1	107.9	1.1%
结构调整	100.0	103.1	97.6	105.7	115.5	126.9	150.5	140.0	4.9%
技术创新	100.0	111.7	112.0	124.3	134.0	174.5	159.0	160.5	7.0%
资源环境	100.0	115.1	135.8	141.9	157.2	170.8	170.8	184.1	9.1%
两化融合	100.0	100.8	114.3	120.3	126.8	158.7	184.2	185.6	9.2%
人力资源	100.0	100.9	104.9	112.9	122.3	128.9	136.1	149.1	5.9%
时序指数	100.0	104.5	104.7	110.7	120.2	141.8	148.3	149.0	5.9%

资料来源：赛迪智库整理，2021 年 4 月。

内蒙古在技术创新、资源环境、两化融合三个方面增长较快，年均增速分别达到 7.0%、9.1%、9.2%。构成技术创新的各指标中，工业企业 R&D 经费投入强度、工业企业 R&D 人员投入强度、单位工业企业 R&D 经费支出发明专利数、工业企业新产品销售收入占比的年均增速分别达到 5.8%、0.2%、11.7%、11.1%。构成资源环境的各项指标中，单位工业增加值能耗、单位工业增加值用水量年均增速分别达到 0.5%、14.9%，单位工业增加值能耗指标得分连续两年下降。构成两化融合的各指标中，电子信息产业占比、两化融合水平、宽带人均普及率年均增速分别达到 3.9%、8.9%、13.6%，其中电子信息产业占比得分较上年有所回落。速度效益方面，进展较为缓慢，除规上工业增加值年均增速达 7.7% 之外，工业企业资产负债率、工业成本费用利润率、工业营业收入利润率均呈低速增长其至负增长，年均增速分别为 0.1%、-3.2%、-2.8%。人力资源方面，工业城镇单位就业人员平均工资增速、第二产业全员劳动生产率、就业人员平均受教育年限等指标年均增速分别为 9.3%、8.5%、0.9%，各指标较上年均呈不同程度的正增长。结构调整方面，高技术产品出口占比、高技术制造业主营业务收入占比表现较好，年均增速分别高达 18.3%、5.3%，但制造业 500 强企业占比、规上小型工业企业收入占比年均增速分别为 -5.6%、-7.0%，成为制约内蒙古结构调整指数增长的主要因素。

2. 截面指数（见表6-14）

表6-14 2012—2019年内蒙古工业发展质量截面指数排名

	2012	2013	2014	2015	2016	2017	2018	2019	2012—2019年均值排名
速度效益	3	3	15	21	14	5	3	4	6
结构调整	22	25	24	24	25	29	26	28	26
技术创新	27	26	26	23	22	21	23	27	27
资源环境	26	28	23	27	24	24	25	25	25
两化融合	27	28	26	29	24	21	21	23	25
人力资源	3	4	4	5	4	3	3	4	3
截面指数	20	19	22	23	19	18	18	18	18

资料来源：赛迪智库整理，2021年4月。

横向来看，2019年内蒙古工业发展质量截面指数为29.3，排在全国第18名，与2018年排名持平。

2019年，内蒙古在人力资源方面处于全国领先水平，排在全国第3名。其中，第二产业全员劳动生产率是促进内蒙古人力资源方面全国领先的主要支撑指标，2012年以来一直处于全国领先水平。2019年内蒙古工业城镇单位就业人员平均工资增速指标排名从上年全国第2位大幅回落至全国第16位，就业人员平均受教育年限仍然处于中游水平，全国排名第13位。

2019年，内蒙古在速度效益方面仍处于全国前列，但较2018年下降1个名次，位居全国第4名。其中，工业成本费用利润率与工业营业收入利润率两个指标位于全国前列，均位居全国第3位，但较上年滑落1位。规上工业增加值增速排名略有下滑，由2018年的第14位降至2019年的第16位，工业企业资产负债率排名小幅上升，由2018年的第26位升至2019年的第24位。

2019年，内蒙古工业发展质量截面指数排名靠后主要是受到结构调整、技术创新、资源环境、两化融合四个方面影响，分别排在全国第26名、第27名、第25名、第25名。结构调整方面，高技术制造业主营业务收入占比、制造业500强企业占比、规上小型工业企业收入占比、高技术产品出口占比4项指标均处于全国中下游，分别位居全国第29名、第25名、第24名和第16名。技术创新方面，工业企业R&D经费投入强度、工业企业R&D人员投入强度、单位工业企业R&D经费支出发明专利数、工业企业新产品销售

收入占比在全国排名分别是第 23 位、第 25 位、第 27 位和第 26 位。资源环境方面，排名保持稳定，单位工业增加值用水量排名居于全国中上游，为第 12 位，单位工业增加值能耗排名第 27 位，成为制约资源环境指数排名的主要影响因素。两化融合方面，各项指标基本保持稳定，电子信息产业占比、两化融合水平、宽带人均普及率分别位于全国第 29 位、第 16 位、第 26 位。

3. 原因分析

内蒙古作为西部省份，产业后发优势、资源要素优势突出，这为其带来近年来相对较高的发展速度，在速度效益、人力资源等方面指数排名相对较高。但总体看，内蒙古工业发展质量仍处于全国中下游，技术创新、结构调整、资源环境、两化融合方面是制约发展质量提升的主要因素。长期以来，内蒙古依托煤炭、铁矿、稀土等矿产资源优势，成为全国重要的能源输出地和原料来源地，这也导致内蒙古产业结构具有重工业偏重、产业能耗高、产品附加值低等特征，如何破解资源优势背后的发展路径固化、产业结构僵化问题，是内蒙古工业高质量发展的关键。

（三）结论与展望

综合时序指数和截面指数来看，内蒙古在结构调整、两化融合、资源环境、技术创新等方面仍需加快提升步伐，以实现工业的高质量发展。

内蒙古今后还需在以下几个方面加大工作力度，一要认真贯彻新发展理念，严格控制能耗指标以及环境、碳排等指标，倒逼地方政府加快探索以生态优先、绿色发展为导向的高质量发展新途径，推动化工、装备、冶金等传统产业绿色化发展，打造稀土应用、新材料、新能源等领域产业新引擎。二是抓住 5G 发展带来的转型机遇，加快推动两化融合进程，积极布局 5G 通信、大数据、物联网等相关新型基础设施建设，加速工业企业数字化、网络化、智能化改造，加快数字生产线、智能车间、智能工厂、智慧园区等试点示范建设及经验推广。

六、辽宁

（一）总体情况

1. 宏观经济总体情况

2020 年，辽宁全省完成地区生产总值 25115.0 亿元，比上年增长 0.6%；

全省固定资产投资较上年增长 2.6%；社会消费品零售总额达到 8960.9 亿元，较上年下降 7.8%；进出口总额 6544.0 亿元，较上年下降 9.9%，其中出口总额达到 2652.2 亿元，较上年下降 15.3%，进口总额 3891.8 亿元，较上年下降 5.8%。2020 年，全省一般公共预算收入为 2655.5 亿元，较上年增长 0.1%，一般公共预算支出为 6002.0 亿元，较上年增长 4.5%。2020 年，全省居民消费价格比上年上涨 2.4%，工业生产者购进价格比上年下降 1.8%，工业生产者出厂价格比上年下降 3.0%。

2. 工业经济运行情况

2020 年，辽宁全省规模以上工业增加值比上年增长 1.8%，制造业增加值增长 1.8%。其中，装备制造业增加值增长 1.3%，占规模以上工业增加值的 29.5%，石化工业增加值增长 3.9%，占规模以上工业增加值的 24.1%，冶金工业增加值增长 1.9%，占规模以上工业增加值的 17.5%。2020 年，第二产业投资下降 5.1%，但高技术制造业投资比上年增长 33.4%。其中，电子及通信设备制造业投资增长 96.1%，医疗仪器设备及仪器仪表制造业投资增长 64.7%。

（二）指标分析

1. 时序指数（见图 6-7 和表 6-15）

纵向来看，辽宁工业发展质量时序指数自 2012 年的 100.0 上涨至 2019 年的 123.4，年均增速为 3.1%，低于全国平均增速约 2.1 个百分点。

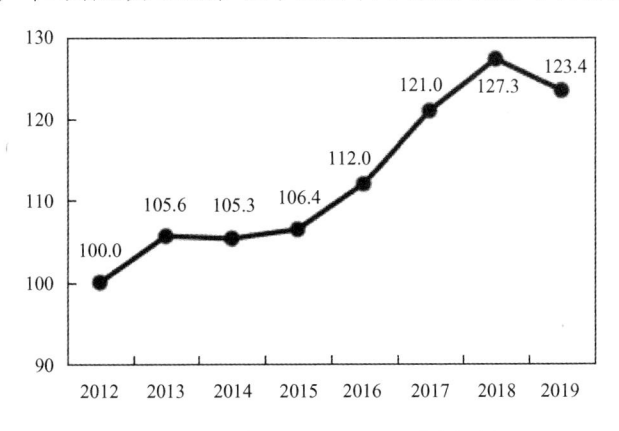

图 6-7　辽宁工业发展质量时序指数

资料来源：赛迪智库整理，2021 年 4 月。

表 6-15　2012—2019 年辽宁工业发展质量时序指数

	2012	2013	2014	2015	2016	2017	2018	2019	2012—2019 年年均增速
速度效益	100.0	109.8	95.8	81.8	70.3	91.3	101.9	93.8	-0.9%
结构调整	100.0	93.8	92.3	96.7	99.0	98.4	99.5	98.1	-0.3%
技术创新	100.0	110.9	118.1	127.5	174.1	186.0	195.1	175.2	8.3%
资源环境	100.0	111.5	116.1	116.2	105.4	111.4	119.8	124.6	3.2%
两化融合	100.0	106.9	111.6	116.3	110.3	115.2	114.2	120.7	2.7%
人力资源	100.0	102.2	107.1	114.5	117.5	122.2	131.7	138.4	4.8%
时序指数	100.0	105.6	105.3	106.4	112.0	121.0	127.3	123.4	3.1%

资料来源：赛迪智库整理，2021 年 4 月。

技术创新方面，年均增速为 8.3%，其中工业企业 R&D 经费投入强度、工业企业 R&D 人员投入强度、工业企业单位 R&D 经费支出发明专利数、工业企业新产品销售收入占比年均增速分别为 6.1%、11.2%、3.6%、10.8%。

资源环境方面，年均增速达到 3.2%，其中单位工业增加值能耗与单位工业增加值用水量年均增速分别为 1.1%和 5.1%。

两化融合方面，年均增速为 2.7%，其中宽带人均普及率年均增速为 8.3%，是拉动两化融合发展的主要因素，但电子信息产业占比 2018 年以来出现较大幅度下滑，年均增速为-5.7%。

人力资源方面，年均增速为 4.8%，其中工业城镇单位就业人员平均工资增速是人力资源指标的最有力支撑，年均增速达到 8.5%，其次是第二产业全员劳动生产率年均增速为 6.2%，最后是就业人员平均受教育年限年均增速 1.3%。

速度效益方面相对弱势，年均增速为-0.9%，规上工业增加值增速、工业企业资产负债率、工业成本费用利润率、工业营业收入利润率年均增速分别为 1.8%、-1.1%、-2.5%、-2.3%，其中规上工业增加值增速、工业企业资产负债率两项指标较上年有一定改善。

结构调整方面，年均增速为-0.3%。其中高技术制造业主营业务收入占比、高技术产品出口占比指标的年均增速为 4.2%、8.4%；但制造业 500 强企业占比、规上小型工业企业收入占比年均增速分别为-10.7%、-10.3%，是结构调整的主要阻力。

2. 截面指数（见表6-16）

表6-16　2012—2019年辽宁工业发展质量截面指数排名

	2012	2013	2014	2015	2016	2017	2018	2019	2012—2019年均值排名
速度效益	26	25	27	28	30	29	19	25	28
结构调整	11	12	16	19	22	23	22	22	19
技术创新	19	20	19	18	11	11	12	18	14
资源环境	12	9	12	16	16	17	18	18	15
两化融合	7	7	7	9	10	11	12	15	10
人力资源	15	13	16	12	12	14	14	17	14
截面指数	15	14	17	20	23	20	19	22	19

资料来源：赛迪智库整理，2021年4月。

横向来看，2019年辽宁工业发展质量截面指数为25.9，排在全国第22名，处于全国中下游水平。

其中，人力资源方面，全国排名第17位，工业城镇单位就业人员平均工资增速、第二产业全员劳动生产率、就业人员平均受教育年限的全国平均排名分别为第26位、第15位、第9位。

资源环境方面，全国排名第18位，单位工业增加值能耗、单位工业增加值用水量的全国排名分别为第22位、第9位。

技术创新方面，全国排名第18位，工业企业R&D经费投入强度、工业企业R&D人员投入强度、工业企业新产品销售收入占比年均排名分别位于全国第15位、第19位、第15位；但工业企业单位R&D经费支出发明专利数却成为技术创新的主要阻力，年均排名为全国第29位。

两化融合方面，排在全国第15位，较上年下降3个位次。其中，电子信息产业占比、两化融合水平、宽带人均普及率分别排在第17位、第11位和第24位。

结构调整方面，全国排名第22位。其中，制造业500强企业占比表现相对较好，位于全国第14位；而高技术制造业主营业务收入占比、规上小型工业企业收入占比、高技术产品出口占比相对弱势，分别排在全国第20位、第25位和第17位。

速度效益方面，全国排名第25位，较上年下降6个位次。其中，规上

工业增加值增速表现较好，位于全国第 12 位，但工业企业资产负债率、工业成本费用利润率、工业营业收入利润率仍处于全国下游水平，分别排在全国第 26 位、第 27 位和 27 位。

3. 原因分析

辽宁作为"共和国工业长子"，具有较高水平的工业基础、技术创新能力积淀和产业人才储备，但日渐枯竭的自然资源、高度城镇化与人口老龄化、偏于重工业的产业结构、偏重国企的企业生态以及营商环境短板等诸多因素叠加导致近年来产业经济走弱。从各指标表现的全国排名看，除资源环境、结构调整类指标表现持平外，其他方面指标排名均出现不同程度下滑，速度效益、技术创新、两化融合、人力资源等方面改善相对缓慢。分析辽宁产业发展的优劣势，高度城镇化与老龄化意味着本地市场优势弱化，但产业基础与技术优势仍然存在，应引导产业资源向机器人、电子信息、高端装备等方向集聚，立足全国乃至国际市场。转型需要人才、项目等资源，针对人才外流、"投资不过山海关"等困境，未来破局方向还应在体制机制改革，改善营商环境、人才环境上。

（三）结论与展望

综合时序指数和截面指数来看，辽宁在技术创新、两化融合、人力资源等方面还有较大的提升空间。

辽宁今后还需在以下几个方面加大工作力度。一是发挥老工业基地企业技术优势，培育壮大 IC 装备、航空装备、机器人等产业链，激发企业创新活力，促进实验室、仪器设备等产业创新资源开放共享，促进企业研发成果的转移转化，加快制造强省建设步伐。二是以市场经济体制机制建设为改革重点，营造国有企业与民营企业公平竞争的市场环境，妥善处理国企账款拖欠问题，加强账款支付源头治理，避免运动式清欠，切实减轻民营企业压力，改善营商环境。

七、吉林

（一）总体情况

1. 宏观经济总体情况

2020 年，吉林实现地区生产总值 12311.3 亿元，按可比价格计算，同比增长 2.4%，比前三季度提高 0.9 个百分点，高于全国平均水平 0.1 个百分点。

分产业看，第一产业增加值1553亿元，同比增长1.3%；第二产业增加值4326.2亿元，增长5.7%；第三产业增加值6432.1亿元，增长0.1%。

2. 工业经济运行情况

2020年，全省规上工业增加值同比增长6.9%，高于全国平均水平4.1个百分点，行业增长面逐步扩大。从重点产业看，汽车制造业同比增长12.8%，增速高于全国平均水平6.2个百分点；石油化工产业增长0.6%；食品产业增长1.3%；医药产业增长1.9%；装备制造业增长8.4%。

（二）指标分析

1. 时序指数（见图6-8和表6-17）

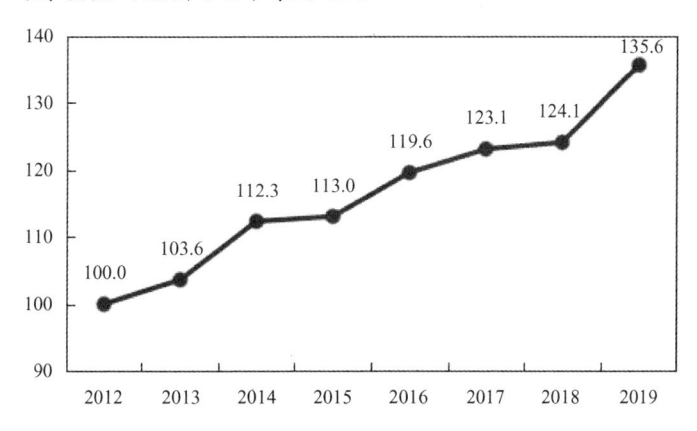

图6-8 吉林工业发展质量时序指数

资料来源：赛迪智库整理，2021年4月。

表6-17 2012—2019年吉林工业发展质量时序指数

	2012	2013	2014	2015	2016	2017	2018	2019	2012—2019年年均增速
速度效益	100.0	99.1	104.8	99.4	102.5	99.7	107.8	104.1	0.6%
结构调整	100.0	121.7	136.7	127.4	122.6	108.6	76.0	85.7	-2.2%
技术创新	100.0	85.2	94.9	94.6	107.3	116.3	110.8	161.3	7.1%
资源环境	100.0	111.7	120.2	141.4	164.7	190.2	226.4	253.2	14.2%
两化融合	100.0	107.1	115.4	123.9	131.6	143.5	158.7	138.1	4.7%
人力资源	100.0	101.9	104.5	108.6	115.1	121.9	128.9	135.3	4.4%
时序指数	100.0	103.6	112.3	113.0	119.6	123.1	124.1	135.6	4.4%

资料来源：赛迪智库整理，2021年4月。

纵向来看，吉林工业发展质量时序指数自 2012 年的 100.0 上涨至 2019 年的 135.6，年均增速为 4.4%，低于全国平均增速 0.7 个百分点。

吉林在资源环境、技术创新方面增长相对较快，年均增速分别为 14.2% 和 7.1%。资源环境方面，单位工业增加值用水量和单位工业增加值能耗改善较好，年均增速分别达到 15.9%、12.3%。技术创新方面，工业企业 R&D 经费投入强度、单位工业企业 R&D 经费支出发明专利数、工业企业新产品销售收入占比三个指标表现较好，年均增速分别为 7%、15.2%、8.1%；工业企业 R&D 人员投入强度表现较差，年均增速为-2.8%。

吉林在速度效益、两化融合、人力资源三个方面的增速表现相对一般，年均增速分别为 0.6%、4.7%、4.4%。速度效益方面，规上工业增加值增速相对增长较快，年均增速达到 5.9%，工业企业资产负债率、工业成本费用利润率和工业营业收入利润率均出现负增长，年均增速分别为-1.3%、-2%、-2%。两化融合方面，宽带人均普及率增长较快，年均增速为 8.2%，电子信息产业占比增长相对较缓，为 1.5%。人力资源方面，工业城镇单位就业人员平均工资增速较快，为 10.8%，是支撑人力资源发展的有利因素。

吉林在结构调整表现较差，年均增速为-2.2%。其中高技术产品出口占比是唯一的正增长因素，增速为 7.8%，其余三项指标均为负增长。

2. 截面指数（见表 6-18）

表 6-18 2012—2019 年吉林工业发展质量截面指数排名

	2012	2013	2014	2015	2016	2017	2018	2019	2012—2019 年均值排名
速度效益	14	23	21	20	18	23	20	26	23
结构调整	20	20	20	20	18	20	29	30	22
技术创新	25	28	28	29	28	27	28	22	28
资源环境	22	21	21	22	21	19	15	15	20
两化融合	16	17	17	22	22	24	24	28	22
人力资源	13	16	17	17	15	13	15	19	17
截面指数	22	25	23	22	21	23	27	26	23

资料来源：赛迪智库整理，2020 年 3 月。

横向来看，吉林工业发展质量截面指数连续多年处于全国中下游水平，2019 年截面指数为 19.8，排在第 26 位，比 2018 年排名上升 1 位。

2019年，吉林在资源环境方面表现相对较好，排在全国第15名，处于全国中游水平。其中单位工业增加值能耗表现较好，排在第13位，促进了资源环境的整体表现。

2019年，吉林在其他几个方面均处于中下游或下游水平。吉林在速度效益方面排在全国第26位。其中，规上工业增加值增速排全国第26位，较2018年下降5位；工业企业资产负债率排在全国第19位，下降了6位；工业成本费用利润率和工业营业收入利润率均处于全国第22位。在结构调整方面排在全国第30位。其中，规上小型工业企业收入占比增速排名第30位，是导致吉林结构调整排名低的主要原因。技术创新排在第22名，较上年提高了6个名次。其中，工业企业R&D经费投入强度、工业企业R&D人员投入强度处于相对落后水平，排名分别为第27位和第29位，影响了技术创新指数的排名。人力资源排在第19位。其中，工业城镇单位就业人员平均工资增速排在全国第11位，第二产业全员劳动生产率排在全国第19位，就业人员平均受教育年限排在第18位。两化融合排在全国第28位，电子信息产业占比、两化融合水平、宽带人均普及率三个指标均处于全国中下游水平，分别排在第23位、第21位、第29位，直接影响了吉林两化融合指数的排名。

3. 原因分析

吉林资源环境发展较好，年均增速14.2%，在全国看也属于较好水平。2018年10月，为贯彻落实工业和信息化部《工业固体废物资源综合利用评价管理暂行办法》，推动工业固体废物资源综合利用，促进工业绿色发展，吉林省制定出台《吉林省工业固体废物资源综合利用评价管理实施细则（暂行）》。引入了工业固体废物资源综合利用评价机制，进一步做好工业固体废物资源综合利用评价，为降低吉林省工业固体废弃物、进一步优化提升吉林资源环境发展营造良好环境。

（三）结论与展望

整体看，吉林除了资源环境方面表现较好之外，其他指标基本处于全国中下游，未来还需要进一步践行高质量发展观，着重在技术创新和两化融合方面持续发力。一是加大政府对科技创新的支持力度，加快科教优势向"双创"优势转变，整合创新资源，强化产业人才优势，充分发挥企业自主创新的主体作用,建立产学研合作体系，促进人才链与创新链、产业链、资金链、信息链、价值链等深度融合。二是进一步提高宽带人均普及率，大力引进和

发展电子信息产业，加快建设工业云平台，提高两化融合率。

八、黑龙江

（一）总体情况

1. 宏观经济总体情况

2020年，黑龙江实现地区生产总值13698.5亿元，比上年增长1.0%，超预期完成全年经济转正目标。第一产业增加值3438.3亿元，增长2.9%；第二产业增加值3483.5亿元，增长2.6%；第三产业增加值6776.7亿元，下降1.0%，降幅比前三季度收窄2.0个百分点。

2. 工业经济运行情况

2020年，全年全省规模以上工业增加值比上年增长3.3%，增幅高于全国0.5个百分点。重点行业支撑有力。装备工业增加值增长13.5%，其中，通用设备制造业、汽车制造业、电气机械和器材制造业分别增长38.7%、35.5%、22.2%；汽车、发动机、发电机组、汽车用发动机产量分别增长38.5%、54.5%、63.0%、50.4%。石化工业增加值增长10.5%，其中，石油煤炭及其他燃料加工业增长14.9%。食品工业增长2.0%，其中，农副食品加工业增长4.7%。

（二）指标分析

1. 时序指数（见图6-9和表6-19）

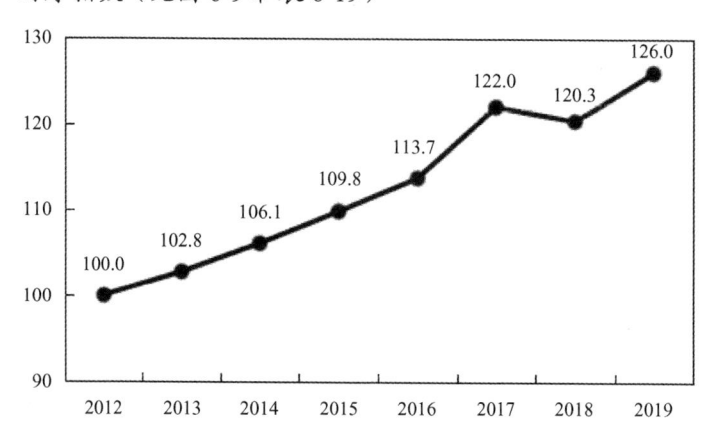

图6-9 黑龙江工业发展质量时序指数

资料来源：赛迪智库整理，2021年4月。

表 6-19 2012—2019 年黑龙江工业发展质量时序指数

	2012	2013	2014	2015	2016	2017	2018	2019	2012—2019 年年均增速
速度效益	100.0	91.2	86.5	69.4	63.6	74.0	77.2	72.5	-4.5%
结构调整	100.0	104.6	106.9	110.0	109.6	103.6	130.0	127.1	3.5%
技术创新	100.0	103.3	106.4	107.8	114.5	132.4	101.0	125.3	3.3%
资源环境	100.0	121.4	142.0	187.0	204.9	215.5	218.6	222.1	12.1%
两化融合	100.0	104.1	110.8	121.3	130.2	142.0	124.7	129.5	3.8%
人力资源	100.0	103.9	106.2	112.0	118.5	124.4	131.8	143.0	5.2%
时序指数	100.0	102.8	106.1	109.8	113.7	122.0	120.3	126.0	3.4%

资料来源：赛迪智库整理，2021 年 4 月。

纵向来看，黑龙江工业发展质量时序指数自 2012 年的 100.0 上涨至 2019 年的 126，年均增速为 3.4%，比全国平均增速低 1.7 个百分点。

黑龙江在资源环境方面快速增长，2012—2019 年年均增速为 12.1%。其中，单位工业增加值用水量表现优异，年均增速达到 15%，单位工业增加值能耗年均增速达到 8.6%，两者共同促进了资源环境指数的增长。

黑龙江在技术创新、两化融合、人力资源和结构调整方面表现一般。技术创新方面，年均增速为 3.3%。其中，单位工业企业 R&D 经费支出发明专利数增速最高，达到 11.5%；工业企业 R&D 人员投入强度和工业企业 R&D 经费投入强度增速表现欠佳，分别为 -5.2%、-0.3%。两化融合方面，年均增速为 3.8%。其中，宽带人均普及率年均增速 10.3%。表现较好；但电子信息产业占比年均增速 -4.8%，表现较差。人力资源方面，年均增速为 5.2%。其中，工业城镇单位就业人员平均工资增速快速增长，年均增速为 9.3%；第二产业全员劳动生产率也保持较快增长，年均增速为 6.5%；就业人员平均受教育年限增长较慢，增速仅为 1.7%。结构调整方面，年均增速为 3.5%。其中，高技术产品出口占比保持较快增长，年均增速为 15.5%；但制造业 500 强企业占比、规上小型工业企业收入占比两项指标均呈现负增长，年均增速分别为 -3.1%、-1.3%，表现较差。

黑龙江在速度效益方面表现较差，年均增速为 -4.5%。其中，规上工业增加值增速年均增速为 2.9%，但工业企业资产负债率、工业成本费用利润率和工业营业收入利润率均呈负增长，年均增速为分别为 -0.4%、-13.8% 和 -12.6%。

2. 截面指数（见表6-20）

表6-20　2012—2019年黑龙江工业发展质量截面指数排名

	2012	2013	2014	2015	2016	2017	2018	2019	2012—2019年均值排名
速度效益	5	16	22	25	27	27	26	28	25
结构调整	24	23	23	23	24	25	25	24	24
技术创新	14	16	15	15	16	15	25	23	17
资源环境	25	25	22	19	20	21	22	23	22
两化融合	20	22	22	26	28	30	30	30	26
人力资源	21	24	28	20	17	20	19	18	20
截面指数	19	22	25	24	25	28	28	28	26

资料来源：赛迪智库整理，2021年4月。

横向来看，2019年黑龙江截面指数为16.8，排在全国第28名，与2018年持平。

黑龙江在人力资源方面处于全国中下游水平，2019年排在全国第18位。其中，工业城镇单位就业人员平均工资增速表现较好，排名5位；第二产业全员劳动生产率和就业人员平均受教育年限分别排在第23名和第16名。

黑龙江在结构调整、技术创新、资源环境方面表现一般，2019年全国排名分别为第24位、第23位、第23位。结构调整方面，规上小型工业企业收入占比表现最好，排在第19位；高技术产品出口占比表现最差，排在第27位。技术创新方面，单位工业企业R&D经费支出发明专利数表现最好，排在第8位。资源环境方面，单位工业增加值能耗和单位工业增加值用水量表现一般，分别排在第19位和第21位。

黑龙江在速度效益、两化融合方面发展相对较差，2019年全国排名分别为第28位和第30位。速度效益方面，规上工业增加值增速排在全国第28名，较2018年下降一位；工业资产负债率排名第18位，与上年持平；工业成本费用利润率和工业营业收入利润率均排在全国第28位。两化融合方面，电子信息产业占比、两化融合水平、宽带人均普及率三个指标均处于全国中下游水平，分别排在第30位、第24位、第30位，直接影响了黑龙江两化融合指数的排名。

3. 原因分析

整体看，黑龙江工业发展质量处于全国省份排名的中下游，基本没有特别突出的指标，这也是近年来东北地区整体发展面临困难的体现。究其原因，一是黑龙江作为老工业基地，产能落后，转型升级缓慢。二是缺乏新型产业，导致大量人才流失。三是黑龙江以国有企业为主，管理体制僵化，整体缺乏活力。四是营商环境有待进一步优化和提升。

（三）结论与展望

黑龙江近年来速度效益持续位于全国较低水平，工业企业发展面临众多发展瓶颈，未来要在提升发展速度的同时，进一步提高发展质量。一是进一步降低工业和通信业面临的各种市场准入壁垒，发挥企业在市场中的主体地位。二是鼓励民营经济和中小企业发展，支持各种资本力量公平参与市场竞争。三是在行业准入、标准等限制性条件方面，要尽可能减少行政干预，着力营建公平、有序的市场环境，调动和引导各方面的积极性，促进当地的经济发展。

九、上海

（一）总体情况

1. 宏观经济总体情况

2020年，上海市全年实现地区生产总值38700.58亿元，比2019年增长1.7%。其中，第一产业增加值为103.47亿元，下降8.2%；第二产业增加值为10289.47亿元，增长1.3%；第三产业增加值为28307.54亿元，增长1.8%。第三产业增加值占上海市生产总值的比重为73.1%，比上年提高0.2个百分点。

2. 工业经济运行情况

2020年，全年实现工业增加值9656.51亿元，比上年增长1.4%。全年完成工业总产值37052.59亿元，同比增长1.6%。其中，规模以上工业总产值为34830.97亿元，增长1.9%。在规模以上工业总产值中，国有控股企业总产值为12904.24亿元，同比下降1.3%。全年新能源、生物、高端装备、新一代信息技术、新能源汽车、新材料、节能环保、数字创意等工业战略性新兴产业完成工业总产值13930.66亿元，比上年增长8.9%，占全市规模以上

工业总产值比重达到 40.0%。电子信息产品制造业等六个重点工业行业完成工业总产值 23784.22 亿元，比上年增长 4.1%，占全市规模以上工业总产值的比重为 68.3%。全年规模以上工业产品销售率为 99.4%。全年规模以上工业企业实现利润总额 2831.81 亿元，比上年下降 2.3%；实现税金总额 1754.00 亿元，比上年下降 0.6%。规模以上工业企业亏损面为 21.6%。

（二）指标分析

1. 时序指数（见图 6-10 和表 6-21）

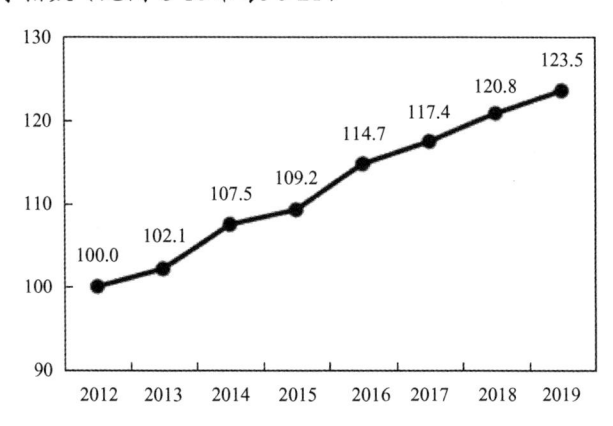

图 6-10　上海工业发展质量时序指数

资料来源：赛迪智库整理，2021 年 4 月。

表 6-21　2012—2019 年上海工业发展质量时序指数

	2012	2013	2014	2015	2016	2017	2018	2019	2012—2019 年年均增速
速度效益	100.0	106.9	113.1	117.3	123.1	125.8	125.7	116.4	2.2%
结构调整	100.0	95.1	93.0	89.6	92.5	91.1	95.4	97.6	-0.3%
技术创新	100.0	108.5	115.4	115.4	126.2	124.2	124.6	127.2	3.5%
资源环境	100.0	99.8	117.4	119.8	122.7	136.1	144.2	145.4	5.5%
两化融合	100.0	98.1	100.7	105.7	110.1	113.3	120.0	131.2	4.0%
人力资源	100.0	101.2	107.5	111.7	115.7	123.2	128.6	146.4	5.6%
时序指数	100.0	102.1	107.5	109.2	114.7	117.4	120.8	123.5	3.1%

资料来源：赛迪智库整理，2021 年 4 月。

纵向来看，上海工业发展质量时序指数从 2012 年的 100.0 增长到 2019

年的123.5，年均增速达到3.1%，低于全国平均增速2.0个百分点。

从细分指标来看，上海在人力资源、资源环境、两化融合和技术创新等方面增长较快，年均增速分别达到5.6%、5.5%、4.0%和3.5%。人力资源方面，工业城镇单位就业人员平均工资和第二产业全员劳动生产率年均增速达到10.0%和7.2%，成为促进人力资源指标快速增长的主要原因。资源环境方面，单位工业增加值用水量年均增长达到6.8%，成为促进资源环境指标快速增长的主要原因。两化融合方面，宽带人均普及率年均增长达到7.1%，成为促进速度效益指标快速增长的主要原因。技术创新方面，其分项指标工业企业R&D经费投入强度和工业企业R&D人员投入强度年均增长分别达到4.5%和4.4%，成为促进技术创新指标快速增长的主要原因。

速度效益方面增速较缓，年均增速为2.2%。其中规上工业增加值年均增速达到3.1%；工业营业收入利润率增长相对缓慢，年均增速仅为2.2%。

结构调整方面则无进展，年均增速为-0.3%。其中，仅规上小型工业企业收入占比实现了正增长，年均增速为3.5%。

2. 截面指数（见表6-22）

表6-22 2012—2019年上海工业发展质量截面指数排名

	2012	2013	2014	2015	2016	2017	2018	2019	2012—2019年均值排名
速度效益	24	22	14	8	2	3	6	16	8
结构调整	5	6	7	7	7	9	8	8	7
技术创新	3	2	2	4	2	5	6	6	4
资源环境	7	8	8	8	11	10	10	14	8
两化融合	2	2	3	5	4	5	6	4	4
人力资源	2	2	2	2	2	2	4	2	2
截面指数	2	2	2	2	2	3	5	3	2

资料来源：赛迪智库整理，2021年4月。

横向对比来看，上海工业发展质量截面指数近年来在全国均处于领先地位，8年来均排名全国前5位，且平均排名为全国第2位。

从分项指标来看，上海在人力资源方面表现突出，2019年排名位列全国第2位。其中，就业人员平均受教育年限和第二产业全员劳动生产率两个指标分别位列全国第2位和第4位。

上海在两化融合和技术创新方面表现同样强劲，2019年在上述两项指标

排名中位列第 4 位和第 6 位，两化融合两化融合方面，两化融合水平指标表现突出，8 年来均值位列全国第 4 位，2019 年排名第 2 位。技术创新方面，工业企业新产品销售收入占比表现较为突出，2019 年排名第 5 位。

上海在资源环境和速度效益方面表现一般，近 8 年均值排名为全国第 8 位。其中，2019 年单位工业增加值用水量指标排名第 26 位，规上工业增加值增速落到 30 位，成为拖累两个分项指标排名的主要原因。

3. 原因分析

2012—2019 年期间，上海在全国工业发展质量排名体系中始终位保持在前列，经济稳定且充满活力，面对疫情带来的全球经济衰退和外部需求不足，经济仍保持了逐季回升的趋势。主要原因在于上海不断释放发展新动能，战略性新兴产业产值规模比重稳步提升，数字经济呈现蓬勃发展。上海围绕"五个中心"目标，基本实现了国际经济、金融、贸易、航运中心建设，科创中心基本框架初步形成，在长三角一体化发展规划指引下，改革创新不断取得积极成效。

（三）结论与展望

从时序指数和截面指数两方面的排名结果来看，上海整体上延续了以往的优秀表现，大部分指标保持在全国领先位置。今后，上海将进一步扩大在战略性新兴产业、数字经济等领域，增强全球资源配置功能，提高全球资源的集聚浓度、链接强度和辐射广度，着力提升在要素市场的国际化水平。发挥科技创新策源地功能，以高端产业引领工业高质量发展，积极构筑发展新优势。

十、江苏

（一）总体情况

1. 宏观经济总体情况

2020 年，江苏省实现地区生产总值 102719.0 亿元，首次突破 10 万亿元，比上年增长 3.7%，规模继续位列全国第 2 位。从产业看，第三产业规模与增速居首，分别达到 53955.8 亿元和 3.8%；第二产业仍然占据国民经济重要地位，成为支撑经济增长的重要基石，规模与增速分别达到 44226.4 亿元和 3.7%；第一产业平稳增长，规模与增速分别达到 4536.7 亿元和 1.7%。至此，

全省产业结构加速调整，三次产业比例优化为4.4∶43.1∶52.5。从所有制性质来看，全省非公有制经济发展活力较好，实现增加值76936.5亿元，占全部GDP比重达74.9%，同比提高0.5个百分点，其中民营经济占GDP比重达到56.8%。从区域协调发展来看，扬子江城市群对全省经济增长的贡献率较高，达到79.2%；沿海经济带对全省经济增长的贡献率稳步上升，达到18.7%。

2. 工业经济运行情况

2020年，全省工业经济平稳运行，全年规模以上工业增加值同比增长6.1%，显著高出全国平均水平。其中重工业增长较快，同比达到6.8%，轻工业增速同比达到4.2%。从先进制造业分行业看，电子信息、生物医药、汽车、专用设备等细分行业增长较快，分别增长9.4%、12.2%、4.5%和9.8%。智能制造、新型材料、新型交通运输设备和高端电子信息产品的新产品产量实现较快增长。碳纤维增强复合材料、新能源汽车、城市轨道车辆、集成电路、太阳能电池等新产品产量比上年分别增长48.9%、42.0%、24.5%、22.3%和16.5%。信息产业中的软件和信息技术服务业、互联网和相关服务业营业收入比上年分别增长17.5%和23.5%。装备制造业增加值比上年分别增长8.9%，对规上工业增加值增长的贡献率达71.4%，先进制造业的根基作用进一步牢固。从工业新动能来看，高新技术产业和战略性新兴产业产值比上年分别增长7.7%和11.0%，占规上工业总产值比重分别达到46.5%和37.8%。

（二）指标分析

1. 时序指数（见图6-11和表6-23）

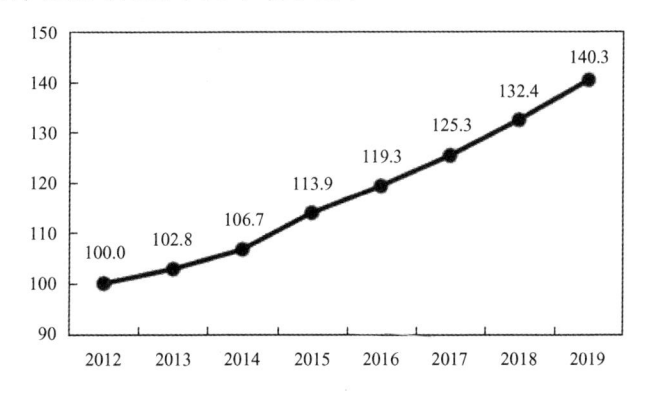

图6-11 江苏工业发展质量时序指数

资料来源：赛迪智库整理，2021年4月。

表 6-23　2012—2019 年江苏工业发展质量时序指数

	2012	2013	2014	2015	2016	2017	2018	2019	2012—2019 年年均增速
速度效益	100.0	104.9	109.4	114.7	119.4	121.9	121.0	117.7	2.4%
结构调整	100.0	97.2	94.8	97.1	99.3	102.1	105.1	105.4	0.8%
技术创新	100.0	104.5	113.1	115.6	122.0	129.8	150.9	176.6	8.5%
资源环境	100.0	102.2	105.3	113.1	118.0	126.8	135.7	143.8	5.3%
两化融合	100.0	101.0	105.2	127.1	136.6	148.3	152.8	164.7	7.4%
人力资源	100.0	108.4	113.6	122.0	127.2	133.1	140.2	147.6	5.7%
时序指数	100.0	102.8	106.7	113.9	119.3	125.3	132.4	140.3	5.0%

资料来源：赛迪智库整理，2021 年 4 月。

纵向来看，近年来江苏工业发展质量时序指数增长速率一般，低于全国平均水平，数值从 2012 年的 100.0 增长到 2019 年的 140.3，年均增速为 5.0%，略低于全国平均增速水平 5.1%。

从分项指标来看，江苏省在技术创新和两化融合这两项指标方面表现优异，年均增速分别为 8.5%和 7.4%，成为支撑江苏省工业高质量发展的主要原因。技术创新方面，工业企业 R&D 经费投入强度、工业企业 R&D 人员投入强度和工业企业新产品销售收入占比这三项指标均实现了较快增长，年均增速分别达到 10.8%、9.7%和 7.9%，这表明企业层面的研发投入和人力投入较高，并实现了以创新产品带动企业良性发展的正循环。两化融合方面，宽带人均普及率和两化融合水平两项指标年均增速较快，分别达到 14.7%和 2.5%，这表明江苏省两化融合发展较好，在宽带基础设施建设以及信息化带动工业化发展上取得了较快提升。

人力资源、资源环境以及速度效益这三项指标表现一般，年均增速分别为 5.7%、5.3%和 2.4%。人力资源方面，工业城镇单位就业人员平均工资增速以及第二产业全员劳动生产率增速较快，年均增速分别为 10.3%和 7.5%，就业人员平均受教育程度有待进一步提升。资源环境方面，单位工业增加值能耗表现尚可，年均增速为 6.6%，单位工业增加值用水量年均增速仅为 3.9%，发展面临的资源环境约束日益明显。速度效益方面，虽然江苏省工业总体量较大，但规上工业增加值增速仍然较快，年均增速进一步上升至 8.0%；与此同时，工业企业资产负债率指标增速仅为 1.1%，工业成本费用利润率、工业营业收入利润率指标表现较差，分别为-0.8%和-0.7%。

从大类指标来看，结构调整指标年均增速仅为 0.8%，成为制约江苏省工业质量提升的最关键因素。深入分析其原因，高技术产品出口占比指标为负增长，高技术制造业主营业务收入占比和规上小型工业企业收入占比两项指标小幅增长，但制造业 500 强企业占比指标年均增速约为 2.0%，工业转型升级面临较大压力。

2. 截面指数（见表 6-24）

表 6-24　2012—2019 年江苏工业发展质量截面指数排名

	2012	2013	2014	2015	2016	2017	2018	2019	2012—2019 年均值排名
速度效益	21	14	11	5	8	12	15	15	11
结构调整	1	1	1	1	2	2	2	2	1
技术创新	6	6	6	6	7	7	4	3	6
资源环境	9	11	13	11	12	13	14	13	11
两化融合	4	4	4	1	1	1	1	1	1
人力资源	6	3	8	7	7	7	7	7	7
截面指数	5	4	4	4	5	5	4	3	4

资料来源：赛迪智库整理，2021 年 4 月。

横向来看，江苏工业发展质量截面指数的排名始终较高，位于第一阵列，2019 年全国排名为第 3 位，近 8 年来平均排名为全国第 4 位。

从各细分指标排名来看，结构调整、两化融合这两项指标表现优异是支撑江苏省工业发展质量全国排名较高的主要原因，近 8 年上述两项指标全国排名的平均水平均为第 1 位。分析其原因，结构调整方面，制造业 500 强企业占比与高技术制造业主营业务收入占比两个细分指标排名靠前，2019 年分列全国第 3 位和第 4 位，表明江苏省工业发展主要由高科技制造业龙头企业所支撑，龙头企业的全球影响力不断扩大；但规上小型工业企业收入占比指标排名一般，2019 年位列全国第 9 位，说明中小企业发展活力相对较弱。两化融合方面，两化融合水平指标排名第 1，宽带人均普及率和电子信息产业占比两项指标排名靠前，2019 年分列全国第 3 位和第 4 位，这与苏州、南京、无锡等地电子信息制造产业发展较快以及制造业实施智能化升级改造成效显著相关。

技术创新和人力资源两项指标表现尚可，近 8 年全国平均排名分别为第

6 位和第 7 位。技术创新方面，工业企业 R&D 经费投入强度以及工业企业 R&D 人员投入强度两项指标排名表现较好，2019 年分别排在全国第 1 位和第 2 位。人力资源方面，就业人员平均受教育年限排名全国第 6，这与江苏省教育资源相对丰富有关。但第二产业全员劳动生产率表现一般，仅位列全国第 9 位，而工业城镇单位就业人员平均工资增速指标仅位列全国第 14 位。

资源环境和速度效益两项指标成为制约江苏省工业发展质量进一步提升的主要原因，两项指标近 8 年全国平均排名均为第 11 位。资源环境方面，单位工业增加值用水量排名全国第 28 位，单位工业增加值能耗排名全国第 7 位，表明江苏全省工业发展的能耗水平仍然较高。速度效益方面，工业成本费用利润率和工业营业收入利润率表现较差，2019 年全国排名均为第 19 位，这与江苏省工业经济效益增长动力不足有关；此外，规上工业增加值增速指标表现一般，位于全国第 14 位。

3. 原因分析

整体来看，2012—2019 年江苏省工业发展质量整体排名继续保持位于全国第一方阵，这与江苏省近年来工业经济总量排名全国前列、制造业龙头企业数量多、产业层级高配套完整有关。

从工业发展的优势来看，江苏省工业经济总体量较大，各大产业规模较为均衡，在产业结构、技术创新和产业集聚度等方面都处于全国领先水平。江苏在智能制造、新型电力装备（智能电网）、软件信息、物联网、高端纺织、生物医药、纳米新材料等先进制造业领域有着突出优势，在全省各地市已培育形成具有较高竞争力、影响力的若干产业集群。此外，江苏省高等院校众多，人才层次梯度合理，科技资源丰富，长三角辐射效力强等特点为工业领域研发创新奠定了坚实的基础。

但从工业发展的短板来看，江苏省工业经济存在体量大增长少，特别是在企业增速和效益方面表现平平，转型升级压力较大。此外，江苏省地处长江和太湖流域，土地资源环境约束较多，苏南苏北发展不均衡，后续将面临发展空间和环保的双重挑战。

（三）结论与展望

从时序指数和截面指数两方面结果来看，江苏省工业发展质量表现保持优异，未来应在增加工业内生动力、加强新兴产业培育、打造先进制造业集群等方面重点发力，加快实现全省工业高质量发展目标的步伐。

首先，通过数字化、网络化、智能化手段对制造业价值链、生产流程、组织方式等进行全方位赋能，实现制造业效率变革。其次，围绕制造业自主创新命题，推动龙头制造企业向标准制定、研发设计、自主品牌等产业链高端环节提升，提升企业创新实力。第三，选择好主导产业和主攻方向，深化国际分工合作，融入全球产业链，加快培育世界级制造业集群。

十一、浙江

（一）总体情况

1. 宏观经济总体情况

2020年，浙江省全年实现地区生产总值64613亿元，同比增长3.6%，继续位列全国第4位。从三次产业来看，第一产业实现增加值2169亿元，同比增长1.3%。第二产业实现增加值26413亿元，同比增长3.1%。第三产业实现增加值36031亿元，同比增长4.1%，三次产业增加值结构进一步优化为3.3∶40.9∶55.8。从人均GDP来看，2020年达到110450元，同比增长2.63%，排名全国第五位。

从经济发展质量来看，浙江省近年来通过加快培育新动能，以新产业、新业态、新模式为主要特征的"三新"经济在国民经济发展中的重要地位不断巩固，占GDP比重已达到27.0%。尤其是数字经济发展迅猛，2020年数字经济核心产业增加值达到7020亿元，同比增长13.0%。从战略性新兴产业来看，新一代信息技术、新能源、新材料及生物医药等重点产业发展态势良好，产业增加值同比增长21.0%、14.8%、5.2%和11.5%。

2. 工业经济运行情况

2020年，浙江省实现规模以上工业增加值16715亿元，同比增长5.4%，增速有所下降。从不同所有制性质来看，外商投资企业增长较快，同比增速达到5.7%；港澳台商投资企业同比增长4.8%；国有及国有控股企业同比增长3.8%；私营企业同比增长4.0%。从工业不同行业来看，17个传统制造业增加值增速一般，同比增速平均为2.3%。规模以上工业新产品的产值率为39.0%，较上年提高1.3%。被列入国家"三新"统计的11种新产品中，新能源汽车增速为77.7%、碳纤维及其复合材料增速为58.7%、光缆增速为50.8%、工业机器人增速为43.6%、太阳能电池增速为39.3%、集成电路增速为21.2%，均实现快速增长。

（二）指标分析

1. 时序指数（见图 6-12 和表 6-25）

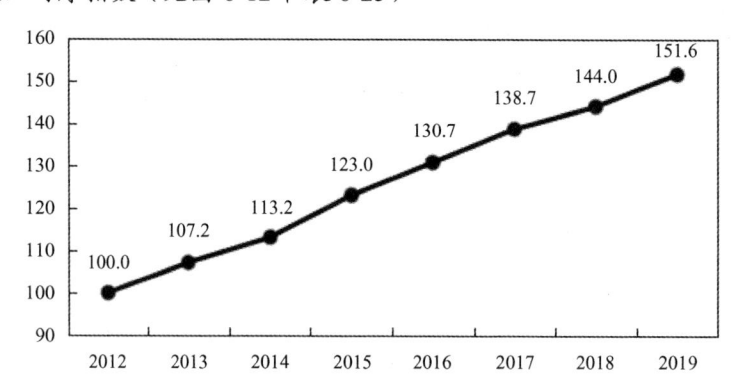

图 6-12 浙江工业发展质量时序指数

资料来源：赛迪智库整理，2021 年 4 月。

表 6-25 2012—2019 年浙江工业发展质量时序指数

	2012	2013	2014	2015	2016	2017	2018	2019	2012—2019 年年均增速
速度效益	100.0	106.4	108.7	113.5	123.8	128.4	123.1	129.2	3.7%
结构调整	100.0	102.8	107.3	111.0	112.2	118.5	117.5	117.5	2.3%
技术创新	100.0	112.8	120.2	131.8	139.2	147.0	162.8	172.9	8.1%
资源环境	100.0	108.3	121.9	135.4	147.2	157.8	173.3	196.8	10.2%
两化融合	100.0	106.8	113.3	136.7	148.0	162.4	169.1	176.3	8.4%
人力资源	100.0	106.0	112.4	119.4	125.3	132.4	141.1	147.1	5.7%
时序指数	100.0	107.2	113.2	123.0	130.7	138.7	144.0	151.6	6.1%

资料来源：赛迪智库整理，2021 年 4 月。

从近年来发展情况来看，浙江省工业发展质量始终保持较快增长，近 8 年年均增速为 6.1%，高出全国平均增速 1 个百分点。

从分类指标来看，资源环境和两化融合这两方面的优异表现是支撑浙江工业发展质量不断提升的主要原因，两项指标的年均增速分别达到 10.2%和 8.4%；但结构调整与速度效益两项指标表现较为落后，成为拖累工业发展质量提升的主要原因，上述两项指标年均增速仅为 2.3%和 3.7%。

工业发展质量的优势方面，从资源环境指标来看，单位工业增加值用水

量表现较好，年均增速达到8.2%。单位工业增加值能耗表现不太理想，年均增速为2.7%，绿色发展仍有较大提升空间。从两化融合指标来看，宽带人均普及率表现较好，平均增速达到了13.9%，这也充分表明浙江省近年来是全国数字经济发展的主力军。

工业发展质量的短板方面，从结构调整指标来看，制造业500强企业占比表现较好（年均增速为7.7%）。高技术制造业主营业务收入占比、规上小型工业企业收入占比、高技术产品出口占比这三项指标近年来增速都不尽理想，年均增速分别为4.4%、0.0%和-0.1%。从速度效益指标来看，规上工业增加值增速指标近年来还保持了较快增长，年均增速为6.9%，而工业成本费用利润率、工业营业收入利润率以及工业企业资产负债率三项细分指标的年均增速相对较低，分别为-1.2%、-1.1%和0.4%，这说明浙江工业企业发展的效益有待进一步提升。

2. 截面指数（见表6-26）

表6-26　2012—2019年浙江工业发展质量截面指数排名

	2012	2013	2014	2015	2016	2017	2018	2019	2012—2019年均值排名
速度效益	30	28	23	19	11	10	14	13	20
结构调整	3	3	3	2	3	3	4	3	3
技术创新	5	3	3	1	1	1	2	1	2
资源环境	6	6	6	5	5	5	4	2	5
两化融合	6	6	6	3	3	3	4	2	5
人力资源	18	17	15	14	13	17	12	16	16
截面指数	6	6	5	5	3	2	3	2	5

资料来源：赛迪智库整理，2021年4月。

从全国各省市的工业发展质量排名来看，浙江省始终处于全国前列，近8年全国平均排名为第5位，尤其是2019年排名为第2位，比2018年排名进步1位。

从分项指标来看，技术创新与结构调整两项指标近年来始终表现突出，成为支撑浙江省工业质量发展的重要因素，全国平均排名分别为第2位和第3位。与此同时，资源环境和两化融合两项指标表现也比较突出，近8年全国平均排名均为第5位。但速度效益和人力资源两项指标表明较为落后，近

8 年全国平均排名仅为第 20 位和第 16 位。

技术创新方面，工业企业 R&D 人员投入强度以及工业企业新产品销售收入占比这二项指标均位列第 1 位，规上工业企业 R&D 经费投入强度排名第 2 位，但单位工业企业 R&D 经费支出发明专利数指标排名仅为第 16 位，说明企业专项成果增长较慢，有进一步提升空间。

结构调整方面，制造业 500 强企业占比始终处于全国领先地位，近 8 年来一直保持全国第 1 位的绝对领先地位。但是高技术制造业主营业务收入占比和高技术产品出口占比这两项指标排名靠后，2019 年全国排名分别为第 14 位和第 26 位。

资源环境方面，单位工业增加值能耗和单位工业增加值用水量两项指标排名分别位列全国第 3 位和第 6 位，表现平稳。两化融合方面，宽带人均普及率和两化融合水平两项指标排名分别为全国第 1 位和第 3 位，前者表现突出是由于浙江省数字经济发展领先，后者对传统产业改造提升起到较好促进作用。

人力资源方面，就业人员平均受教育年限表现较为突出，全国排名第 4 位。但另外两项指标，工业城镇单位就业人员平均工资增速和第二产业全员劳动生产率表现较为落后，全国排名第 18 位和第 20 位，严重制约了人力资源指标的整体表现。

速度效益方面，工业企业资产负债率、规上工业增加值增速、工业营业收入利润率以及工业成本费用利润率这四项指标均位于全国中下游水平，全国排名分别为第 10 位、第 13 位、第 11 位和第 13 位。

3. 原因分析

浙江省工业发展质量近年来在全国可以保持领先地位，究其原因是在技术创新以及产业结构调整方面取得了长足进步，这与全省大力推进数字经济发展以及战略新兴产业培育密不可分。

从优势看，浙江省近年来高度重视做好科技创新相关工作，一是加快建设杭州城西科创大走廊，同时重点建设西湖实验室、之江实验室等平台并将其纳入国家实验室建设序列；二是实施"尖峰、尖兵、领雁、领航"计划，打造自主可控进口替代成果；三是大力发展数字经济，积极推进工业互联网建设，扶持和鼓励企业上云，加快 5G 基站等信息基础设施建设进度；四是加大对企业科技创新的扶持力度，实施雏鹰行动、雄鹰行动、凤凰行动等，扶持企业上市，培育单项冠军企业和科技型中小企业发展。

（三）结论与展望

2012—2019 年期间，浙江工业发展质量整体保持在全国处于上游水平，但提高工业发展质量，仍有许多工作要做。一是大力强化科技创新驱动发展力度，特别是在工业领域重点培育发展战略性新兴产业，努力培育新动能；二是强化工业绿色发展，落实国家碳达峰、碳中和的发展要求，大力实施碳达峰行动；三是实施扩大内需战略和工业领域供给侧改革相互结合，按照构建新发展格局的要求，推进工业积极参与畅通全国大循环，同时积极推进工业企业和产业走出去，畅通国际循环。

十二、安徽

（一）总体情况

1. 宏观经济总体情况

2020 年，安徽省全年实现地区生产总值 38680.6 亿元，同比增长 3.9%，高于全国平均增速，居第 4 位。从三次产业来看，第一产业实现增加值 3184.7 亿元，同比增长 2.2%；第二产业实现增加值 15671.7 亿元，同比增长 5.2%；第三产业实现增加值 19824.2 亿元，同比增长 2.8%。从三次产业结构以及增速来看，第二产业对全省经济增长的支撑作用显著。从人均 GDP 水平来看，全省人均 GDP 达 60763 元，处在全国中等偏上水平。

从全年投资情况来看，固定资产投资总规模同比增长 5.1%，高出全国平均水平 2.4 个百分点。其中，工业技术改造投资同比下降 0.9%，基础设施投资同比增长了 10.6%，民间投资同比增长了 0.8%。分产业看，第一产业投资同比增长了 34.8%，第二产业投资同比下降了 4.3%，第三产业投资同比增长了 9.3%。工业投资同比下降了 4.3%，其中制造业投资同比下降了 5.6%。

2. 工业经济运行情况

2020 年，安徽省全年实现规模以上工业增加值同比增长 6%，比 2019 年增速回落 1.3 个百分点，增速位列全国第 6 位。从不同经济类型来看，外商及港澳台商投资企业的增加值增速最快，同比增长 9.8%。国有企业随之其后，同比增长达到 6.6%。股份制企业增速较低，实现同比增长 5.8%。

从工业内部类型来看，传统制造业保持稳健增长，新兴产业则实现了快速增长。分门类看，采矿业增长率为 6.1%，制造业增长率为 6.5%，电力、热力、燃气及水生产和供应业增长率为 0.1%。分行业看，计算机、通信和其他电子设备制造业增长率为 22.4%，汽车制造业增长率为 15.3%，石油、煤炭及其他燃料加工业增长率为 14.3%，化学原料和化学制品制造业增长率为 13.5%，煤炭开采和洗选业增长率为 8.1%。

（二）指标分析

1. 时序指数（见图 6-13 和表 6-27）

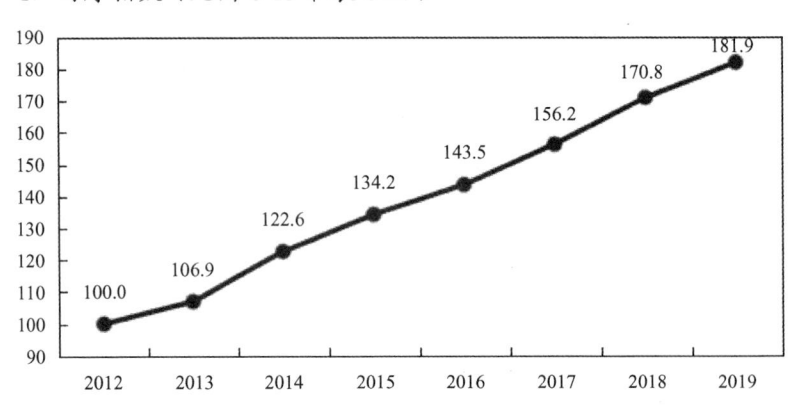

图 6-13 安徽工业发展质量时序指数

资料来源：赛迪智库整理，2021 年 4 月。

表 6-27 2012—2019 年安徽工业发展质量时序指数

	2012	2013	2014	2015	2016	2017	2018	2019	2012—2019 年年均增速
速度效益	100.0	101.8	97.7	99.4	104.4	109.3	118.1	121.0	2.8%
结构调整	100.0	109.4	157.6	173.3	181.6	195.4	208.4	207.1	11.0%
技术创新	100.0	105.0	116.4	123.1	131.4	143.3	161.4	181.4	8.9%
资源环境	100.0	113.9	127.8	136.7	148.2	160.7	177.5	194.0	9.9%
两化融合	100.0	113.3	131.7	167.7	188.9	218.5	243.4	270.8	15.3%
人力资源	100.0	102.1	106.8	110.3	114.6	120.2	128.5	136.4	4.5%
时序指数	100.0	106.9	122.6	134.2	143.5	156.2	170.8	181.9	8.9%

资料来源：赛迪智库整理，2021 年 4 月。

纵向来看，近年来安徽工业发展质量增长态势较好，近 8 年来平均增速为 8.9%，高出全国平均水平 3.8 个百分点。

从各分项指标来看，安徽省在两化融合、结构调整和资源环境这三方面

表现较为突出，近 8 年来平均增速分别为 15.3%、11.0%和 9.9%，成为支撑全省工业经济发展质量不断提升的重要驱动力。但速度效益与人力资源两方面表现较落后，近 8 年来平均增速分别为 2.8%和 4.5%，成为制约工业经济发展质量提升的重要短板。

两化融合方面，宽带人均普及率和电子信息产业占比指标年均增速分别高达 19.4%和 16.3%，成为支撑两化融合指标不断快速提升的重要原因，这表明近年来安徽省在信息基础设施建设和引入电子信息类重大项目方面成效显著。

结构调整方面，高技术产品出口占比指标年均增速高达 21.5%，连同年均增速为 11.5%的高技术制造业主营业务收入占比指标，成为支撑工业结构不断优化的重要动力。但制造业 500 强企业占比和规上小型工业企业收入占比两项指标增速较低，年均增速分别为 5.1%和 1.6%。

资源环境方面，单位工业增加值用水量和单位工业增加值能耗两项指标均实现较快增长，年均增速分别为 11.4%和 8.3%，表明工业发展的绿色节约化水平不断提升。

速度效益方面，规上工业增加值增速指标年均增速为 9.7%，表现良好。但工业企业资产负债率、工业成本费用利润率及工业营业收入利润率三项指标表现较差，后两者甚至是负增长，年均增速分别为 0.7%、-1.2%和-1.0%。

人力资源方面，第二产业全员劳动生产率和工业城镇单位就业人员平均工资增速两项指标表现一般，年均增速分别为 6.9%和 6.0%。但就业人员平均受教育年限指标表现较差，年均增速仅为 1.0%。

2. 截面指数（见表 6-28）

表 6-28　2012—2019 年安徽工业发展质量截面指数排名

	2012	2013	2014	2015	2016	2017	2018	2019	2012—2019 年均值排名
速度效益	15	9	16	17	22	19	12	14	16
结构调整	17	18	12	13	12	11	10	11	13
技术创新	7	7	7	7	6	6	3	4	7
资源环境	17	18	18	17	16	16	17	17	17
两化融合	28	27	27	19	16	17	11	8	20
人力资源	29	30	30	30	30	27	30	29	30
截面指数	16	15	14	14	13	11	12	9	13

资料来源：赛迪智库整理，2021 年 4 月。

纵向来看，安徽工业经济发展质量始终处在全国中等水平，2019年排名为第12位。从内部结构来看，安徽省在技术创新方面表现较好，2019年排名为全国第4位，位列全国前列。但在资源环境与人力资源两个指标方面表现较落后，尤其是人力资源指标，2019年仅位列全国第29位。

技术创新方面，安徽省该项指标全国排名近年来稳步提升，从2012年的第7位提升到2019年的第4位。分析原因，主要是单位工业企业R&D经费支出发明专利数指标表现优异，已连续多年位列全国第1位，2019年该指标排名全国第2位。此外，工业企业新产品销售收入占比和工业企业R&D人员投入强度两项指标也排名靠前，分别位列全国第3位和第4位。

资源环境方面，安徽省近年来表现一般，排名始终在全国中等偏下水平，2019年排名为第17位。分析其原因，主要是单位工业增加值用水量指标排名较靠后，2019年排名全国第29位。单位工业增加值能耗指标2019年排名第10位。以上表明安徽省工业发展的综合能耗水平仍有待改善。

人力资源方面，工业城镇单位就业人员平均工资增速、就业人员平均受教育年限和第二产业全员劳动生产率三项指标均位于全国较靠后的位置，2019年排名分别为第27位、第27位以及第29位。这表明，安徽省工业发展仍缺少大量高素质产业工人，相关产业工人的劳动效率、收入仍有待提升。

3. 原因分析

安徽省作为欠发达的中部省份，近年来在推进创新驱动方面取得了显著成效，具体来看，一是聚焦关键共性技术攻关项目，实施"揭榜挂帅"制度，取得了紧凑型超导回旋质子加速器、柔性可折叠玻璃、量子钻石原子力显微镜、"九章"量子计算原型机等重大创新成果；二是加快科技创新平台与载体建设，如加快建设国家实验室以及大健康研究院等，为上述平台建设提供资金、条件和政策保障；三是大力扶持和建设发展高科技人才队伍，扶持高新技术企业、小巨人企业等，帮助成长型企业做大做强。

（三）结论与展望

处于快速发展中的安徽省面临着迫切的加速完成工业化的任务，为进一步提升安徽省工业发展质量，需从以下几方面做好相关工作。

一方面，应继续实施创新驱动战略，把科技自立自强作为推动安徽工业发展、实现跨越式发展的重要支撑，不断加强各类科技创新平台与载体建设，加快推进科技成果转化步伐，深入实施各类人才引进和培养计划。

另一方面，大力发展战略性新兴产业，打造具有国际影响力的新兴产业聚集地。以打造强大的实体经济为主攻方向，实施制造强省战略，推进数字江淮、网络强省计划，建设智能家电、新能源汽车和智能网联汽车、新型显示、集成电路、人工智能等5个世界级战略性新兴产业集群，在新能源、新一代信息技术、生命健康、新材料等领域打造增长引擎。

十三、福建

（一）总体情况

1. 宏观经济总体情况

2020年，福建省实现地区生产总值43903.89亿元，比上年同期增长3.3%。分产业来看，第一产业、第二产业和第三产业增加值分别为2732.32亿元、20328.80亿元和20842.78亿元，分别增长3.1%、2.5%和4.1%。三次产业增加值占比分别为6.2%、46.3%和47.5%。

2020年，福建省全社会固定资产投资同比下降0.4%。分产业看，第一产业投资下降8.3%，第二产业和第三产业投资均下降0.7%。2020年社会消费品零售总额为18626.45亿元，同比下降1.5%。2020年福建省城镇居民和农村居民家庭人均可支配收入分别为47160元和208808元，分别增长3.4%和6.7%，扣除价格因素，实际增长1.1%和4.5%。

2. 工业经济运行情况

2020年，福建省全部工业增加值15745.55亿元，比上年增长1.7%。规模以上工业增加值同比增长2.0%；从细分行业看，在规模以上工业的38个行业大类中，有21个行业增加值实现正增长。福建省的三大主导产业增加值增长5.7%；其中，机械装备产业、电子信息产业和石油化工产业增加值分别增长1.1%、6.6%和10.6%。高技术产业增加值增长8.0%。

（二）指标分析

1. 时序指数（见图6-14和表6-29）

纵向来看，福建工业发展质量时序指数从2012年的100.0上涨至2019年的139.7，年均增速为4.9%，低于全国平均增速。

资源环境方面提升最快，年均增速分别达到了11.1%。单位工业增加值用水量改善较大，年均增速达到14.3%，促进了资源环境指数的增长；单位工业增加值能耗年均增速为 7.3%。

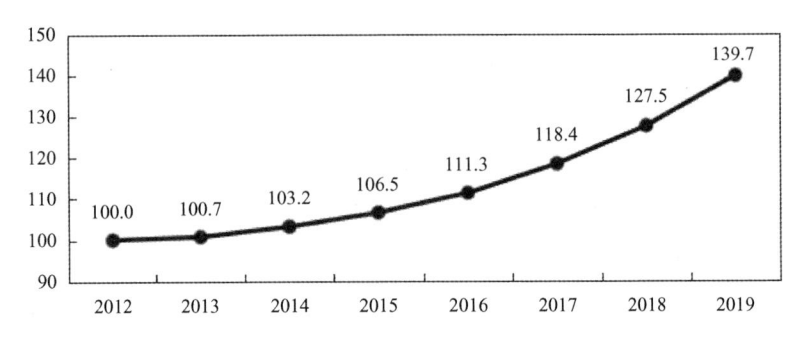

图 6-14 福建工业发展质量时序指数

资料来源：赛迪智库整理，2021 年 4 月。

表 6-29　2012—2019 年福建工业发展质量时序指数

	2012	2013	2014	2015	2016	2017	2018	2019	2012—2019 年年均增速
速度效益	100.0	101.5	102.0	102.5	112.1	117.3	119.6	129.3	3.7%
结构调整	100.0	87.8	83.9	89.3	79.9	85.3	95.3	120.5	2.7%
技术创新	100.0	103.4	106.0	101.6	107.6	110.7	119.1	117.9	2.4%
资源环境	100.0	109.7	120.4	133.6	148.7	164.2	183.6	209.2	11.1%
两化融合	100.0	102.2	106.2	114.4	120.3	132.6	144.4	148.9	5.9%
人力资源	100.0	107.3	114.5	118.7	125.5	132.7	142.9	158.8	6.8%
时序指数	100.0	100.7	103.2	106.5	111.3	118.4	127.5	139.7	4.9%

资料来源：赛迪智库整理，2021 年 4 月。

人力资源方面提升较快，年均增速分别达到了 6.8%。第二产业全员劳动生产率快速增长，年均增速达到 10.4%，促进了人力资源指数的增长；工业城镇单位就业人员平均工资增速也保持了较快增长，年均增速为 9.6%。

福建省两化融合和速度效益方面表现相对较差，年均增速分别达 5.9% 和 3.7%。两化融合方面，电子信息产业占比和两化融合水平两项指标年均增速均为 1.3%，是影响两化融合发展速度提升的主要因素。速度效益方面，工业企业资产负债率、工业成本费用利润率和工业营业收入利润率表现均相对较差，年均增速分别为 0.8%、1.3% 和 1.2%。

在技术创新方面表现最差，年均增速为 2.4%。技术创新方面，工业企业

新产品销售收入占比和单位工业企业 R&D 经费支出发明专利数增长速度分别为-1.6%和 2.7%，是影响技术创新发展的主要因素。

2. 截面指数（见表 6-30）

表6-30　2012—2019年福建工业发展质量截面指数排名

	2012	2013	2014	2015	2016	2017	2018	2019	2012—2019 年均值排名
速度效益	8	7	6	10	9	8	4	2	5
结构调整	13	15	18	17	17	17	17	15	17
技术创新	11	11	11	12	13	13	14	17	12
资源环境	10	10	9	9	9	9	9	8	9
两化融合	5	5	5	6	6	7	7	7	6
人力资源	14	15	14	16	14	15	16	11	13
截面指数	8	8	9	10	10	10	9	7	9

资料来源：赛迪智库整理，2020 年 3 月。

横向来看，福建工业发展质量截面指数连续多年处于全国中上游水平，2019 年截面指数为 47.0，排在第 7 位。

速度效益方面，2019 年福建排在第 2 位，处于全国前列。其中工业增加值增速、资产负债率和工业营业收入利润率表现较好，2019 年分别排在第 2 位、第 4 位和第 4 位。

两化融合方面，2019 年福建排在第 7 位，处于全国上游水平。其中宽带人均普及率排在第 2 位，处于上游水平，是推动两化融合指数排名提升的主要因素。

资源环境方面，2019 年福建排在第 8 位，处于全国上游水平。单位工业增加值能耗处于上游水平，2019 年排在第 4 位。

福建在技术创新和结构调整方面表现相对较差，分别排在全国第 17 位和第 15 位，处于全国的中等偏下的水平。技术创新方面，福建省处于中等偏下的水平，排在全国第 17 位。其中，R&D 经费投入强度和工业企业新产品销售收入占比 2019 年分别排在第 14 位和第 18 位。结构调整方面，规上小型工业企业收入占比在全国排在第 6 位，居于全国的上游游水平。高技术制造业主营业务收入占比、制造业 500 强企业占比和高技术产品出口占比这三项指标分别排在第 12 位、10 位和 20 位，处于中游水平。

3. 原因分析

福建省近年来在两化融合方面表现较为突出，有力支撑其工业发展质量总体处于全国上游偏上水平。两化融合方面，福建省在赋能制造业智能化、数字化、网络化转型升级，深化"互联网+先进制造业"发展工业互联网方面取得较好成效。一是实施工业互联网"十百千万"工程，加强对工业互联网的政策资金支持；二是积极推动企业上云用云，通过省级财政拨款及补贴等方式，切实降低企业上云用云成本；三是大力支持企业数字化改造和转型，对两化融合管理体系贯标的龙头企业、智能制造样板工厂（车间）示范项目等给予补助，并成立工业互联网产业投资基金。

（三）结论与展望

2012—2019年期间，福建工业发展质量整体表现不错。未来，应重点在以下几个方面做好工作。

一方面，大力实施科技创新战略，加快创新型省份建设。扶持高能级创新平台建设，加快推动泉州建设时空科创基地、厦门建设未来科技城、福州建设福建科学城等建设进度，同时高标准建设省创新实验室和省创新研究院，打造一批制造业创新中心、工程研究中心、企业技术中心等。大幅提升企业技术创新能力，给予企业创新活动一定的财政补贴与奖励。三是深入实施"八闽英才"培育工程和引才"百人计划"，激发人才创新活力与潜力。

另一方面，加快优化工业结构调整步伐，建设现代产业体系。大力发展数字经济，办好第四届数字中国建设峰会，加快建设国家数字经济创新发展试验区，推动更多行业领域的数字化应用。推动企业上云、上平台，培育壮大一批工业互联网示范平台和应用标杆企业。大力发展绿色经济，推进工业绿色低碳发展。增强新能源汽车、集成电路、储能等重点产业链韧性和竞争力，加快制造业强省建设；大力发展现代服务业，推动现代物流、金融等生产性服务业快速发展。

十四、江西

（一）总体情况

1. 宏观经济总体情况

2020年，江西省实现地区生产总值25691.5亿元，比上年增长3.8%。分产业来看，第一、二、三产业增加值分别为2241.59亿元、11084.83亿元和

12365.08 亿元，分别增长 2.2%、4.0%和 4.0%。三次产业增加值占比分别为 8.7%、43.2%和 48.1%。人均 GDP 为 55061 元，比上年增长 3.6%。

2020 年，江西省全社会固定资产投资同比增长 8.2%。2020 年社会消费品零售总额为 10371.8 亿元，增长 3.0%。2020 年全省货物贸易进出口总值 4010.1 亿元，比上年增长 14.3%。其中，出口值为 2920.4 亿元，增长 17.0%。2020 年江西省城镇居民和农村居民家庭人均可支配收入分别为 38556 元和 16981 元，分别增长 5.5%和 7.5%。

2. 工业经济运行情况

2020 年，全省规模以上工业企业实现营业收入 37909.2 亿元，同比增长 7.9%；规模以上工业增加值增率为 4.6%。其中，高新技术产业增加值增长率为 11.2%，高于全省平均 6.6 个百分点，占规模以上工业增加值的比重为 38.2%，较上年提高了 2.1 个百分点；装备制造业增加值增长率为 9.4%，高于全省平均 4.8 个百分点，占规模以上工业增加值的比重为 28.5%，较上年提高了 0.8 个百分点；战略性新兴产业增加值增长率为 6.6%，高于全省平均 2.0 个百分点，占规模以上工业增加值的比重为 22.1%，较上年提高了 0.9 个百分点；高耗能行业增加值增长 5.4%，占规模以上工业增加值的比重为 39.1%，比上年提高 0.4 个百分点。

（二）指标分析

1. 时序指数（见图 6-15 和表 6-31）

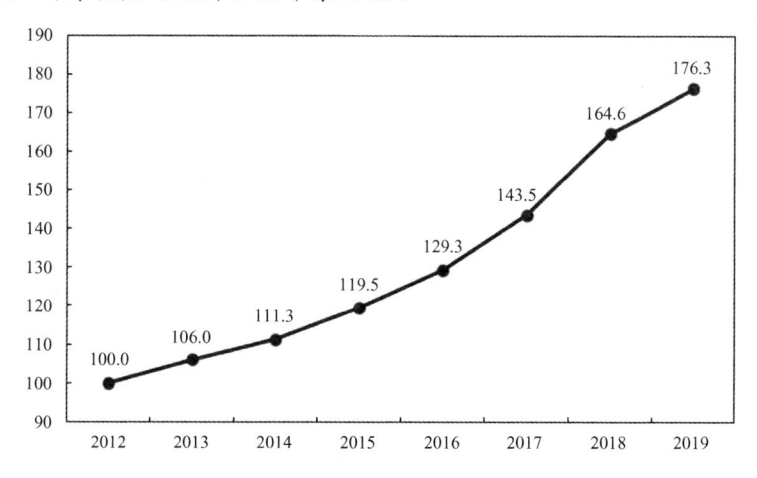

图 6-15 江西工业发展质量时序指数

资料来源：赛迪智库整理，2021 年 4 月。

表 6-31　2012—2019 年江西工业发展质量时序指数

	2012	2013	2014	2015	2016	2017	2018	2019	2012—2019 年年均增速
速度效益	100.0	103.4	109.0	109.6	116.7	120.4	121.5	123.4	3.1%
结构调整	100.0	101.9	102.9	110.3	110.2	115.9	121.9	122.3	2.9%
技术创新	100.0	109.7	113.7	114.8	132.5	162.9	221.3	259.5	14.6%
资源环境	100.0	108.8	117.4	126.4	138.3	150.2	166.9	177.9	8.6%
两化融合	100.0	108.7	118.3	150.5	169.3	197.8	231.4	241.9	13.5%
人力资源	100.0	106.1	111.5	117.1	122.4	128.3	138.4	145.9	5.5%
时序指数	100.0	106.0	111.3	119.5	129.3	143.5	164.6	176.3	8.4%

资料来源：赛迪智库整理，2021 年 4 月。

纵向来看，江西省工业发展质量时序指数从 2012 年的 100.0 上涨至 2019 年的 176.3，年均增速达到 8.4%，高出全国平均增速 3.3 个百分点。

江西省技术创新方面表现最好，年均增速高达 14.6%，高于全国平均水平。其中，工业企业 R&D 人员投入强度和工业企业新产品销售收入占比增长较快，年均增速均为 17.9%，是促进江西省技术创新指数增长的主要原因。

江西省在两化融合、资源环境和速度效益方面表现较好，年均增速分别达 13.5%、8.6% 和 3.1%，均高于全国平均水平。两化融合方面，宽带人均普及率增速达 20.8%，为江西省两化融合年均增速提升做出了主要贡献。资源环境方面，单位工业增加值用水量年均增速为 9.4%，是促进江西省资源环境指数增长的主要原因。速度效益方面，规上工业增加值增速和工业企业资产负债率增速分别为 9.8% 和 0.9%，是影响速度效益年均增速提升的主要原因。

江西省在人力资源方面表现一般，年均增速为 5.5%，与全国平均水平持平。其中，第二产业全员劳动生产率表现良好，年均增速 8.1%，就业人员平均受教育年限和工业城镇单位就业人员平均工资年均增速的年均增速分别为 0.8% 和 8.8%。

江西省结构调整方面表现较差，年均增速为 2.9%，低于全国平均水平。其中，制造业 500 强企业占比增速出现负增长，是导致结构调整增速降低的主要原因。

2. 截面指数（见表6-32）

表6-32 2012—2019年江西工业发展质量截面指数排名

	2012	2013	2014	2015	2016	2017	2018	2019	2012—2019年均值排名
速度效益	11	8	3	3	3	6	7	8	4
结构调整	14	14	17	16	16	16	14	12	15
技术创新	28	27	27	28	27	23	16	12	24
资源环境	11	13	14	12	13	12	12	12	13
两化融合	29	30	29	24	19	17	13	17	24
人力资源	23	26	24	24	24	25	21	26	24
截面指数	23	21	19	16	16	16	15	16	17

资料来源：赛迪智库整理，2021年4月。

横向来看，江西省工业发展质量截面指数稳定在全国中游水平，2019年截面指数为37.1，全国排名第16位。

江西省速度效益表现较为突出，2019年全国排名第8位，处于领先水平。其中，规上工业增加值增速和工业企业资产负债率从2012年开始位次不断前移。工业成本费用利润率和工业营业收入利润率表现也相对不错，处于全国中游水平，2019年全国排名均处于第14位。

江西省在结构调整、资源环境、技术创新和两化融合方面表现一般，2019年排名处于中游水平，分别排在全国第12位、第12位、第12位和第17位。结构调整方面，规上小型工业企业收入占比和高技术制造业主营业务收入占比表现较好，分别排在第4位和第7位，处于上游水平。资源环境方面，单位工业增加值能耗表现很好，全国排名第5位；单位工业增加值用水量排名相对靠后，排在全国第25位，提升空间较大。技术创新方面，工业企业R&D经费投入强度和单位工业企业R&D经费支出发明专利数表现均较差，在全国处于中下游水平。两化融合方面，电子信息产业占比和宽带人均普及率在全国均处于中游水平，分别排名第12名和第15名。

江西省在人力资源方面表现较差，处于全国下游水平。其中，工业城镇单位就业人员平均工资增速和第二产业全员劳动生产率等指标表现不太理想，均处于全国下游水平。

3. 原因分析

江西省工业经济规模和发展质量在全国均处于中等水平，其中工业发展

质量有明显提升，预期在速度效益方面发展水平较高。

速度效益方面，江西省深入推进重大项目投资工作，开展"项目建设提速年"活动，"5020"项目实现开发区全覆盖，推动项目建设提速提质提效。具体看，建成兴赣高速北延、南昌地铁 3 号线、分宜电厂扩建、北斗变电智能芯片终端装备、宜春四方井水库主体工程等重大项目，加快建设雅中至江西特高压直流工程、赣深高铁、昌景黄铁路等重大工程项目，开工建设宜遂高速、祁婺高速、信江具备三级通航条件、瑞金机场、南昌西二环高速、南昌 VR 科创城等重大项目。

（三）结论与展望

综合看，江西省工业发展质量逐年稳步上升，未来应从两化融合和人力资源等方面着重发力，全面提升工业发展质量。

两化融合方面，加快实施数字经济"一号工程"，实施 VR、移动物联网、工业互联网、大数据、云计算、人工智能、区块链等产业培育工程和集成电路、智能终端等产业提升工程，建成北斗综合应用示范项目，开工中国（南昌）数字经济港、赣州大数据产业园、上饶一舟物联网智慧产业园、樟树樟帮数字经济产业园等项目，加快中国电信江西云和大数据中心、抚州卓朗联通云计算数据中心等项目建设。

技术创新方面，一是强化创新平台支撑，支持鄱阳湖国家自主创新示范区建设"10 条"，推进中医药科创城、省部共建轨道交通基础设施性能监测与保障国家重点实验室等建设，布局基础学科研究中心、科技创新中心和国家重点实验室、工程研究中心、企业技术中心。二是营造良好创新生态，提高重点领域基础研究投入占比，强化知识产权保护，培育发展技术转移机构和技术经理人，建立首购首用风险补偿制度。三是激发人才创新活力，出台更具凝聚力的人才政策，培育本土高层次人才，引进"高精尖缺"高层次人才、创新团队。

十五、山东

（一）总体情况

1. 宏观经济总体情况

2020 年，山东省实现地区生产总值 73129.0 亿元，同比增长 3.6%。从三次产业结构看，第一产业、第二产业和第三产业增加值分别为 5363.8 亿元、

28612.2亿元、39153.1亿元,分别增长2.7%、3.3%和3.9%。三次产业增加值占比分别为7.3%、39.1%和53.6%。人均GDP达到72619元,比上年增长2.8%。

2020年,全省固定资产投资(不含农户)比上年增长3.6%。三次产业投资构成为2.3∶31.3∶66.4。重点领域中,民间投资增长6.9%,占全部投资的比重为63.9%,比上年提高2.0个百分点;制造业投资增长7.6%,对全部投资增长贡献率为51.9%。2020年社会消费品零售总额达到29248.0亿元,基本恢复至上年水平。2020年货物进出口总额为22009.4亿元,同比增长7.5%;其中,出口额为13054.8亿元,同比增长17.3%;进口额为8954.6亿元,同比下降4.1%。2020年山东省城镇居民和农村居民家庭人均可支配收入分别为43726元和18753元,分别增长3.3%和5.5%。

2. 工业经济运行情况

2020年,山东省全部工业增加值达到了23111亿元,较上年增长3.6%。规模以上工业增加值增长率为5.0%。其中,装备制造业增长率为12.6%,高技术产业增长率为9.8%。规模以上工业营业收入增长2.4%,利润总额增长率为19.6%;营业收入利润率为5.1%。比上年提高0.8个百分点。规模以上工业产品产销率为98.2%,提高1.3个百分点。

(二)指标分析

1. 时序指数(见图6-16和表6-33)

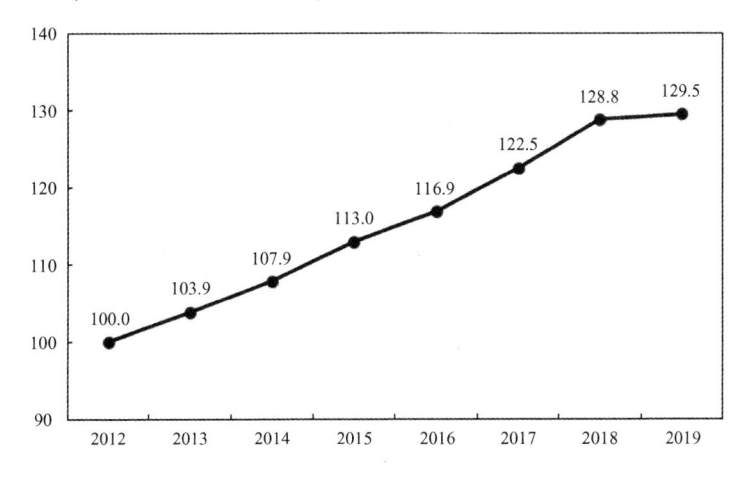

图6-16 山东工业发展质量时序指数

资料来源:赛迪智库整理,2021年4月。

表 6-33　2012—2019 年山东工业发展质量时序指数

	2012	2013	2014	2015	2016	2017	2018	2019	2012—2019 年年均增速
速度效益	100.0	100.8	100.9	101.5	103.2	104.5	99.1	93.8	-0.9%
结构调整	100.0	101.0	107.5	112.9	110.9	107.4	98.9	95.7	-0.6%
技术创新	100.0	105.3	106.0	110.7	117.4	134.9	169.1	166.1	7.5%
资源环境	100.0	106.2	114.2	116.0	120.1	132.4	130.0	133.6	4.2%
两化融合	100.0	106.6	114.1	129.6	140.6	143.8	153.6	166.0	7.5%
人力资源	100.0	106.8	112.0	115.5	120.0	126.6	136.4	144.0	5.3%
时序指数	100.0	103.9	107.9	113.0	116.9	122.5	128.8	129.5	3.8%

资料来源：赛迪智库整理，2021 年 4 月。

纵向来看，山东省工业发展质量时序指数从 2012 年的 100 上升至 2019 年的 129.5，年均增速为 3.8%，低于全国平均水平。

山东省在技术创新方面表现最好，年均增速达 7.5%，略高于全国平均水平。其中，单位工业企业 R&D 经费支出发明专利数和工业企业 R&D 经费投入强度年均增速分别达 6.6% 和 9.6%，是提升山东省技术创新增长的主要原因。

山东省在资源环境、人力资源和两化融合方面表现一般，年均增速分别是 4.2%、5.3% 和 7.5%。资源环境方面，单位工业增加值能耗指标表现较好，年均增速为 4.0%，但单位工业增加值用水量增速较慢，影响了资源环境的改善。人力资源方面，工业城镇单位就业人员平均工资增速与全国平均水平持平，年均增速为 9.2%，就业人员平均受教育年限和第二产业全员劳动生产率两项指标增速相对较慢，年均增速分别达 0.7% 和 7.5%。两化融合方面，电子信息产业占比增速较快，年均增速达 6.5%，是促进全省两化融合水平提升的重要因素。

山东省在速度效益和结构调整方面表现较差。速度效益方面，年均增速为 -0.9%，工业成本费用利润率、工业营业收入利润率和工业企业资产负债率表现很差，年均增速分别为 -6.5%、-6.0% 和 -1.9%，导致山东省速度效益年均增速明显偏低。结构调整方面看，年均增速为 -0.6%，规上小型工业企业收入占比和高技术产品出口占比两项指标年均增速分别为 -4.5% 和 -2.8%，是制约山东省结构调整指数增长的主要因素。

2. 截面指数（见表6-34）

表6-34 2012—2019年山东工业发展质量截面指数排名

	2012	2013	2014	2015	2016	2017	2018	2019	2012—2019年均值排名
速度效益	16	12	13	11	15	20	25	30	22
结构调整	4	7	6	4	4	5	6	6	5
技术创新	12	14	14	11	12	12	10	11	11
资源环境	2	2	2	3	1	2	5	5	2
两化融合	9	8	8	7	7	9	9	9	7
人力资源	20	19	18	19	19	19	24	20	19
截面指数	9	9	8	8	8	9	12	17	10

资料来源：赛迪智库整理，2021年4月。

横向来看，山东省工业发展质量截面指数2012年以来多年处于全国上游水平，2019年截面指数为36.5，全国排名下降到第17位。

山东省在资源环境和结构调整方面表现较为突出，分别在全国排名第5位和第6位，处于上等水平。资源环境方面，单位工业增加值用水量指标全国排名位于第一方阵，排名第3位，处于领先水平，而单位工业增加值能耗则排名18位，处于中下游水平。结构调整方面，制造业500强企业占比指标全国排名遥遥领先，位列第2位。但高技术制造业主营业务收入占比和高技术产品出口占比等指标排名较靠后，分别为全国第19位和第21位。

山东省在两化融合方面表现很好，在全国排名第9位，处于上等水平。其中，两化融合水平排名较高，位列全国第2位。但电子信息产业占比和宽带人均普及率全国排名中游水平，分别排名第11位和第13位。

山东省在技术创新方面表现也较好，在全国排名第11位，处于中等偏上水平。工业企业R&D经费投入强度排名靠前，位列第8位。工业企业R&D人员投入强度和工业企业新产品销售收入占比处于中等水平，分别处于全国第10位和第13位。但单位工业企业R&D经费支出发明专利数指标排名较靠后，全国排名第24位。

山东省在人力资源方面处于中等偏下水平，在全国排名第20位。其中，工业城镇单位就业人员平均工资增速指标排名第7位，位于全国上游水平。但就业人员平均受教育年限和第二产业全员劳动生产率排名均为第22位，

位于全国中下游水平。

山东省在速度效益方面处于全国下游水平，在全国排名第 30 位。其中，工业成本费用利润率、工业营业收入利润率、工业企业资产负债率和规上工业增加值增速表现均较差，分别排名全国第 26 位、第 26 位、第 27 位和第 29 位，均处于全国下游水平。

3. 原因分析

山东省工业发展质量和经济规模在全国排名较为领先，尤其是资源环境和结构调整方面表现最为突出。

资源环境方面，一是出台生态环境保护综合行政执法事项目录清单，梳理法定职责，严格依法治污，将省市新旧动能转换重大工程等 6934 家企业列入正面清单。二是实施"三线一单"，在全省划定生态保护红线、环境质量底线、资源利用上线、生态环境准入清单，实施生态环境分区管控。三是在全国率先启动覆盖县控及以上断面所在河流的入河湖排污（水）口排查工作，实现有口皆查、有水皆测，初步形成全省入河湖排污口"一张表、一张图"。

结构调整方面，一是加快实施新旧动能转换，裕龙岛炼化一体化、世界高端铝业基地、山东重工绿色智造产业城等重大制造业项目落地实施。二是优化能源结构，新一代信息制造业、新能源新材料产业、高端装备产业、高端化工产业、高技术服务业等高新技术产业比重明显增加，推动山东省经济增长质量提高。三是培育壮大新动能，推进"现代优势产业集群+人工智能"，"5G 工业互联网"加快赋能实体经济。

（三）结论与展望

综合看，山东省工业发展质量在全国处于领先地位，但人力资源和速度效益方面的发展还需持续深化。

人力资源方面，一是通过实施创业齐鲁、乐业山东行动以及英才汇聚计划等政策措施，健全人才发展体制机制，推动人才与产业的深度融合。二是大力引进重点产业急需、掌握"卡脖子"技术或填补山东省学科空白的帅才型科学家和团队，采取"一事一议"量身打造扶持政策，激发人才创新活力。三是出台《山东省高层次人才服务窗口运行办法》和《山东省高层次人才服务专员考核评价实施细则》，全面提升高层次人才服务窗口统筹、督导、评价能力，彻底打通高层次人才服务政策落实落地"最后一公里"。四是支持

青岛探索打造"院士创新特区",增强科技创新能力。

速度效益方面,一是扩大有效投资,推进中国算谷、青岛中德氢能产业园、烟台东方航天港建设,建好国家级山东半岛工业互联网示范区,推动国际通信业务出入口局落户青岛等。二是加快推进税费优惠"一户一策",推进"口岸收费公示"系统上线,创新中小微企业信贷服务模式。三是分类制定扶持政策,促进汽车、家电消费升级。深挖消费需求潜力,加强城市商圈规划,完善乡镇商贸体系,扩大县乡消费。

十六、河南

(一)总体情况

1. 宏观经济总体情况

2020年,河南省地区生产总值为54997.07亿元,比上年增长1.3%。从三次产业结构来看,第一、二、三产业增加值分别为5353.74亿元、22875.33亿元和26768.01亿元,与上年相比增长率分别为2.2%、0.7%和1.6%。三次产业结构比例分别为9.7%、41.6%和48.7%。

2020年,全省固定资产投资(不含农户)增长4.3%,高于全国平均水平1.4个百分点。其中,民间投资增长2.5%,工业投资增长2.7%,基础设施投资增长2.2%。

2. 工业经济运行情况

2020年,全省规模以上工业增加值增长0.4%。从经济类型看,国有控股企业增加值增长5.0%,股份制企业增长1.0%,外商及港澳台商投资企业增长4.2%。从经济门类看,采矿业增加值增长4.2%,制造业同比下降0.3%,电力、热力、燃气及水生产和供应业增长4.8%。从五大主导产业看,传统产业增加值增长2.5%,战略性新兴产业增加值增长2.6%,高技术制造业增加值增长8.9%,高于规模以上工业8.5个百分点,高耗能工业增加值增长3.5%。

(二)指标分析

1. 时序指数(见图6-17和表6-35)

纵向对比来看,河南省工业发展质量时序指数从2012年的100.0上升至2019年的170.5,年均增速达到7.9%,高出全国平均增速2.8个百分点。

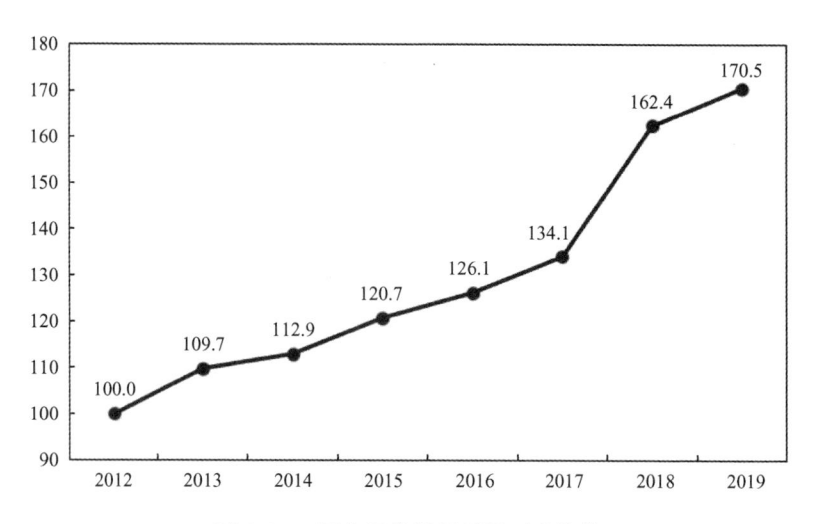

图 6-17　河南工业发展质量时序指数

资料来源：赛迪智库整理，2021 年 4 月。

表 6-35　2012—2019 年河南工业发展质量时序指数

	2012	2013	2014	2015	2016	2017	2018	2019	2012—2019 年年均增速
速度效益	100.0	103.6	105.4	104.0	105.8	109.4	107.3	115.4	2.1%
结构调整	100.0	112.8	104.0	118.5	123.1	122.4	143.3	147.3	5.7%
技术创新	100.0	117.9	117.7	116.0	117.4	129.8	208.6	204.4	10.8%
资源环境	100.0	110.5	136.0	152.3	169.8	185.3	201.2	235.4	13.0%
两化融合	100.0	109.9	117.7	140.5	151.1	169.2	209.6	218.7	11.8%
人力资源	100.0	102.0	109.2	113.2	117.2	121.3	131.1	143.8	5.3%
时序指数	100.0	109.7	112.9	120.7	126.1	134.1	162.4	170.5	7.9%

资料来源：赛迪智库整理，2021 年 4 月。

河南省在资源环境方面表现突出，年均增速为 13.0%，明显高于全国平均水平。其中，单位工业增加值能耗和单位工业增加值用水量增速很快，分别为 12.4% 和 13.6%，是提升河南省资源环境指数增长的重要因素。

河南省在速度效益、结构调整、技术创新以及两化融合方面表现较好，年均增速分别为 2.1%、5.7%、10.8% 和 11.8%，均高于全国平均水平。速度效益方面，除规上工业增加值增速增长较快外，工业企业资产负债率、工业成本费用利润率和工业营业收入利润率均呈负增长。结构调整方面，规上小型工业企业收入占比呈负增长，年均增速为 -2.4%，导致结构调整指数增速

放缓，但高技术产品出口占比和高科技制造业主营业务收入占比增长较快，年均增速分别达1.7%和10.1%，是促使河南省结构调整指数增长的主要原因。技术创新方面，工业企业R&D经费投入强度和工业企业新产品销售收入占比增长幅度很大，年均增速分别达到14.3%和15.6%；单位工业企业R&D经费支出发明专利数和工业企业R&D人员投入强度增长较慢，年均增速只有2.6%和7.2%。两化融合方面，电子信息产业占比和宽带人均普及率发展迅速，年均增速分别达到12.5%和16.5%，是促进两化融合指数增长的重要动力。

河南省在人力资源方面发展较为缓慢，年均增速为5.3%，拉低了河南省总体工业发展质量时序指数的增速。其中，工业城镇单位就业人员平均工资增长较慢，年均增速为7.1%，是导致总体人力资源指数增长缓慢的重要原因。

2. 截面指数（见表6-36）

表6-36　2012—2019年河南工业发展质量截面指数排名

	2012	2013	2014	2015	2016	2017	2018	2019	2012—2019年均值排名
速度效益	6	4	2	1	4	7	13	6	3
结构调整	9	9	9	8	8	10	9	10	9
技术创新	23	22	23	25	25	24	13	15	21
资源环境	14	14	10	10	8	8	8	6	10
两化融合	21	21	20	15	15	16	11	13	15
人力资源	30	29	26	25	28	28	20	23	28
截面指数	13	13	13	13	15	15	14	14	15

资料来源：赛迪智库整理，2021年4月。

横向来看，河南省工业发展质量截面指数始终处于全国中等水平，2019年截面指数为38.8，全国排名第14位。

河南省在速度效益和资源环境方面表现优异，位于全国上游水平，均排名全国第6位，是拉动河南省工业发展质量截面指数的重要动力。速度效益方面，规上工业增加值增速、工业成本费用利润率和工业营业收入利润率指标排名均有所上升，分别从2017年的第10位、第15位和第17位上升到2019年的第7位、第8位和第8位。资源环境方面，单位工业增加值用水量和单位工业增加值耗能发展较快，近年来一直稳定排名全国上游水平，分别排名第7位和第9位。

河南省在结构调整、两化融合和技术创新方面表现较为均衡,位于全国中游靠上水平,分别排名第 10 位、第 13 位和第 15 位。结构调整方面,高技术产品出口占比和制造业 500 强企业占比是推动河南省结构效益排名靠前的重要因素,分别排名第 4 位和第 7 位;规上小型工业企业收入占比排名为第 18 位,是制约结构调整指数的主要因素。两化融合方面,两化融合水平和电子信息产业占比均处于全国中等偏上水平,分别排名第 12 位和第 15 位。技术创新方面,单位工业企业 R&D 经费支出发明专利数一直徘徊在全国下游水平,2019 年排名第 30 位,影响了河南省技术创新的总体排名。

河南省人力资源方面表现相对较差,在全国排名第 23 位,低于河南省工业发展质量截面指数的总体位次。其中,第二产业全员劳动生产率处于全国下游水平,排名第 28 位,是制约人力资源指数的主要因素。

3. 原因分析

从横向看,河南省工业发展质量位居全国第 14 位,主要在速度效益和资源环境方面表现优秀。

速度效益方面,大力推进新型基础设施和交通、水利、能源等领域重大项目建设,新建 3.5 万个 5G 基站,建成太焦高铁、青电入豫、尧山至栾川高速等,加快推进中原大数据中心等项目,开工建设西霞院水利枢纽输水及灌区工程、观音寺调蓄工程等"四水同治"项目,开工建设新华三智慧计算终端全球总部基地、中国长城(郑州)自主创新基地等重大项目。

资源环境方面,河南省是南水北调中线工程的水源地和主干线,在全国生态格局中占据重要地位。河南省坚持以大气污染治理为重点,持续推进"三散"治理、工业企业深度治理、移动污染源精细管理,大气环境质量持续好转。系统推进水污染防治,加强黄河流域生态保护治理,促进生态优先绿色发展。

(三)结论与展望

综合看,河南省在人力资源和技术创新方面,还有较大的发展提升空间。

人力资源方面,一是完善柔性引才机制,鼓励各地拉高标杆,在荣誉称号、科研经费、住房保障、子女就学就业等方面出台更有吸引力的人才激励措施。二是持续推进"中原学者工作站"建站工作,组织开展招才引智专项行动,落实人才强省战略。

技术创新方面,一是构建高能级创新平台,在精准医学、生态保护、装

备制造等领域实施超算创新生态专项，加快国家生物育种产业创新中心、国家农机装备制造业创新中心、超短超强激光平台等项目建设，推动黄河实验室建设。二是集聚高端创新资源，在有条件的地方复制推广做实"一区多园"，推动中原科技城、郑开科创走廊等创新功能区综合开发，推动上海药物所河南中药创新研究院等项目落地。三是加快科技创新服务平台建设，推动国家技术转移郑州中心建成投用，加快国家级双创示范基地建设。

十七、湖北

（一）总体情况

1. 宏观经济总体情况

2020年，湖北实现地区生产总值43443.5亿元，比上年下降5.0%。其中，第一产业完成增加值4131.9亿元，按不变价计算与上年持平；第二产业完成增加值17023.9亿元，下降7.4%；第三产业完成增加值22287.7亿元，下降3.8%。三次产业结构由2019年的8.4：41.2：50.4调整为9.85：39.2：51.3。在第三产业中，金融业、其他服务业增加值分别增长6.3%和3.2%。交通运输仓储和邮政业、批发和零售业、住宿和餐饮业、房地产业增加值分别下降16.5%、12.1%、23.7%、8.7%。

2. 工业经济运行情况

2020年，湖北全省规模以上工业增加值下降6.1%。具体看，采矿业下降16.0%，制造业下降6.2%，电力、热力、燃气及水生产和供应业下降2.5%。高技术制造业增加值增长4.1%，增速快于规模以上工业10.2个百分点，占规模以上工业增加值的比重达10.2%。其中，计算机、通信和其他电子设备制造业增长4.4%。

（二）指标分析

1. 时序指数

纵向来看，湖北工业发展质量时序指数自2012年的100.0上涨至2019年的150.5，年均增速达6%，高出全国平均水平0.9个百分点。

湖北在两化融合、资源环境以及技术创新方面表现较好，年均增速分别为9.8%、9.6%和7.2%，分别高于湖北总体工业发展质量时序指数年均增速3.8个、3.6个和1.2个百分点，是拉动其增长的主要力量。其中，两化融合方面，宽带人均普及率和电子信息产业占比实现了快速发展，年均增速分别为 13%和 10.6%。资源环境方面，单位工业增加值用水量增速较快，年均增速达 13.1%。技术创新方面，单位工业企业 R&D 经费支出发明专利数和工业企业新产品销售收入占比表现较好，年均增速分别为 9%和 9.3%。

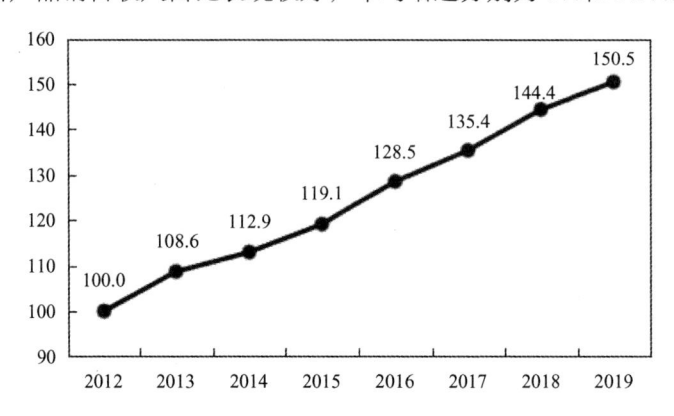

图 6-18 湖北工业发展质量时序指数

资料来源：赛迪智库整理，2021 年 4 月。

表 6-37 2012-2019 年湖北工业发展质量时序指数

	2012	2013	2014	2015	2016	2017	2018	2019	2012—2019 年年均增速
速度效益	100.0	104.9	103.4	105.2	110.4	114.3	121.5	127.1	3.5%
结构调整	100.0	106.6	114.2	122.6	129.1	129.1	120.1	117.8	2.4%
技术创新	100.0	103.6	104.3	107.8	119.6	132.8	154.9	163.2	7.2%
资源环境	100.0	123.3	136.1	144.5	157.0	171.5	184.7	189.9	9.6%
两化融合	100.0	116.3	123.7	136.3	154.3	161.9	178.5	192.2	9.8%
人力资源	100.0	104.9	103.4	105.2	110.4	114.3	121.5	127.1	3.5%
时序指数	100.0	108.6	112.9	119.1	128.5	135.4	144.4	150.5	6.0%

资料来源：赛迪智库整理，2021 年 4 月。

湖北在人力资源、速度效益和结构调整方面发展较慢，年均增速分别为 3.5%、3.5%和 2.4%，拉低了湖北总体工业质量发展时序指数年均增速。其中，在人力资源方面，就业人员平均受教育年限增长缓慢，年均增速仅为 0.8%，显著低于其他两个指标。在速度效益方面，规上工业增加值增速表现较好，年均增速为 8.8%。结构调整方面，制造业 500 强企业占比近年来逐年

下滑，年均增速仅为-6.1%，是影响结构调整总体指数的主要不利因素。

2. 截面指数

表6-38 2012—2019年湖北工业发展质量截面指数排名

	2012	2013	2014	2015	2016	2017	2018	2019	2012—2019年均值排名
速度效益	18	11	12	12	13	16	9	7	10
结构调整	15	13	13	14	11	12	12	13	12
技术创新	10	10	10	10	10	10	11	9	10
资源环境	18	19	19	18	19	18	19	19	18
两化融合	13	11	10	11	13	14	9	12	12
人力资源	8	8	5	9	10	8	9	12	8
截面指数	12	12	11	12	12	13	13	11	11

资料来源：赛迪智库整理，2021年4月。

横向来看，2019年湖北工业发展质量截面指数为41.7，排名为全国第11位，上升2位。

湖北在速度效益、技术创新、人力资源、两化融合、结构调整几个方面表现相对较好，处于全国中上游水平，2019年分别排名全国第7位、第9位、第12位、第12位和第13位。其中，速度效益方面，工业企业资产负债率表现较好，2019年全国排名第5位。技术创新方面，各项指标发展较为均衡，单位工业企业R&D经费支出发明专利数、工业企业新产品销售收入占比、工业企业R&D经费投入强度三个指标分别排在第7位、第8位和第9位。两化融合方面，两化融合水平和电子信息产业占比分别排名全国第12位和第14位。人力资源方面，第二产业全员劳动生产率表现较好，排在第8位，但工业城镇单位就业人员平均工资增速和就业人员平均受教育年限表现较差，分别为第20位和第19位。结构调整方面，虽然整体排名相对靠后，但规上小型工业企业收入占比表现亮眼，2019年全国排名第2位，是支撑结构调整指数排名的主要有利因素。

湖北在资源环境方面表现一般，排在全国中下游，为第19位。其中，单位工业增加值用水量指标成为主要的制约因素，2019年排在第24位。

3. 原因分析

湖北在速度效益、技术创新、人力资源、两化融合、结构调整几个方面表现相对较好，处于全国中上游水平。一是重视创新的引领作用。存储器、

商业航天、智能网联汽车和新能源汽车、网络安全人才与创新"四大国家级产业基地"加快建设，华星光电、京东方等一批重大项目顺利实施。二是注重区域协调发展，以长江绿色经济和创新驱动发展带、"汉孝随襄+制造业高质量发展带"为纽带，以沿线重要城镇为节点，打造高质量发展产业走廊。推动鄂西绿色发展示范区、江汉平原振兴发展示范区、鄂东转型发展示范区协同并进，加快形成全省东、中、西三大片区高质量发展的战略纵深。三是注重绿色发展，PM2.5 累计浓度持续下降，主要污染物总量减排持续提升。四是发布《湖北省工业经济稳增长快转型高质量发展工作方案》，为工业经济高质量发展提供指导。

（三）结论与展望

湖北要在保持当前发展势头基础上，进一步优化和提升高质量发展。一是进一步加快制造业优化升级，促进制造业和服务业深度融合。积极开展国家及省级智能制造、"双创"平台、"两化融合"示范试点建设，持续推进"万企上云"工程。加快 5G、工业互联网等新型基础设施建设，推进各类工业园区高带宽光纤网络接入。二是提高关键领域自主创新能力。支持一流大学和一流学科建设，着力发挥高校科研领军作用。统筹武汉大学等高校院所科研力量，大力建设重大科技基础设施，建设国家和省重点实验室，不断提高原始创新能力。

十八、湖南

（一）总体情况

1. 宏观经济总体情况

2020 年，湖南实现地区生产总值 41781.5 亿元，比上年增长 3.8%。其中，第一产业增加值 4240.4 亿元，增长 3.7%；第二产业增加值 15937.7 亿元，增长 4.7%；第三产业增加值 21603.4 亿元，增长 2.9%。三次产业结构为 10.2∶38.1∶51.7。第二、第三产业增加值占地区生产总值的比重分别比上年下降 0.5 个和 0.6 个百分点。

2. 工业经济运行情况

2020 年，湖南规模以上工业增加值比上年增长 4.8%。其中，民营企业增加值增长 5.7%，占规模以上工业的比重为 71.7%。高技术制造业增加值增

长 16.0%，占规模以上工业的比重为 11.7%，比上年提高 0.4 个百分点。装备制造业增加值增长 10.4%，占规模以上工业的比重为 32.4%，比上年提高 1.9 个百分点。

（二）指标分析

1. 时序指数（见图 6-19 和表 6-39）

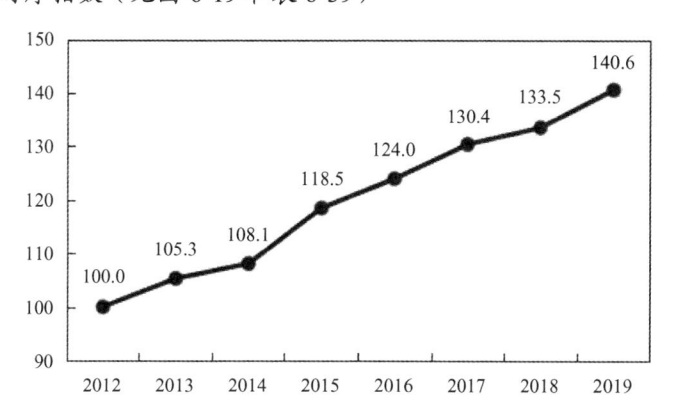

图 6-19 湖南工业发展质量时序指数
资料来源：赛迪智库整理，2021 年 4 月。

表 6-39 2012—2019 年湖南工业发展质量时序指数

	2012	2013	2014	2015	2016	2017	2018	2019	2012—2019 年年均增速
速度效益	100.0	102.6	95.0	98.8	101.4	106.9	104.5	117.1	2.3%
结构调整	100.0	101.7	105.1	128.7	137.5	129.2	116.0	104.7	0.7%
技术创新	100.0	100.0	103.9	110.1	110.1	121.5	141.8	146.3	5.6%
资源环境	100.0	121.1	137.0	147.4	158.6	171.8	161.3	179.6	8.7%
两化融合	100.0	110.6	115.1	127.8	135.6	149.7	162.7	177.2	8.5%
人力资源	100.0	105.5	112.2	117.6	124.5	133.7	145.0	158.0	6.8%
时序指数	100.0	105.3	108.1	118.5	124.0	130.4	133.5	140.6	5.0%

资料来源：赛迪智库整理，2021 年 4 月。

纵向来看，湖南工业发展质量时序指数从 2012 年的 100.0 增长到 2019 年的 140.6，年均增速为 5%，低于全国平均水平 0.1 个百分点。

湖南在资源环境、两化融合、人力资源、技术创新几个方面发展较快，年均增速分别为8.7%、8.5%、6.8%和5.6%。其中,资源环境方面,单位工业增加值能耗和单位工业增加值用水量年均增速分别为8.1%和9.4%。两化融合方面,宽带人均普及率实现较快发展,年均增速为16.9%。人力资源方面,工业城镇单位就业人员平均工资增速和第二产业全员劳动生产率表现较好,年均增速分别为8.9%和10.4%,是促进人力资源指数发展的重要因素。技术创新方面,工业企业R&D经费投入强度和工业企业R&D人员投入强度年均增速分别为9.6%和6.1%,成为技术创新指数发展的重要拉动因素。

湖南在速度效益方面表现一般,年均增速为2.3%。其中,工业成本费用利润率和工业营业收入利润率是主要的制约因素,年均增速均为负,分别为-1.5%和-1.3%,而规上工业增加值增速则表现较好,年均增速为8.4%。

湖南在结构调整方面表现较差,年均增速仅为0.7%。其中,制造业500强企业占比和高技术产品出口占比年均增速分别为-4%和-4.3%,是影响结构调整的主要不利因素。

2. 截面指数(见表6-40)

表6-40 2012—2019年湖南工业发展质量截面指数排名

	2012	2013	2014	2015	2016	2017	2018	2019	2012—2019年均值排名
速度效益	13	10	17	14	19	17	18	10	15
结构调整	12	11	14	12	13	15	16	17	14
技术创新	8	8	8	9	9	9	9	7	9
资源环境	15	15	15	13	14	15	17	16	16
两化融合	14	13	13	14	17	19	22	21	16
人力资源	12	14	10	15	15	16	10	10	12
截面指数	10	11	12	11	12	14	16	13	12

资料来源:赛迪智库整理,2021年4月。

横向来看,湖南省工业发展质量截面指数2019年为40.1,全国排名为第13位,上升3位。

湖南在技术创新方面表现较好,一直处于全国上游水平。2019年全国排名第7位,较上年上升2位。其中,工业企业R&D经费投入强度和工业企业新产品销售收入占比表现较好,全国排名分别为第5位和第7位,是支撑技术创新的主要有利因素。

湖南在速度效益和人力资源方面也表现较好，2019年均排在第10位。其中，速度效益方面，规上工业增加值增速和工业企业资产负债率位于全国前列，分别为第4位和第3位，是支撑速度效益的有利因素。人力资源方面，工业城镇单位就业人员平均工资增速、第二产业全员劳动生产率和就业人员平均受教育年限三个指标表现均衡，分别为第10位、第10位和第11位。

湖南在结构调整和资源环境方面处于全国中等水平，分别为第17位和第16位。结构调整方面，规上小型工业企业收入占比表现亮眼，排在全国第1位，但其他三个指标表现一般，导致结构调整整体处于中等水平。资源环境方面，单位工业增加值用水量排名一直比较靠后，2019年排在第27位，是制约资源环境的主要因素。

湖南在两化融合方面相对较差，2019年排在第21位。其中，宽带人均普及率排在第25位，是制约两化融合表现的主要因素。

3. 原因分析

湖南在技术创新方面表现较好主要源于以下几个方面原因：一是近年来湖南省布局一批重大科技创新项目，搭建一批重大创新平台，运用政策引导支持互联网企业发展，采用政策、项目、平台、基地、人才"五位一体"，推进湖南互联网产业发展。二是持续围绕产业链部署创新链，围绕创新链布局产业链，发挥政策叠加效应，继续加大科技攻关力度，搭建一批重大创新平台，布置一批应用场景，打造一批科学技术专家团队及专业化人才，提供创新发展核心动力。推动湖南互联网产业做成世界级产业，科技创新继续发力，瞄准智慧工厂、智慧交通、智慧医疗、智慧乡村、智慧防汛等领域，加快互联网科技成果转化和应用。三是顺应信息化发展潮流，抢抓数字化转型历史机遇。围绕建设"网络强省"的战略目标，以"数字新湖南"建设为抓手，大力发展数字经济，加快建设数字政府，着力构建数字社会，推动全省数字化发展取得显著成效。

（三）结论与展望

湖南整体指标表现不错，未来需要进一步提升发展质量。一是全面提速数字基础设施建设，提高互联网普及率，提升5G基站建设规模。二是聚焦产业基础能力薄弱环节补短板，着力夯实基础零部件、基础材料、基础工艺、产业技术基础，打好产业基础高级化、产业链现代化攻坚战。三是进一步优化营商环境，营造公开透明的法制环境、营造诚实守信的社会环境，营造宜居宜业的生态环境。

十九、广东

（一）总体情况

1. 宏观经济总体情况

2020 年，广东省实现地区生产总值 110760.94 亿元，比上年同期增长 2.3%。一、二、三产业增加值分别为 4769.99 亿元、43450.17 亿元和 62540.78 亿元，分别增长 3.8%、1.8%和 2.5%，三次产业结构比例调整为 4.3∶39.2∶56.5。人均地区生产总值达 96138 元，新经济增加值占地区生产总值比重为 25.2%。

2020 年，广东省全社会固定资产投资同比增长 7.2%。在固定资产投资中，第一产业投资同比增长 81.0%、第二产业投资同比下降 1.1%、第三产业投资同比增长 9.3%。基础设施投资同比增长 11.6%，占固定资产投资的比重为 28.6%。其中，电力、热力生产和供应业投资增长 14.5%，道路运输业投资增长 15.4%。高技术制造业投资增长 6.9%，占固定资产投资的比重为 5.1%。

2020 年，广东省实现货物进出口总额 70844.82 亿元，同比增速为-0.9%。对"一带一路"沿线地区进出口额 17558.61 亿元，增长 2.3%。实现社会消费品零售总额 40207.85 亿元，同比下降 6.4%。

2. 工业经济运行情况

2020 年，广东省规模以上工业实现增加值 3.31 万亿元，同比增长 1.5%。分经济类型看，国有控股企业、外商及港澳台商投资企业、股份制企业、股份合作企业、集体企业工业增加值同比去年增速分别为 5.4%、-0.4%、2.9%、-3.5%、-26.2%。先进制造业增加值同比增长 3.4%，占规模以上工业增加值比重为 56.1%。其中，高端电子信息制造业、生物医药及高性能医疗器械业、先进装备制造业、先进轻纺制造业、新材料制造业、石油化工业增加值增速分别达到 0.7%、14.4%、-19.5%、2.3%、1.6%、3.3%。高技术制造业增加值同比去年增长 1.1%，占规模以上工业增加值比重为 31.1%。其中，医药制造业、医疗仪器设备及仪器仪表制造业增长最快,增速分别达到 12.0%和 11.1%。装备制造业增加值同比去年增长 1.8%，占规模以上工业增加值的比重为 46.0%。电气机械和器材制造业、汽车制造业增长最快，增速分别达到 8.4%、6.6%。传统优势产业增加值同比去年增长 2.0%，其中家用电力器具制造业、

金属制品业增速最快，分别达到 12.4%、4.8%。2020 年，广东规模以上工业实现利润总额 9286.90 元，同比去年增长 3.2%。分门类看，制造业实现正增长，利润总额 8334.85 亿元，同比增长 5.7%；采矿业实现利润 251.64 亿元，同比下降 27.1%；电力、热力、燃气及水生产和供应业实现利润 700.41 亿元，同比下降 8.7%。2020 年，广东省规模以上工业企业每百元营业收入中的成本同比减少 0.44 元，营业收入利润率同比上升 0.19%。

（二）指标分析

1. 时序指数（见图 6-20 和表 6-41）

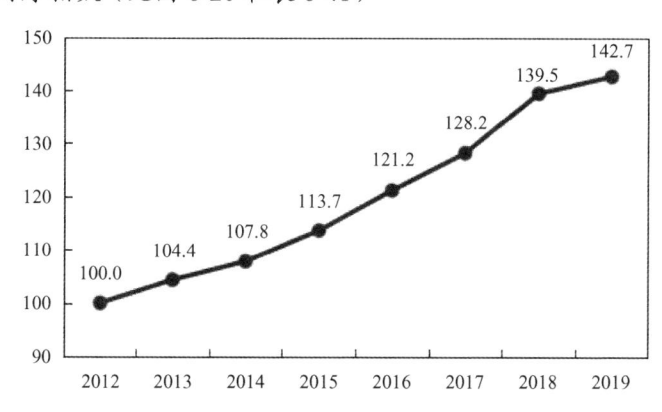

图 6-20　广东工业发展质量时序指数

资料来源：赛迪智库整理，2021 年 4 月。

表 6-41　2012—2019 年广东工业发展质量时序指数

	2012	2013	2014	2015	2016	2017	2018	2019	2012—2019 年年均增速
速度效益	100.0	104.9	106.9	113.2	116.0	119.7	116.5	120.1	2.7%
结构调整	100.0	106.2	105.8	109.7	123.0	124.5	141.6	137.6	4.7%
技术创新	100.0	100.1	102.9	102.7	112.3	125.9	151.9	154.9	6.5%
资源环境	100.0	108.0	119.4	130.3	141.0	150.0	163.9	175.6	8.4%
两化融合	100.0	104.2	108.1	119.8	123.5	134.2	142.0	144.7	5.4%
人力资源	100.0	104.5	111.3	118.1	123.7	129.3	135.8	143.8	5.3%
时序指数	100.0	104.4	107.8	113.7	121.2	128.2	139.5	142.7	5.2%

资料来源：赛迪智库整理，2021 年 4 月。

纵向来看，广东省工业发展质量从 2012 年的 100.0 上涨至 2019 年的 142.7，年均增速为 5.2%，高出全国平均增速 0.1 个百分点。

广东在资源环境方面质量提升较快，年均增速为 8.4%。其中，单位工业增加值用水量优化明显，年均增速达到 10.6%，是推动资源环境水平提高的主要因素。

广东在技术创新、两化融合、人力资源和结构调整方面均平稳增长，年均增速分别为 6.5%、5.4%、5.3% 和 4.7%。技术创新方面，工业企业新产品销售收入占比年均增速达到 8.6%，表现最好；但是工业企业 R&D 经费投入强度、单位工业企业 R&D 经费支出年均增速增长相对较慢。两化融合方面，人均宽带普及率年均增速达到 9.1%，有利于工业与信息化底层技术的支撑。人力资源方面，工业城镇单位就业人员平均工资年均增速为 9.6%，是人力资源增长的主要动力。结构调整方面，制造业 500 强企业占比年均增速领先，达到 10.4%；但高技术产品出口占比年均增速为-0.8%，规上小型工业企业收入占比年均增速只有 2.0%，影响了结构调整的步伐。

广东在速度效益方面表现一般，年均增速为 2.7%。其中，规上工业增加值年均增速达到 7.0%，表现最好；但是工业企业资产负债率、工业成本费用利润率和工业营业收入利润率三项指标年均增速较低，分别为 0.4%、1.0% 和 1.0%，影响了速度效益的提高。

2. 截面指数（见表 6-42）

表 6-42　2012—2019 年广东工业发展质量截面指数排名

	2012	2013	2014	2015	2016	2017	2018	2019	2012—2019 年均值排名
速度效益	25	27	20	13	12	14	17	18	19
结构调整	2	2	2	3	1	1	1	1	2
技术创新	2	5	5	5	5	4	1	2	3
资源环境	3	4	4	2	4	4	2	3	3
两化融合	3	3	2	2	2	2	2	5	3
人力资源	10	12	6	8	9	11	11	14	10
截面指数	3	3	3	3	4	4	2	4	3

资料来源：赛迪智库整理，2021 年 4 月。

横向来看，广东省 2019 年工业发展质量截面指数为 60.1，排在全国第 4

位，处于全国上游水平。

2019 年，广东在结构调整、技术创新、资源环境和两化融合方面表现出色，均处于全国前三位。结构调整方面，高技术制造业主营业务收入占比和制造业 500 强企业占比分别居全国第 1 位和第 4 位，表现优异。技术创新方面，各项指标均居全国上游，显示出强大的创新能力，特别是单位工业企业 R&D 经费支出发明专利数这一指标位列全国首位。资源环境方面，单位工业增加值能耗指标居全国上游，排名居全国第 2 位。两化融合方面，电子信息产业占比和两化融合水平分别居全国第 2 位和第 4 位，显示出电子信息产业强省的实力。

2019 年，广东在速度效益和人力资源方面表现一般，处于全国中游，分为排名全国第 18 位、第 14 位。速度效益方面，规上工业增加值增速居全国第 21 位，工业成本费用利润率和工业营业收入利润率均居全国第 15 位。人力资源方面，就业人员平均受教育年限表现较好，排名全国第 5 位，但是第二产业全员劳动生产率排名第 14 位，处于全国中下游水平。工业城镇单位就业人员平均工资增速排名第 23 位，处于全国下游水平。

3. 原因分析

广东工业发展质量近年来稳步提高，从 2015 的全国第 5 位上升到 2019 年的全国第 4 位，处于全国领先水平，这主要得益于广东在技术创新、两化融合、资源环境方面具有较强的优势。广东全省注重科技创新，研发成果与人才培育全面开花。区域创新综合能力保持全国第一，2020 年全省研发经费支出几乎实现成倍增长，从 1800 亿元增加到 3200 亿元，占地区生产总值比重从 2.4%提高到 2.9%。此外，全省布局有效发明专利量、PCT 国际专利申请量保持全国首位；建设 10 家省实验室，实施九大重点领域研发计划，基础与应用基础研究能力提升明显；在粤两院院士达 102 人，引进 121 个创新创业团队。广东全省布局工业高质量发展，着力促进数字经济深度发展。谋划推进 10 个战略性支柱产业集群和 10 个战略性新兴产业集群建设，推动 1.5 万家企业运用工业互联网实现数字化转型。广东全省聚焦环境治理问题，提升工业生产效益。新增污水管网 3.3 万公里、污水日处理能力 814 万吨；茅洲河、练江等重点流域治污实现历史性突破，水质显著好转；空气质量优良天数比例达 95.5%，PM2.5 浓度降至 22 微克/立方米；生活垃圾日处理能力达 14.9 万吨，增长 91%。

（三）结论与展望

综合时序指数和截面指数来看，广东省工业发展质量长期处于全国前列，综合经济实力不断跃升，经济总量连续 32 年位居全国第一。当前，广东正在加快推动制造业转型升级，建设世界先进制造业集群，产业向全球价值链中高端迈进。未来，一是应充分建设粤港澳大湾区和深圳先行示范区，发挥深圳、广州两个中心城市的联动作用。二是推动产业链现代化高端化，深度嵌入数字经济。着力推进国家产业基础再造工程，紧盯基础零部件、基础工艺、关键基础材料等。加快国家数字经济创新发展试验区建设，不断提升省内两化融合水平。三是加强自主创新能力，围绕关键技术、企业、人才三大要素完善现有创新体系。聚焦关键核心技术，协调基础研究力度与应用基础研究方向。坚持企业在创新中的主体地位，加快构建产学研深度融合的创新机制。重视创新人才引培，实施重大人才工程、健全科技人才评价体系、实施孵化育成体系"双千计划"等。

二十、广西

（一）总体情况

1. 宏观经济总体情况

2020年，广西壮族自治区地区生产总值为22156.69亿元，同比增长3.7%。第一、二、三产业增加值分别为 3555.82 亿元、7108.49 亿元和 11492.38 亿元，增速分别为 5.0%、2.2%和 4.2%。三次产业结构进一步优化，三次产业占 GDP 比重分别为 16.0%、32.1%和 51.9%，对 GDP 增长贡献率分别为 21.9%、19.9%和 58.2%。2020 年，全区固定资产投资同比增长 4.2%。分产业看，第一、二、三产业投资增速分别为 9.9%、9.4%和 2.6%。工业投资比上年增长 7.7%，其中高技术制造业投资增速为 20.4%。

2020年全区社会消费品零售总额实现7831.01亿元，同比去年下降4.5%。进出口总值为 4861.34 亿元，同比增长 3.5%。其中，对东盟国家进出口总值 2375.70 亿元，同比去年增长 1.7%。城镇居民人均可支配收入为 35859 元，实际同比增速 0.7%，农村居民人均可支配收入为 14815 元，实际同比增速 4.6%。

2. 工业经济运行情况

2019 年，全区规模以上工业增加值同比增长 1.2%。分类型看，国有控

股企业增加值增长 2.2%；股份制企业增长 3.7%，外商及港澳台商投资企业下降 5.8%；非公有工业企业增长 0.6%。分门类看，电力热力燃气及水的生产和供应业增速最快同比增长 5.5%，其次是制造业同比增长 0.9%，采矿业增加值同比下降 6.4%。分具体行业看，黑色金属冶炼及压延加工业增长、有色金属冶炼及压延加工业、非金属矿物制品业、电气机械及器材制造业、电力热力生产和供应业、木材加工和木竹藤棕草制品业增长较快，增速分别为 34.8%、21.9%、10.6%、7.7%、5.6%、5.4%。此外，农副食品加工业增加值比上年下降 7.8%，石油煤炭及其他燃料加工业下降 30.6%，专用设备制造业下降 5.7%，汽车制造业下降 13.5%，计算机、通信和其他电子设备制造业下降 10.7%。

（二）指标分析

1. 时序指数（见图 6-21 和表 6-43）

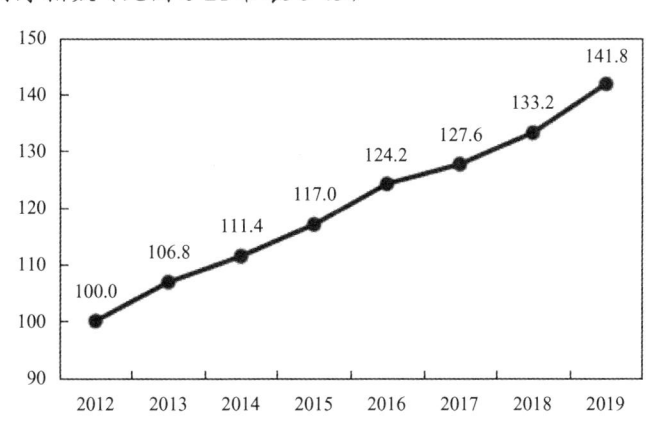

图 6-21　广西工业发展质量时序指数

资料来源：赛迪智库整理，2021 年 4 月。

表 6-43　2012—2019 年广西工业发展质量时序指数

	2012	2013	2014	2015	2016	2017	2018	2019	2012—2019 年年均增速
速度效益	100.0	100.1	102.1	109.2	112.3	119.2	111.9	109.7	1.3%
结构调整	100.0	113.2	119.9	127.3	134.8	131.3	143.1	141.2	5.0%
技术创新	100.0	110.4	107.7	96.9	105.9	99.5	114.8	134.2	4.3%
资源环境	100.0	97.1	104.7	110.8	121.3	129.8	129.6	132.2	4.1%

续表

	2012	2013	2014	2015	2016	2017	2018	2019	2012—2019年年均增速
两化融合	100.0	110.3	122.0	140.5	149.0	164.5	171.1	200.7	10.5%
人力资源	100.0	107.0	113.6	123.8	131.1	136.9	143.6	151.6	6.1%
时序指数	100.0	106.8	111.4	117.0	124.2	127.6	133.2	141.8	5.1%

资料来源：赛迪智库整理，2021年4月。

纵向来看，广西工业发展质量从2012年的100.0上涨至2019年的141.8，年均增速为5.1%，与全国平均增速持平。

广西在两化融合方面增长最快，年均增速为10.5%。其中，宽带人均普及率增长较快，年均增速达到15.2%，是带动两化融合水平不断提高的主要动力。

广西在人力资源、结构调整、技术创新、资源环境方面平稳增长，年均增速分别为6.1%、5.0%、4.3%和4.1%。人力资源方面，工业城镇单位就业人员平均工资年均增速和第二产业全员劳动生产率年均增速分别为10.9%和8.3%，促进人力资源水平的提高。结构调整方面，高技术产品出口占比增速较快增长，年均增速为12.3%，是推动结构调整的主要因素，但规上小型工业企业收入占比年均增速仅有0.9%。技术创新方面，技术创新方面，单位工业企业R&D经费支出发明专利数、工业R&D人员投入强度增长较快，年均增速分别达到6.3%、4.5%，提升了技术创新水平。资源环境方面，单位工业增加值用水量优化较快，年均增速达到6.0%，促进资源环境指标的增长。

广西在速度效益方面表现一般，年均增速为1.3%。其中，规上工业增加值增速增长相对较快，年均增速为7.9%，但是工业成本费用利润率、工业营业收入利润率两项指标表现不佳，年均增速分别为-2.3%和-2.5%，影响了速度效益水平的提高。

2. 截面指数（见表6-44）

表6-44　2012—2019年广西工业发展质量截面指数排名

	2012	2013	2014	2015	2016	2017	2018	2019	2012—2019年均值排名
速度效益	20	17	18	16	16	18	24	23	21
结构调整	21	21	21	21	21	18	19	20	

续表

	2012	2013	2014	2015	2016	2017	2018	2019	2012—2019年均值排名
技术创新	21	19	24	26	26	28	24	24	26
资源环境	20	26	26	25	28	27	27	28	27
两化融合	19	20	21	20	21	23	23	22	21
人力资源	28	23	20	18	20	24	22	24	23
截面指数	25	24	24	21	22	24	25	25	22

资料来源：赛迪智库整理，2021年4月。

横向来看，2019年广西工业发展质量截面指数为22.2，排在全国第22位，处于全国下游水平。

广西在各项考核指标中均处于全国下游水平。结构调整方面，2019年居全国第20位。其中，规上小型工业企业收入占比位列全国第10。速度效益居全国第21位，规上工业增加值增速、工业成本费用利润率、工业营业收入利润率均居全国第23位。两化融合位列全国第21位，其中电子信息产业占比、两化融合水平、宽带人均普及率居全国第16位、第24位，第20位。

人力资源居全国第23位，工业城镇单位就业人员平均工资增速处于全国中游水平，居全国第13位，第二产业全员劳动生产率、就业人员平均受教育年限处于全国下游水平，排名分别为全国第24位、第25位。技术创新居全国第26位，单位工业企业R&D经费支出发明专利数、工业新产品销售收入占比处于全国中游水平，分别居全国第15位、第17位，但工业R&D人员投入强度、工业R&D经费投入强度仅位列全国第22位、第26位。资源环境居全国第27位，其中单位工业增加值用水量全国垫底。

3. 原因分析

广西工业发展质量有待于提高，由于缺乏有规模和实力的大企业，产业层次低，自主创新能力弱等短板，广西工业长期处于全国下游水平。为扭转这一局面，广西布局工业高质量发展，加速构建现代产业体系，着力提高产业链供应链现代化水平。推动"三企入桂"及重大项目建设，积极引进一批"建链强链补链"项目。新开工"双百双新"项目133个、竣工投产68个，加快"千企技改"和"5个50"重大项目建设，完成"三百二千"科技创新工程。积极落实交通基础设施建设，新开工高速公路1726公里，开工崇左至凭祥铁路、南深铁路玉林至岑溪段、柳广铁路柳州至梧州段，建成钦州港东航道扩建二期。重视数字经济基建支撑，全区建设 42 个数据中心，5G 基站达 2.1 万个。目前招商引资、基建投入、重大项目均处于前期投入阶段，全区工业发展质量水平有望在将来实现逐步提升。

（三）结论与展望

综合来看，广西工业发展质量在全国整体处于下游水平，始终未能实现向中游的突破，在各方面均具有极大提升潜力。首先，凭借特殊地理优势积极承建国内国际双循环重点节点枢纽，利用东盟、RCEP、"一带一路"等高水平对外协定及合作关系引领国际大循环发展，实现"南向、北联、东融、西合"的全方位、多层次提升。其次，加快现代产业体系构筑，引导全区产业链、供应链、价值链向两端攀升，培育壮大先进制造业集群，坚持推进"三企入桂"及重大项目建设。贯彻落实"百千万"计划，扶植一批百亿级企业，投建一批千亿级园区，培育先进装备制造、绿色新材料两个万亿级产业集群。再次，推广智能化、数字化等新型基础设施建设。实现千兆城市、百兆乡村，推进 5G 规模化商用，推动工业互联网、物联网规模化应用，加速传统基础设施和公共服务设施数字化转型，形成一批重大科技创新基地和平台。最后，强调科技支撑与人才引培。创新现有科技体制，促进科技成果向应用转化，构建以企业为主体的创新体系，实施自治区重大人才项目，加强产业技术工人队伍建设。

二十一、海南

（一）总体情况

1. 宏观经济总体情况

2020 年，海南省实现地区生产总值 5532.39 亿元，比上年增长 3.5%，克服新冠肺炎疫情的冲击，有效统筹经济发展和疫情防控，推动增长动能转换，经济发展质量效益日益提升。分产业来看，第一、二、三产业增加值分别达到 1135.9 亿元、1055.2 亿元和 3341.1 亿元，分别比上年增长 2.0%、1.2%和 5.7%。三次产业结构调整为 20.5∶19.1∶60.4。第三产业占地区生产总值比重达到 60%以上，较上年提高 0.9 个百分点，对经济增长的贡献率为 95.0%，是拉动经济增长的主要力量。房地产开发投资占比持续下降，较去年降低了 2.9%。高新技术企业数量有较大发展，全省新认定 446 家高新技术企业，同

比增长48.1%，有效期内高新技术企业共838家。

固定资产投资方面，全年固定资产投资（不含农户）比上年增长8.0%，全年投资项目比上年增加488个，这其中包括本年新开工项目1633个。其中，房地产开发投资、非房地产开发投资分别增长0.4%、13.4%。全省第一、第二和三产业投资增长，增幅分别为115.5%、23.1%和4.9%。2020年，全省实现社会消费品零售总额1974.63亿元，比上年增长1.2%。其中，商品零售额比上年增长5.0%，达到1771.88亿元；餐饮收入比上年下降23.0%，仅为202.75亿元。全省货物进出口总额比上年增长3个百分点，达到933.00亿元。

2. 工业经济运行情况

2020年，海南省工业增加值比上年下降5.4个百分点，仅为536.29亿元。其中，规上工业增加值较上年下降4.5个百分点，轻工业增加值下降1.4个百分点，重工业增加值下降6个百分点。八大工业支柱行业中，农副食品加工业、化学原料和化学制品制造业、汽车制造业和电力、热力的生产和供应业分别增长20.5%、1.3%、118.4%、0.1%；造纸及纸制品业、石油加工业、医药制造业、非金属矿物制品业分别下降1.1%、16.1%、5.0%、5.8%。

（二）指标分析

1. 时序指数（见图6-22和表6-45）

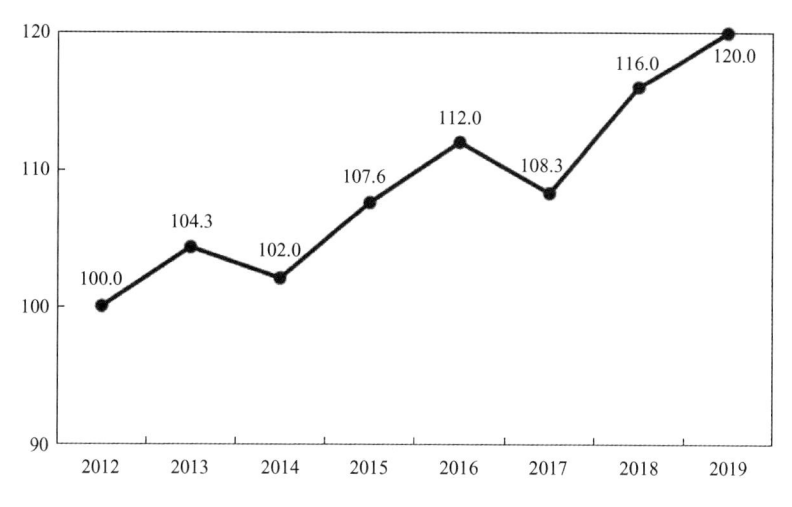

图6-22 海南工业发展质量时序指数
资料来源：赛迪智库整理，2021年4月。

表 6-45 2012—2019 年海南工业发展质量时序指数

	2012	2013	2014	2015	2016	2017	2018	2019	2012—2019年年均增速
速度效益	100.0	100.7	94.1	94.0	93.8	94.2	100.2	106.5	0.9%
结构调整	100.0	100.6	98.9	104.7	112.7	96.2	102.8	101.5	0.2%
技术创新	100.0	105.8	111.4	111.2	110.5	94.0	85.4	79.8	-3.2%
资源环境	100.0	103.1	109.2	126.3	129.7	132.0	140.7	149.0	5.9%
两化融合	100.0	115.0	96.8	111.4	124.9	140.0	174.2	189.3	9.5%
人力资源	100.0	102.7	107.4	112.0	117.1	119.8	125.9	132.4	4.1%
工业发展质量指数	100.0	104.3	102.0	107.6	112.0	108.3	116.0	120.0	2.6%

资料来源：赛迪智库整理，2021 年 4 月。

纵向来看，海南工业发展质量时序指数从 2012 年的 100.0 增长到 2019 年的 120.0，年均增速为 2.6%，低于全国平均增速 2.5 个百分点。

海南在资源环境、两化融合两方面表现相对较好，年均增速分别为 5.9%、9.5%。资源环境方面，单位工业增加值能耗低于全国平均水平，年均增速为 1.2%；单位工业增加值用水量高于全国平均水平，年均增速为 9.5%。两化融合方面，电子信息产业占比、两化融合水平、宽带人均普及率均高于全国。

海南在速度效益、结构调整、技术创新、人力资源方面还有待提高。速度效益方面，规上工业增加值增速低于全国水平，工业企业资产负债率、工业成本费用利润率、工业营业收入利润率均表现较好。结构调整方面，除制造业 500 强企业占比为 0，低于全国水平外，高技术制造业主营业务收入占比、规上小型工业企业收入占比、高技术产品出口占比均表现较好，高于全国水平。技术创新方面，单位工业企业 R&D 经费支出发明专利数指标表现较好，高于全国水平，但工业企业 R&D 经费投入强度、工业企业 R&D 人员投入强度、工业企业新产品销售收入占比发展均不如全国，是制约技术创新提高的主要原因。人力资源方面，工业城镇单位就业人员平均工资增速为 5.6%，低于全国平均水平，第二产业全员劳动生产率、就业人员平均受教育年限两项指标均好于全国平均水平。

2. 截面指数（见表6-46）

表6-46 2012-2019年海南工业发展质量截面指数排名

	2012	2013	2014	2015	2016	2017	2018	2019	2012—2019年均值排名
速度效益	9	20	4	15	20	24	11	12	14
结构调整	25	26	26	26	26	24	23	23	25
技术创新	13	13	13	13	15	22	26	28	19
资源环境	21	22	24	24	26	26	26	26	24
两化融合	15	14	19	21	20	22	20	20	19
人力资源	9	9	11	11	16	22	13	22	15
截面指数	18	18	15	18	20	27	22	23	21

资料来源：赛迪智库整理，2021年4月。

横向来看，海南2019年工业发展质量截面指数为23，全国排名为第23位，尚未进入全国中上游水平。

海南在速度效益方面表现较好，2019年排名第12位。其中工业成本费用利润率、工业营业收入利润率、工业企业资产负债率均处于全国前列，分别位居第4位、第5位、第8位。

海南在结构调整、技术创新、资源环境、两化融合、人力资源方面均表现不佳，处于全国中下游水平，2019年分别排在全国第23位、第28位、第26位、第20位和第22位。结构调整方面，高技术制造业主营业务收入占比表现较好，处于全国中上游水平，而制造业500强企业占比表现较差，位居全国第30位。技术创新方面，单位工业企业R&D经费支出发明专利数表现较好，位居全国第13位，工业企业新产品销售收入占比则表现较差，位居全国第30位。资源环境方面，两大指标均处于全国中下游水平。两化融合方面，宽带人均普及率表现较佳，位居全国第7位，其余两大指标均处于全国中下游水平。人力资源方面，除就业人员平均受教育年限处于全国中游水平外，其他两大指标均处于下游水平。

3. 原因分析

海南受益于海南国际旅游岛、中国（海南）自由贸易试验区建设等一系列国家重大战略，工业经济发展速度效益水平有所提高，特别是大幅提升了"陆海空"创新能力，有序推动了国家耐盐碱水稻技术创新中心建设，正式启动深海基地南方中心创新平台，联合中科院推进遥感信息产业和商业卫星

发射,"奋斗者"号全海深载人潜水器成功完成万米海试。在政策利好情况下,海南站位新兴产业发展高位,区块链产业发展取得了一定进步,相关企业主要集中于信息服务业、文娱业和租赁与商务服务业,分别占51%、20%和16%。以区块链实际应用为核心的产业生态链初步形成,从基础设施硬件、底层平台到开发应用服务,有效促进产业发展。但由于工业发展基础薄弱,特别是创新发展整体能力不高,新动能增长不快等因素,海南企业发展实力还有待提升,产业结构调整还有待于进一步调整。

(三)结论与展望

整体来看,海南省工业发展质量仍处于全国下游水平,在速度效益方面有一定优势,但是在结构调整、技术创新、资源环境、两化融合、人力资源方面均有待于进一步提高。一是继续利用好海南国际旅游岛、中国(海南)自由贸易试验区建设等国家重点战略发展机遇,积极发展区块链、大数据等新兴产业,重点推动互联网信息产业发展,基于海南生态软件园、复兴城等产业园区平台载体,大力发展高新技术产业。贯彻落实国家有关产业链的相关工作精神,围绕"智慧海南"建设,打造凸显地方产业发展特点的千亿产业集群。二是做大做强数字贸易。贯彻落实"两新一重",重点加快5G基站布局,加快重大新型基础设施有关项目建设,继续推动离岸数据试验区建设等,推动数字贸易更好更快发展。三是进一步促进海南自由贸易试验区和中国特色自由贸易港建设,有重点地选择具有海南地方特色的产业作为突破口,加大重大创新载体平台建设力度,促进新技术、新产品的研发,聚合洋浦经济开发区、美安科技新城、海南生态软件园等产业资源,推动海南工业经济发展再上新台阶。

二十二、重庆

(一)总体情况

1. 宏观经济总体情况

2020年,重庆地区实现生产总值25002.79亿元,较去年增长3.9%。其中,第一产业实现增加值1803.33亿元,增长4.7%;第二产业实现增加值9992.21亿元,增长4.9%;第三产业实现增加值13207.25亿元,增长2.9%。三次产业结构比为7.2∶40.0∶52.8。民营经济增加值增长3.8%,达到14759.71

亿元，占全市经济总量的59.0%。2020年，全市固定资产投资同比增长5.7%，第一产业投资增长21.9%，第二产业投资增长8.9%，第三产业投资增长4.3%。全年固定资产投资总额比上年增长3.9%。其中，基础设施投资、民间投资分别增长9.6%、1.1%。商品零售额增长1.6%，餐饮收入下降0.2%。全年货物进出口总额比上年增长12.5个百分点，达到6513.36亿元。全市居民人均可支配收入比上年增长6.6%，达到30824元。城镇居民人均可支配收入、农村居民人均可支配收入分别增长5.4%、8.1%。

2. 工业经济运行情况

2020年，重庆市工业增加值比上年增长5.3%，达到6990.77亿元，规上工业增加值比上年增长5.8个百分点，其中汽车产业、电子产业、装备产业、医药产业、材料产业、消费品产业、能源工业分别较上年增长10.1%、13.9%、2.9%、4.5%、7.1%、0.8%、0.9%，摩托车产业下降1.7%；化学原料和化学制品制造业、非金属矿物制品业、黑色金属冶炼和压延加工业、有色金属冶炼和压延加工业、电气机械和器材制造业、计算机、通信和其他电子设备制造业、电力、热力生产和供应业分别较上年增长8.0%、2.4%、10.7%、12.7%、7.6%、14.9%、2.9%，而农副食品加工业、通用设备制造业、铁路、船舶、航空航天和其他运输设备制造业分别比上年下降10.1%、0.4%、1.2%。

（二）指标分析

1. 时序指数（见图6-23和表6-47）

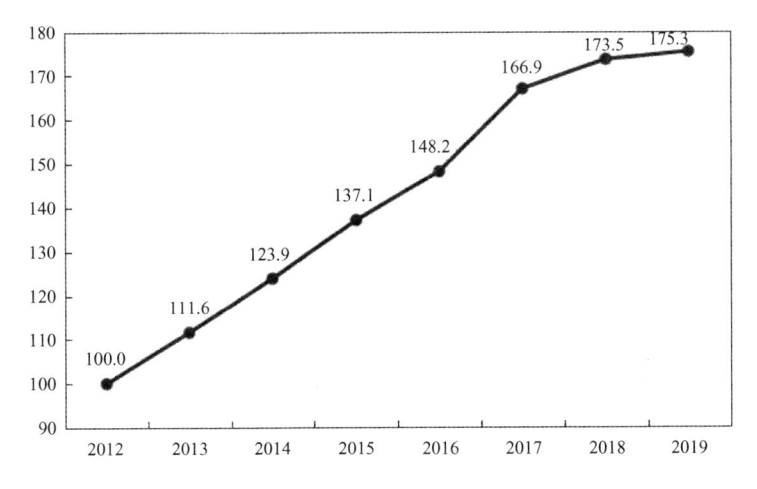

图6-23 重庆工业发展质量时序指数

资料来源：赛迪智库整理，2021年4月。

表6-47 2012—2019年重庆工业发展质量时序指数

	2012	2013	2014	2015	2016	2017	2018	2019	2012—2019年年均增速
速度效益	100.0	111.8	124.2	129.8	136.7	143.7	132.2	130.9	3.9%
结构调整	100.0	113.8	115.7	117.6	129.6	145.8	150.0	141.6	5.1%
技术创新	100.0	97.2	107.2	122.7	114.5	137.6	152.5	150.8	6.0%
资源环境	100.0	108.5	125.4	146.6	170.6	184.5	188.9	197.6	10.2%
两化融合	100.0	134.7	164.8	199.9	236.4	281.7	309.0	321.4	18.2%
人力资源	100.0	105.1	112.3	121.1	128.2	137.3	145.1	156.1	6.6%
工业发展质量指数	100.0	111.6	123.9	137.1	148.2	166.9	173.5	175.3	8.3%

资料来源：赛迪智库整理，2021年4月。

纵向来看，重庆工业发展质量时序指数从2012年的100.0上涨至2019年的175.3，年均增速为8.3%，高于全国平均增速3.2个百分点。

重庆在两化融合、资源环境方面表现较好，年均增速分别为18.2%、10.2%，其中，重庆宽带人均普及率、电子信息产业占比两大指标表现较好。资源环境方面提升迅速，一直保持较低能耗水平，特别是单位工业增加值用水量有较大体现。结构调整、技术创新、人力资源方面，年均增速分别为5.1%、6.0%、6.6%，位于全国前列。但是，重庆在速度效率方面表现较弱，除规上工业增加值增速为正增长外，其余指标均为负增长。

2. 截面指数（见表6-48）

表6-48 2012—2019年重庆工业发展质量截面指数排名

	2012	2013	2014	2015	2016	2017	2018	2019	2012—2019年均值排名
速度效益	23	15	9	9	10	9	27	17	17
结构调整	10	5	5	5	5	4	3	4	4
技术创新	9	9	9	8	8	8	8	8	8
资源环境	8	7	7	7	7	7	7	9	7
两化融合	22	18	12	10	8	6	5	6	9
人力资源	17	11	12	10	11	12	18	9	11
截面指数	11	10	10	7	7	6	7	6	8

资料来源：赛迪智库整理，2021年4月。

横向来看，重庆工业发展质量截面指数已处于全国中上游水平，2019年截面指数排在全国第 6 位，较上年有所提高。

2019 年重庆在结构调整、技术创新、资源环境、两化融合和人力资源方面都表现较为突出，处于全国上游水平。结构调整位列全国第 4 位，较上年下降 1 位。技术创新位列全国第 8 位，与上年持平。资源环境位列全国第 9 位，但较上年排名下降 2 位。两化融合位列全国第 6 位，较上年下降 1 位。人力资源位列全国第 9 位，较上年提高了 9 个名次。

但是，重庆 2019 年速度效益虽然较往年有了很大提高，处于全国第 17 位，较上年提高了 10 个位次，但仍处于中下游水平。其中，工业成本费用利润率、工业营业收入利润率均位列 20 位，成为速度效益排名不高的主要原因所在。

3. 原因分析

近年来，重庆在结构调整、技术创新、资源环境、两化融合、人力资源和速度效益方面表现均不差。随着新一轮科技革命与产业革命的步伐，重庆积极抢占工业经济发展的战略高位，以数字化、智能化、绿色化推动产业转型升级，不断激发新动能。特别是，基于国家数字经济创新发展试验区，重庆积极发展数字经济，腾讯、阿里、百度、德国埃马克机床、奥特斯 IC 封装载板、紫光芯片、万国数据、SK 海力士二期等一大批标志性项目落地。重庆高技术制造业和战略性新兴产业发展迅速，全年技术市场签订成交合同 3592 项，电气机械和器材制造业、计算机、通信和其他电子设备制造业分别增长 7.6%、14.9%。

（三）结论与展望

综合时序指数和截面指数来看，重庆在结构调整、技术创新、资源环境、两化融合、人力资源和速度效益等各方面均取得了不错的成绩，但是速度效益方面仍有进一步提供的空间。重庆要坚定不移贯彻创新、协调、绿色、开放、共享的新发展理念，贯彻好落实好"两点"定位、"两地""两高"目标，有效发挥"三个作用"和推动成渝地区双城经济圈建设，构建以国内大循环为主体、国内国际双循环相互促进的新发展格局。建设有实力有特色的双城经济圈，推动"一区两群"协调发展，重点推进西部（重庆）科学城等大项目建设，以大数据智能化为引领，加快培育创新力量，推动制造业高质量发展，提升服务业发展水平，有效促进数字经济和实体经济深度融合，打造内

陆国际物流枢纽和口岸高地，成为工业经济高质量发展的样板区。

二十三、四川

（一）总体情况

1. 宏观经济总体情况

2020年，四川省实现地区生产总值48598.8亿元，同比增长3.8%，增速比全国平均水平高1.5个百分点。其中，第一产业增加值为5556.6亿元，增长5.2%；第二产业增加值为17571.1亿元，增长3.8%；第三产业增加值为25471.1亿元，增长3.4%。2019年全社会固定资产投资同比增长9.9%，其中，工业投资增长10.7%，制造业高技术产业投资增长0.3%。

2. 工业经济运行情况

2020年，四川省规上工业增加值比上年增长4.5%，比全国平均水平高1.7个百分点。分行业看，41个行业大类中有25个行业增加值实现增长，石油和天然气开采业增加值比上年增长12.2%，非金属矿物制品业增长6.3%，电力、热力生产和供应业增长6.3%，黑色金属冶炼和压延加工业增长4.9%，化学原料和化学制品制造业增长4.5%，汽车制造业增长3.5%，酒、饮料和精制茶制造业增长2.9%。

（二）指标分析

1. 时序指数（见图6-24和表6-49）

年份	2012	2013	2014	2015	2016	2017	2018	2019
指数	100.0	107.4	114.4	121.0	130.8	146.4	158.9	166.4

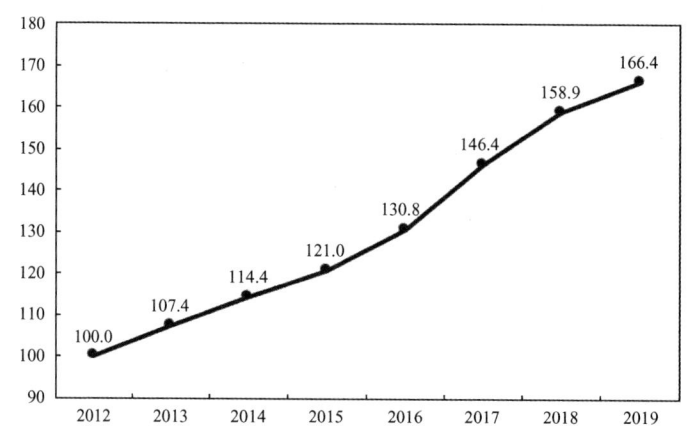

图6-24 四川工业发展质量时序指数

资料来源：赛迪智库整理，2021年4月。

表 6-49 2012—2019 年四川工业发展质量时序指数

	2012	2013	2014	2015	2016	2017	2018	2019	2012—2019 年年均增速
速度效益	100.0	96.5	94.6	95.6	99.1	110.6	113.2	119.0	2.5%
结构调整	100.0	107.0	102.6	100.5	109.0	114.1	117.0	116.5	2.2%
技术创新	100.0	110.0	121.3	122.8	127.3	151.8	165.9	170.1	7.9%
资源环境	100.0	110.1	136.0	143.5	153.6	172.6	203.7	230.0	12.6%
两化融合	100.0	118.7	137.4	172.3	203.8	234.1	263.7	274.8	15.5%
人力资源	100.0	107.9	113.8	117.5	123.0	128.2	136.1	145.3	5.5%
时序指数	100.0	107.4	114.4	121.0	130.8	146.4	158.9	166.4	7.5%

资料来源：赛迪智库整理，2021 年 4 月。

纵向来看，四川工业发展质量时序指数从 2012 的 100 上涨至 2019 的 166.4，年均增速为 7.5%，高于全国平均增速 2.4 个百分点。

四川在资源环境方面提升较为迅速，年均增速为 12.6%，年平均增速排名全国第 4 位。在两化融合方面提升较快，年均增速为 15.54%，年平均增速排名全国第 5 位。其中，两化融合水平和宽带人均普及率（%）平均增速分别达到 19.9% 和 18.6%。但是，四川在结构调整和人力资源增速上表现较差，平均增速分别位于全国第 20 名、第 15 名。其中，结构调整方面，制造业 500 强占比平均增速为 -1.9%；人力资源方面，2019 年就业人员平均受教育年限的年均增速仅为 1.0%，第二产业全员劳动生产率为 7.1%。

2. 截面指数

表 6-50 2012—2019 年四川工业发展质量截面指数排名

	2012	2013	2014	2015	2016	2017	2018	2019	2012—2019 年均值排名
速度效益	12	19	19	18	21	13	10	9	13
结构调整	6	4	4	6	6	5	5		6
技术创新	18	18	16	17	19	14	15	16	16
资源环境	16	17	16	15	15	14	13	10	14
两化融合	25	25	23	16	11	10	10	10	11
人力资源	26	22	21	26	26	29	28	27	26
截面指数	17	17	16	15	14	12	10	10	14

资料来源：赛迪智库整理，2021 年 4 月。

横向来看，四川工业发展质量截面指数处于全国中等水平。2019年截面指数为39，排在全国第10位。

四川在结构调整方面表现相对较好，2019年排在全国第5位，属于前列水平。其中，高技术产品出口占比和高技术制造业主营业务收入占比分别为第5位和第6位。两化融合方面属于中上游水平，2019年排在全国第10位。

但是，四川在人力资源方面表现相对较差，2019年全国排名为第27位。其中，第二产业全员劳动生产率、工业城镇单位就业人员平均工资增速、就业人员平均受教育年限分别为全国第25位、第27位、第27位。

3. 原因分析

2012—2019年，四川在结构调整方面表现较好，处于全国上游水平。四川省制定《四川省"十三五"高新技术产业发展规划（2016—2020年）》，提出着力推进页岩气、节能环保装备、航空与燃机、新能源汽车和信息安全产业五大高端成长型产业、五大新兴先导型服务业、七大战略性新兴产业和传统优势产业改造提升，突破一批产业链关键点瓶颈、关键技术，促进高新技术产业做大做强。同时，大力培育科技型中小企业，构建以企业为主体的技术创新体系，大力支持企业提升自主创新能力。大力发展创客空间、"创业咖啡"、创新工场等新型孵化模式，推动孵化器成为培育新业态、发展新产业的发源地。2019年，四川省工业"5+1"产业体系基本建成，五大支柱产业营业收入增长9.6%，电子信息产业营业收入率先突破1万亿元。

（三）结论与展望

综合时序指数和截面指数来看，四川在人力资源方面尚有很大发展空间。

为提升人力资源方面的发展水平，四川要深化人才发展体制机制改革。一是进一步打造面向"问题解决"的技术人才培养体系，建立政府、产业部门、行业院校人才培养联动机制，推动行业人才需求、企业人才需求、院校人才培养信息的发布与对接。二是进一步搭建产业人才开发基础协作平台，在院校制定培养方案、培养师资队伍等方面广泛吸纳行业企业力量，探索企业主导的产教融合职业院校办学方式。三是突出企业培养产业人才的主体责任，对达到一定人才培养目标的企业给予税收、经费上的优惠政策。

二十四、贵州

（一）总体情况

1. 宏观经济总体情况

2020年，贵州省实现地区生产总值17826.56亿元，比上年增长4.5%，增速高于全国2.2个百分点，连续10年位居全国前列。其中，第一产业增加值为2539.88亿元，比上年增长6.3%；第二产业增加值为6211.62亿元，增长4.3%；第三产业增加值为9075.07亿元，增长4.1%。2020年，全省固定资产投资比上年增长3.2%。第一产业投资增长45.5%；第二产业投资增长11.4%，其中，工业投资增长11.8%，制造业投资下降0.8%；第三产业投资下降0.4%。

2. 工业经济运行情况

2020年，全省规上工业增加值比上年增长5.0%，增速比全国高出2.2个百分点。从三大门类看，采矿业增长6.1%，制造业增长5.1%，电力、热力、燃气及水生产和供应业增长3.3%。从行业看，全省19个重点监测的行业中，18个行业增加值保持增长。其中，黑色金属冶炼和压延加工业增加值比上年增长16.7%，有色金属冶炼和压延加工业增长16.3%，汽车制造业增长11.6%，电气机械和器材制造业增长11.6%，酒、饮料和精制茶制造业增长6.3%，煤炭开采和洗选业增长5.5%，电力、热力生产和供应业增长3.1%。

（二）指标分析

1. 时序指数（见图6-25和表6-51）

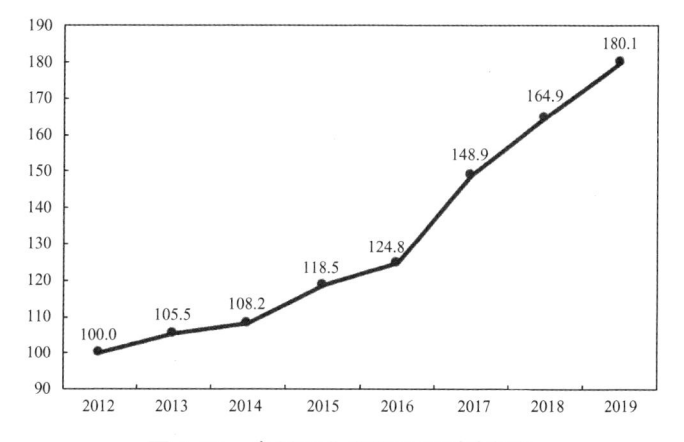

图6-25 贵州工业发展质量时序指数
资料来源：赛迪智库整理，2021年4月。

表 6-51　2012—2019 年贵州工业发展质量时序指数

	2012	2013	2014	2015	2016	2017	2018	2019	2012—2019 年年均增速
速度效益	100.0	93.8	90.7	94.8	99.2	108.0	116.4	125.6	3.3%
结构调整	100.0	99.5	111.3	121.9	109.8	138.3	140.1	151.8	6.1%
技术创新	100.0	99.8	96.5	90.2	94.0	114.4	138.5	156.9	6.6%
资源环境	100.0	149.7	163.0	191.7	208.5	235.7	257.9	276.9	15.7%
两化融合	100.0	109.7	110.3	150.6	179.3	240.3	278.1	305.0	17.3%
人力资源	100.0	105.5	108.1	104.4	112.6	115.8	124.1	133.5	4.2%
时序指数	100.0	105.5	108.2	118.5	124.8	148.9	164.9	180.1	8.8%

资料来源：赛迪智库整理，2021 年 4 月。

纵向来看，贵州工业发展质量时序指数从 2012 年的 100.0 上涨至 2019 年的 180.1，年均增速为 8.8%，高于全国平均增速 3.7 个百分点。

贵州在资源环境和两化融合方面增长势头较猛，年均增速分别为 15.7% 和 17.3%，平均增速排名分别位列全国第 1 位和第 3 位。构成资源环境的各指标中，单位工业增加值用水量增速为 17.4%。构成两化融合的各指标中，宽带人均普及率和电子信息产业占比的年均增速分别为 19.7% 和 23.6%。

但是，贵州在人力资源和技术创新方面表现不太理想，平均增速分别位列全国第 28 和第 16 位。其中，就业人员平均受教育年限增速仅为 0.7%。单位工业企业 R&D 经费支出发明专利数增速为呈负值，为 -1.8%。

2. 截面指数（见表 6-52）

表 6-52　2012—2019 年贵州工业发展质量截面指数排名

	2012	2013	2014	2015	2016	2017	2018	2019	2012—2019 年均值排名
速度效益	4	5	8	6	7	4	2	1	2
结构调整	18	19	15	15	15	8	13	16	16
技术创新	16	15	17	20	21	19	17	14	15
资源环境	28	23	25	23	23	23	21	21	23
两化融合	26	26	28	27	26	25	27	25	29
人力资源	22	18	19	29	23	30	26	28	27
截面指数	21	16	18	19	17	17	15	15	16

资料来源：赛迪智库整理，2021 年 4 月。

横向来看，贵州 2019 年质量截面指数为 35.3，位于第 15 名，处于全国中游水平。

2019 年，贵州在速度效益方面表现突出，排在全国第 1 位。其中，规上工业增加值增速、工业成本费用利润率、工业营业收入利润率均排在全国第 1 位。贵州在两化融合和人力资源方面仍有较大提升空间，其中，两化融合方面，两化融合水平和宽带人均普及率分别排名全国第 18 和第 22 位，造成两化融合的整体排名落后。资源环境方面，单位工业增加值用水量排名全国第 23 位，有待提升。

3. 原因分析

2012—2019 年，贵州在速度效益方面较好，排在全国第 2 位；技术创新方面，贵州有所进步，较上年排名提升了 3 位。

贵州坚持把发展经济的着力点放在实体经济上，振兴发展十大工业产业，实施"双千工程"，改造项目 7863 个、引进优强企业 4333 家，省属国有企业加快战略性重组，"十三五"时期规上工业增加值年均增长 8.6%；深入推进国家大数据综合试验区建设，实施"百企引领""万企融合"行动，数字经济增速连续五年居全国第 1。2020 年，面对新冠肺炎疫情和经济下行的严重冲击，全省各地、各部门深入贯彻落实中央和省委、省政府统筹推进疫情防控和经济社会发展各项决策部署，强力推进十大工业产业做大做强，大力推动实体经济发展，十大工业产业合计总产值突破 13887.28 亿元，合计实现利润总额 1203.84 亿元，纳税总额达 972.02 亿元，工业发展质量增长态势良好。

（三）结论与展望

综合时序指数和截面指数来看，贵州在人力资源方面尚有较大提升空间。

未来应从以下几个方面努力：一是坚持求贤若渴，广聚人才。以"高精尖缺"为导向，实施"百千万人才引进计划"，用好贵州人才博览会等平台，重点引进高端领军人才、创新创业人才和开放型经济人才。二是坚持无微不至服务人才，让一流人才获得一流待遇，帮助其解决子女就学、配偶就业、安居住房、社会保障等具体问题。三是坚持宽宏大度激励人才，尊重创新、宽容失败，让创新创业人才放开手脚、尽展才华。四是加大产业工人队伍建设改革力度，推行终身职业技能培训制度，打造一批高技能人才培训基地、

技能大师工作室、公共实训基地，培训技能劳动者 100 万人次以上。五是加强农村劳动力人力资源开发，实施农民全员培训行动。六是大力弘扬劳模精神、劳动精神和工匠精神。

二十五、云南

（一）总体情况

1. 宏观经济总体情况

2020 年，云南省实现地区生产总值（GDP）24521.90 亿元，比上年增长 4.0%，高于全国 1.7 个百分点。其中，第一产业增加值为 3598.91 亿元，增长 5.7%；第二产业增加值为 8287.54 亿元，增长 3.6%；第三产业增加值为 12635.45 亿元，增长 3.8%。三次产业结构为 14.7∶33.8∶51.5。全省人均地区生产总值达 50299 元，比上年增长 3.3%。全年固定资产投资（不含农户）比上年增长 7.7%。分三次产业看，第一产业投资增长 37.8%；第二产业投资增长 5.3%，其中工业投资增长 5.4%；第三产业投资增长 6.3%。民间固定资产投资增长 12.6%，占全省固定资产投资的比重为 43.4%。基础设施投资增长 7.3%，占全省固定资产投资比重达 40.3%。全年社会消费品零售总额为 9792.87 亿元，比上年下降 3.6%。全年外贸进出口总额为 389.46 亿美元，比上年增长 15.6%。其中，出口总额为 221.40 亿美元，比上年增长 47.4%；进口总额为 168.06 亿美元，比上年下降 10.0%。

2. 工业经济运行情况

2020 年，云南省工业生产平稳增长。全年全部工业增加值为 5457.96 亿元，比上年增长 2.4%。规模以上工业增加值增长 2.4%。在规模以上工业中，分经济类型看，国有企业增长 13.0%，集体企业下降 9.5%，股份制企业增长 2.5%，私营企业增长 2.7%。分门类看，采矿业增长 0.8%，制造业增长 1.6%，电力、热力、燃气及水生产和供应业增长 5.5%。分行业看，烟草制品业增长 0.8%，电力热力生产和供应业增长 6.5%，化学原料及化学制品制造业下降 0.3%，非金属矿物制品业增长 3.0%，黑色金属冶炼及压延加工业增长 11.8%，有色金属冶炼及压延加工业增长 11.5%，石油、煤炭及其他燃料加工业下降 10.2%。全年规模以上工业企业累计实现利税 2471.11 亿元，比上年增长 0.1%，其中，实现利润 1005.43 亿元，增长 13.2%。

（二）指标分析

1. 时序指数（见图 6-26 和表 6-53）

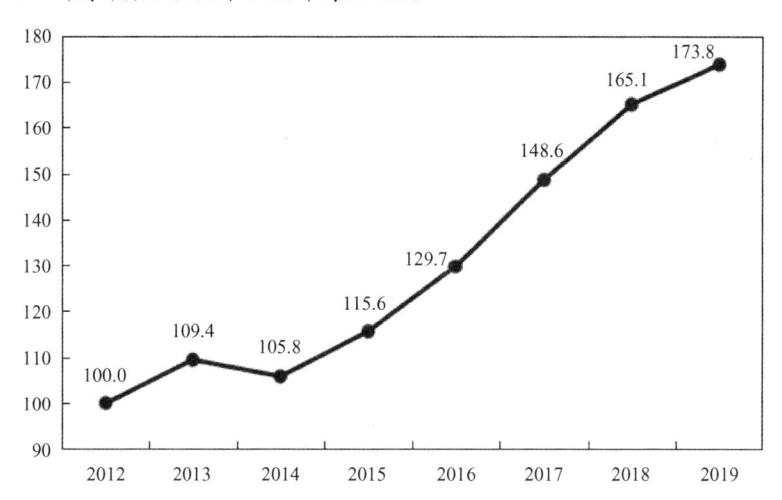

图 6-26　云南工业发展质量时序指数

资料来源：赛迪智库整理，2021 年 4 月。

表 6-53　2012—2019 年云南工业发展质量时序指数

	2012	2013	2014	2015	2016	2017	2018	2019	2012—2019 年年均增速
速度效益	100.0	100.5	92.5	92.1	83.2	114.6	120.8	123.1	3.0%
结构调整	100.0	132.0	108.8	116.2	141.9	152.4	157.2	156.1	6.6%
技术创新	100.0	96.5	105.7	125.9	142.1	156.3	168.9	190.0	9.6%
资源环境	100.0	119.1	129.2	146.0	162.1	165.5	194.8	207.9	11.0%
两化融合	100.0	104.2	100.4	113.3	150.8	186.7	236.9	246.0	13.7%
人力资源	100.0	108.9	113.6	120.4	124.6	132.7	142.1	154.4	6.4%
时序指数	100.0	109.4	105.8	115.6	129.7	148.6	165.1	173.8	8.2%

资料来源：赛迪智库整理，2021 年 4 月。

纵向看，云南工业发展质量时序指数自 2012 年的 100.0 上涨至 2019 年的 173.8，年均增速为 8.2%，高于全国平均增速 3.1 个百分点。

云南在资源环境、两化融合、技术创新方面有较大提升，年均增速分别达到 11.0%、13.7%、9.6%。资源环境方面，单位工业增加值能耗年均增速为 8.1%，单位工业增加值用水量年均增速达到 13.5%。两化融合方面，电子

信息产业占比年均增速为 18.6%，人均宽带普及率年均增速为 16.7%，而两化融合水平年均增速仅为 1.6%。技术创新方面，工业企业 R&D 经费投入强度、工业企业 R&D 人员投入强度年均增速分别达到 10.8%和 16.1%，均高于全国平均水平；但工业企业新产品销售收入占比年均增速为 3.6%，低于全国平均水平，单位工业企业 R&D 经费支出发明专利数呈现负增长，年均增速为-2.1%。

云南在结构调整、人力资源方面保持平稳，年均增速分别为 6.6%和 6.4%。结构调整方面，高技术制造业主营业务收入占比、小型工业企业主营业务收入、高技术产品出口占比年均增速分别为 11.7%、2.8%和 14.0%。人力资源方面，工业城镇单位就业人员平均工资和第二产业全员劳动生产率年均增速分别为 11.2%和 8.5%。但在速度效益方面增长缓慢，年均增速为 3.0%，工业企业资产负债率、工业成本费用利润率、工业营业收入利润率保持低速增长甚至负增长，年均增速分别为 1.3%、-0.2%和-0.2%。

2. 截面指数（见表 6-54）

表 6-54 2012—2019 年云南工业发展质量截面指数排名

	2012	2013	2014	2015	2016	2017	2018	2019	2012—2019 年均值排名
速度效益	19	18	25	23	25	11	5	11	18
结构调整	26	24	25	25	23	22	21	21	23
技术创新	24	25	25	19	18	20	21	20	22
资源环境	23	20	20	21	22	22	20	20	21
两化融合	24	23	24	25	25	26	28	29	27
人力资源	24	21	25	21	21	23	23	13	21
截面指数	26	27	27	25	26	21	20	20	24

资料来源：赛迪智库整理，2021 年 4 月。

横向来看，云南工业发展质量截面指数一直处于全国下游水平，2019年截面指数排在全国第 20 位，与上年名次持平。

2019 年，云南在速度效益、人力资源方面均处于全国中游偏上位置，排在全国第 11 位和第 13 位。速度效益方面，工业增加值增速排名第 5 位，工业成本费用利润率和工业营业收入利润率排全国第 10 位和第 13 位。人力资源方面，工业城镇单位就业人员平均工资增速和第二产业全员劳动生产率分别排全国第 1 位和第 12 位。

2019年，云南在结构调整、技术创新、资源环境方面均处于全国下游位置，排在全国第21位、第20位和第20位。结构调整方面，规上小型工业企业收入占比、高技术产品出口占比分别排在全国第15位和第19位。技术创新方面，工业企业R&D人员投入强度、工业企业R&D经费投入强度分别排在全国第11位和第19位，单位工业企业R&D经费支出发明专利数排在全国第21位，但工业企业新产品销售收入占比排在第27位。资源环境方面，单位工业增加值能耗、单位工业增加值用水量分别排在全国第20位和第14位。云南在两化融合方面处于全国倒数第二，电子信息产业占比、两化融合水平、宽带人均普及率分别排在全国第26位、第26位、第28位。

3. 原因分析

2012—2019年，云南省工业发展总体处于全国中下游水平，主要面临以下问题：一是工业发展不足。云南省工业经济总量规模仍较小，2020年全年全部工业增加值为5457.96亿元，工业增加值占GDP比重为22.3%，较2015年下降6.3个百分点。长期以来，云南省工业主要依靠烟草、冶金、电力等产业支撑，先进装备制造、新材料、生物医药、信息等产业发展严重不足，重化工业产业链条短、高端产品不多。二是民营经济发展活力不够。工业竞争性领域国有经济比重高，所有制结构上"国大民小"情况突出，民营经济占全省GDP的比重较低。三是产业集群化程度不高。工业园区多而不大、大而不强，缺少主业突出、特色明显、配套完善的专业性园区。优势产业集群化、基地化程度低，产业配套能力弱。

（三）结论与展望

综合时序指数和截面指数来看，云南工业发展质量仍处于全国中游偏下水平，虽然在速度效益、人力资源、资源环境方面表现较好，但两化融合、结构调整方面仍需进一步提升。2021年，云南需重点关注以下三方面工作，不断夯实产业基础：一是重塑支柱产业新优势。推进烟草业、有色产业优化升级，实现高端卷烟品牌突破，巩固提升优质烟叶强省和云南卷烟优势地位，发展先进有色金属产业集群。二是培育壮大新兴产业。坚持高端化、集聚化、国际化，推进合金功能材料、电子浆料、电子信息材料、环保催化材料、稀贵金属新型功能材料等新材料迈向中高端；大力发展生物技术药、现代中药、仿制药，积极发展中药饮片和配方颗粒；培育壮大新一代信息技术、高端装备、绿色环保、健康食品等战略性新兴产业。三是持续打造绿色能源牌。培育氢能和储能产业，推进石化产业"稳油强化"，大力发展精细化工；推进煤矿"五化"改造和煤炭企业整治重组，有序释放煤炭产能；加快建设绿色制造强省，打造"中国铝谷"和"世界光伏之都"。

二十六、陕西

（一）总体情况

1. 宏观经济总体情况

2020年，陕西完成地区生产总值26181.86亿元，比上年增长2.2%。其中，第一产业增加值为2267.54亿元，增长3.3%，占生产总值的比重为8.7%；第二产业增加值为11362.58亿元，增长1.4%，占比为43.4%；第三产业增加值为12551.74亿元，增长2.8%，占比为47.9%。全年全社会固定资产投资比上年增长3.6%，其中第一产业投资比上年增长4.6%；第二产业投资下降0.2%，其中工业投资下降0.4%；第三产业投资增长5.7%。社会消费品零售总额为9605.92亿元，比上年下降5.9%。全年进出口总值为3772.12亿元，比上年增长7.3%。其中，出口为1929.64亿元，增长3.0%；进口为1842.47亿元，增长12.2%。签订外商直接投资合同金额达80.20亿美元，比上年增长1.7倍；实际利用外商直接投资金额为84.43亿美元，增长9.2%。

2. 工业经济运行情况

2020年，陕西省全部工业增加值为8860.11亿元，比上年增长0.8%。其中，规模以上工业增加值增长1.0%。全省规模以上工业增加值比上年增长1.0%，增速低于上年4.2个百分点。其中，高技术产业增长16.1%，装备制造业增长14.7%，分别高于规模以上工业15.1个和13.7个百分点。从主要行业看，2020年，规模以上能源工业增加值比上年增长2.3%。其中，煤炭开采和洗选业增长5.4%，石油和天然气开采业下降1.4%。非能源工业增加值下降0.2%。其中，计算机、通信和其他电子设备制造业增长37.4%，电气机械和器材制造业增长16.5%，汽车制造业增长7.4%。从产品产量看，2020年，原煤产量比上年增长6.3%，天然气增长9.5%，原油加工量增长1.2%，发电量增长6.5%，天然原油下降0.2%，钢材下降1.4%，汽车增长14.9%，3D打印设备增长19.1%，太阳能电池增长65.6%。

（二）指标分析

1. 时序指数（见图 6-27 和表 6-55）

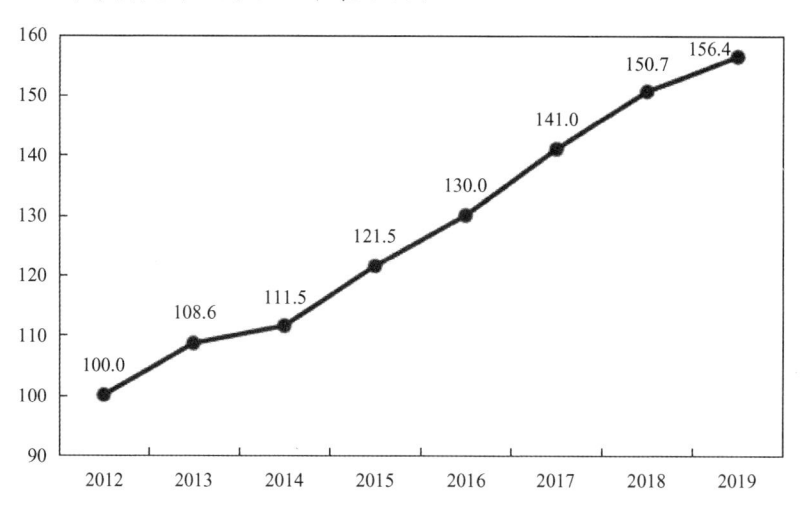

图 6-27 陕西工业发展质量时序指数

资料来源：赛迪智库整理，2021 年 4 月

表 6-55　2012—2019 年陕西工业发展质量时序指数

	2012	2013	2014	2015	2016	2017	2018	2019	2012—2019 年年均增速
速度效益	100.0	99.9	93.8	86.5	89.8	103.5	109.7	106.2	0.9%
结构调整	100.0	112.7	119.4	133.2	144.9	156.8	162.1	163.3	7.3%
技术创新	100.0	114.4	114.6	110.5	114.2	122.4	132.0	139.0	4.8%
资源环境	100.0	104.9	112.0	114.8	121.9	127.2	136.1	136.3	4.5%
两化融合	100.0	111.9	122.0	146.5	166.2	182.3	196.3	220.5	12.0%
人力资源	100.0	107.9	114.0	161.7	169.7	177.6	196.4	207.0	10.9%
时序指数	100.0	108.6	111.5	121.5	130.0	141.0	150.7	156.4	6.6%

资料来源：赛迪智库整理，2021 年 4 月。

纵向来看，陕西工业发展质量自 2012 年的 100.0 上涨至 2019 年的 156.4，年均增速为 6.6%，高于全国平均增速 1.5 个百分点。

陕西在结构调整、两化融合和人力资源方面增长较快，年均增速分别为 7.3%、12.0% 和 10.9%。结构调整方面，高技术制造业主营业务收入占比、

规上小型工业企业收入占比和高技术产品出口占比年均增速分别达到 7.3%、6.4% 和 16.8%，其中高技术产品出口占比有较大提升。两化融合方面，两化融合水平和电子信息产业占比年均增速分别为 5.0% 和 14.4%，两化融合水平不断提高。人力资源方面，工业城镇单位就业人员平均工资增速和第二产业全员劳动生产率年均增速分别达到 9.2% 和 18%。

陕西在速度效益、技术创新、资源环境方面提升缓慢，年均增速分别为 0.9%、4.8% 和 4.5%。速度效益方面，工业企业资产负债率年均增速为 0.7%，工业成本费用利润率和工业营业收入利润率两项指标年均增速下降幅度继续收窄，分别为 -5.2% 和 -4.6%。技术创新方面，工业企业新产品销售收入占比表现较好，年均增速为 9.2%，略高于全国平均水平。

2. 截面指数（见表 6-56）

表 6-56　2012—2019 年陕西工业发展质量截面指数排名

	2012	2013	2014	2015	2016	2017	2018	2019	2012—2019 年均值排名
速度效益	1	1	1	7	5	2	1	3	1
结构调整	19	16	11	10	9	7	7	7	11
技术创新	15	12	12	14	14	16	20	19	13
资源环境	5	5	6	6	6	6	6	7	6
两化融合	18	16	14	12	12	12	16	14	14
人力资源	11	7	9	3	3	4	2	3	4
截面指数	7	7	7	9	9	8	6	8	7

资料来源：赛迪智库整理，2021 年 4 月。

横向来看，陕西工业发展质量截面指数处于全国上游水平，2019 年截面指数排在全国第 8 位，较上年有所回落。

2019 年，陕西在速度效益、人力资源方面总体表现最好，均排在全国第 3 位。速度效益方面，工业成本费用利润率和工业营业收入利润率均居全国第 2 位；规上工业增加值增速排在全国第 19 位；工业企业资产负债率排在全国第 9 位。人力资源方面，第二产业全员劳动生产率处于全国领先水平，保持全国第 1 位；工业城镇单位就业人员平均工资增速排在第 8 位，较上年有进一步提高。

2019 年，陕西在结构调整、资源环境方面表现较好，处于全国上游水平，

均居全国第 7 位。结构调整方面，高技术产品出口占比表现最好，居全国第 1 位；高技术制造业主营业务收入占比、规上小型工业企业收入占比分别排在全国第 9 位、第 13 位；但制造业 500 强企业占比排在全国第 21 位，可提升空间较大。资源环境方面，单位工业增加值能耗、单位工业增加值用水量分别排在全国第 15 位和第 5 位。

2019 年，陕西在技术创新和两化融合方面仍处于全国中游位置，分别排名第 19 位、第 14 位。技术创新方面，工业企业 R&D 经费投入强度和工业企业 R&D 人员投入强度表现中等，分别排在全国第 17 位、第 21 位；单位工业企业 R&D 经费支出发明专利数排在第 18 位；工业企业新产品销售收入占比排在全国第 19 位。两化融合方面，电子信息产业占比表现相对较好，全国排名第 10 位；两化融合水平处于全国中下游水平，需要大力推动信息技术在工业领域的应用。

3. 原因分析

2012—2019 年，陕西省工业发展质量总体处于全国上游水平，经济社会发展取得很大成绩，但同时面临以下突出问题：一是产业结构、能源结构与碳达峰、碳中和工作要求还不相适应。2020 年，陕西省工业增加值占 GDP 比重为 33.8%，工业内部发展不协调，能源化工业比重较大，电子及通信设备制造业、医药制造业等产业比重相对较小。二是创新驱动潜能释放不足。企业在基础研发投入、购买和使用各类科技资源方面规模仍然较小，技术创新能力有待进一步提高，重大科技成果转化应用供给不足。三是开放不足仍是制约发展的突出短板。陕西省进出口总量偏少且结构不尽合理，2020 年进出口总额仅占全国的 1.2%。

（三）结论与展望

综合时序指数和截面指数来看，陕西工业发展质量仍保持在全国上游水平，虽然在速度效益、结构调整、资源环境和人力资源方面增长较快，但在技术创新、两化融合方面仍有待进一步发展。2021 年，陕西要着力推进以下三方面任务：一是深化"两链"融合发展。围绕产业链部署创新链，加快实施"1155 工程"，聚焦原材料、基础零部件（元器件）、整机和配套产品等重点环节，建立企业资源、创新资源、关键核心技术清单，推动建设一批协同高效的创新联合体、共性技术研发平台和新型研发机构，支撑主导产业迈上价值链中高端。二是以制造业高质量发展带动产业转型升级。深入实施产业

基础再造工程，推动"四基"产品示范应用，精心打造重型卡车、煤化工、集成电路、光伏发电、电子显示、新材料等重点产业链。三是以产业链延长补强牵动精准招商。紧盯世界500强、中国500强、民营500强、行业100强企业开展精准对接，深入推进央企进陕、民企商会进陕活动。运用市场理念和"投行思维"开展招商，建立健全重大招商项目跨区域流转、利益分享和激励制度。

二十七、甘肃

（一）总体情况

1. 宏观经济总体情况

2020年，甘肃实现地区生产总值9016.7亿元，增速逐季向好，由一季度的下降3.4%攀升至全年的增长3.9%。其中，第一、二、三产业增加值同比分别增长5.4%、5.9%和2.2%。全年全省固定资产投资比上年增长7.8%。全年规模以上工业战略性新兴产业、高技术产业、装备制造业增加值持续较快增长，分别比上年增长14.9%、22.0%和22.0%，分别占全省规模以上工业的10.9%、5.7%和6.3%。限额以上"批零住餐"企业通过公共网络实现零售额比上年增长1.14倍，快递业务量增长33.3%。

2. 工业经济运行情况

2020年，甘肃规模以上工业增加值比上年增长6.5%，增速比上年提高1.3个百分点。分轻重工业看，轻工业增长3.1%，重工业增长7.1%；分门类看，采矿业增长3.3%，制造业增长6.0%，电力、热力、燃气及水生产和供应业增长12.5%。从项目投资看，全年制造业项目投资同比增长5.0%，电力、热力、燃气及水生产和供应业项目投资增长18.2%。全年规模以上工业企业利润为284.3亿元，同比上涨3.7%，年末规模以上工业企业资产负债率为50.9%，营业收入利润率为3.9%。

（二）指标分析

1. 时序指数（见图6-28和表6-57）

纵向来看，甘肃工业发展质量时序指数自2012年的100.0上涨至2019年的169.2，年均增速为7.8%，高于全国平均增速。

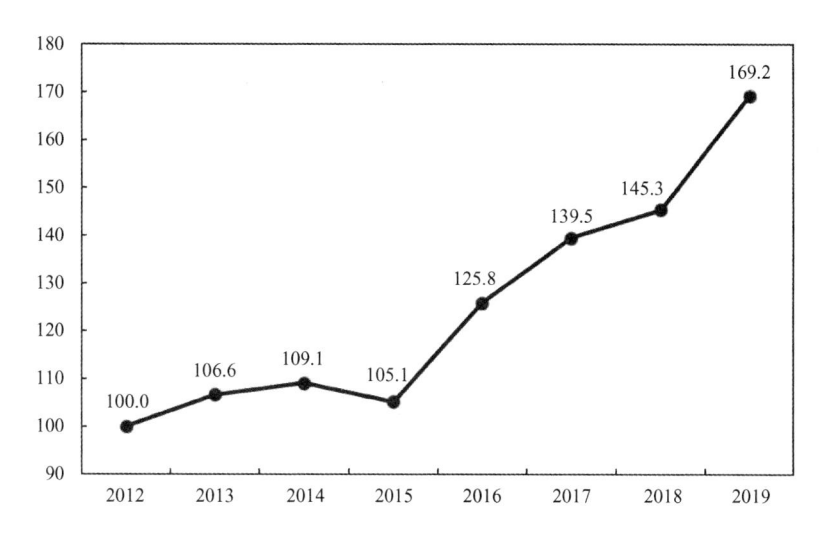

第六章 地方省市工业发展质量评价与分析

图 6-28 甘肃工业发展质量时序指数

数据来源：赛迪智库整理，2021年4月

表 6-57 2012—2019年甘肃工业发展质量时序指数

	2012	2013	2014	2015	2016	2017	2018	2019	2012—2019年年均增速
速度效益	100.0	99.2	89.8	39.7	69.3	97.0	100.2	117.8	2.4%
结构调整	100.0	106.1	110.1	118.8	146.8	147.6	139.4	172.9	8.1%
技术创新	100.0	104.5	111.7	107.5	110.9	110.9	106.7	130.7	3.9%
资源环境	100.0	119.7	130.9	150.0	169.8	174.0	194.8	213.3	11.4%
两化融合	100.0	113.4	117.8	146.7	179.8	222.6	254.0	292.0	16.5%
人力资源	100.0	105.9	111.0	114.6	119.5	122.1	128.9	135.5	4.4%
时序指数	100.0	106.6	109.1	105.1	125.8	139.5	145.3	169.2	7.8%

数据来源：赛迪智库整理，2021年4月。

甘肃在两化融合、资源环境方面增长较快，年均增速分别达到16.5%和11.4%。两化融合方面，宽带人均普及率达到26.5%，但两化融合水平年均增速仅为1.8%，仍有较大提升空间。资源环境方面，单位工业增加值能耗和单位工业增加值用水量年均增速分别为6.1%和15.6%。

甘肃在结构调整、人力资源方面低速增长，年均增速分别为8.1%和4.4%。结构调整方面，高技术产品出口占比、高技术制造业主营业务收入占比年均增速分别达到13.0%和12.5%，是推动产业结构调整的关键因素。人

力资源方面,工业城镇单位就业人员平均工资增速、第二产业全员劳动生产率年均增速分别为 8.1%和 6.0%。

甘肃在速度效益、技术创新方面表现不佳,年均增速分别为 2.4%和 3.9%。速度效益方面,规上工业增加值增速为 5.8%,工业企业资产负债率、工业成本费用利润率、工业营业收入利润率年均涨幅分别为 0.1%、-1.3%和 1.3%。技术创新方面,工业企业 R&D 人员投入强度年均增速为-0.4%,工业企业新产品销售收入占比年均增速为-0.7%,表现欠佳。

2. 截面指数(见表 6-58)

表 6-58 2012—2019 年甘肃工业发展质量截面指数排名

	2012	2013	2014	2015	2016	2017	2018	2019	2012—2019 年均值排名
速度效益	27	29	29	29	28	30	30	27	30
结构调整	29	29	30	30	30	30	30	27	30
技术创新	20	23	21	22	23	25	27	25	23
资源环境	27	27	28	26	25	25	24	24	26
两化融合	30	29	30	30	30	27	26	24	30
人力资源	25	27	27	27	29	26	29	30	29
截面指数	30	30	30	30	30	30	30	29	30

数据来源:赛迪智库整理,2021 年 4 月。

横向来看,甘肃工业发展质量截面指数多年来都处于全国下游,2019 年截面指数排在全国第 29 位。

2019 年,甘肃速度效益、结构调整、两化融合指数均排在全国第 30 位。速度效益方面,工业企业资产负债率、工业成本费用利润率和工业营业收入利润率仍排在全国下游。结构调整方面,高技术制造业主营业务收入占比和规上小型工业企业收入占比均处于全国下游水平,只有制造业 500 强企业占比和高技术产品出口占比排在全国中游偏下位置。两化融合方面,宽带人均普及率排在全国第 11 位。

2019 年,甘肃技术创新指数排在全国第 25 位,较上年有所上升;资源环境指数排在全国第 24 位,与去年相同;人力资源指数排在全国第 30 位,较上年有所落后。

3. 原因分析

2012—2019 年，甘肃工业发展质量总体处于全国下游水平，主要面临以下发展问题：一是产业结构不平衡。几十年来，甘肃形成了以能源和原材料产业为主的工业结构体系，石油化工、有色冶金、机械电子等成为集中度最高的行业，转型升级和生态环境保护任务重。二是技术创新与产业融合水平较低。传统支柱产业在应用新一代信息技术改造提升方面还略有欠缺。

（三）结论与展望

综合时序指数和截面指数来看，甘肃工业发展质量仍处于全国下游水平，在结构调整、人力资源、速度效益和技术创新方面特别需要加快发展。2021 年，甘肃可继续从以下三个方面夯实工业高质量发展的基础：一是努力构建更具竞争力的产业格局，实施产业基础再造工程及行动计划，推进生态产业领域重点工业项目建设，抓好"三化"改造项目。二是全力促进创新发展，加快数字产业化和产业数字化，发展培育大数据、云计算、人工智能、区块链等核心数字产业集群，抓好工业互联网平台培育工程，推进普惠性"上云用数赋智"服务。三是大力发展生态产业，实施千亿产业集群和百亿园区突破行动，加快培育 2~3 个千亿级产业集群，打造 5~6 个百亿级园区。

二十八、青海

（一）总体情况

1. 宏观经济总体情况

2020 年，青海实现地区生产总值 3005.92 亿元，比上年增长 1.5%。第一、第二和第三产业增加值分别为 334.30 亿元、1143.55 亿元和 1528.07 亿元，比上年分别增长 4.5%、2.7%和 0.1%。

2020 年，全省固定资产投资比上年下降 12.2%。按产业分，第一产业投资下降 9.1%，第二产业投资下降 13.9%，第三产业投资下降 11.4%。工业投资下降 12.1%，其中制造业投资下降 48%。全年全省社会消费品零售总额为 877.34 亿元，同比下降 7.5%。2020 年货物进出口总额为 22.8 亿元，比上年下降 39.2%。其中，出口额为 12.3 亿元，下降 39.2%；进口额为 10.5 亿元，下降 39.3%。

2. 工业经济运行情况

2020 年，青海规模以上工业增加值比上年下降 0.2%，其中，制造业增加值下降 5.3%。从工业新兴优势产业看，有色金属产业增加值增长 14.1%，煤化工产业增加值增长 3.1%，新能源产业增加值与上年持平，钢铁产业增加值下降 2.4%，新材料产业增加值下降 9.8%，油气化工产业增加值下降 10.8%，盐湖化工产业增加值下降 12.0%，生物产业增加值下降 18.5%；装备制造业增加值下降 5.3%；高技术制造业增加值下降 8.5%。

（二）指标分析

1. 时序指数（见图 6-29 和表 6-59）

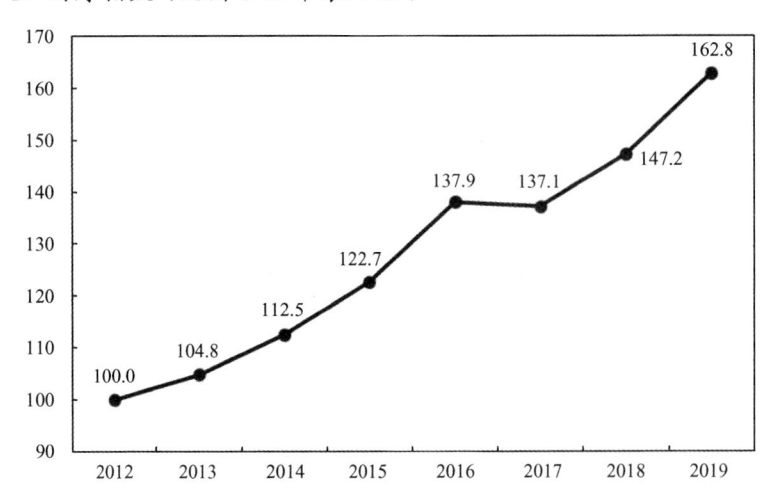

图 6-29 青海工业发展质量时序指数

数据来源：赛迪智库整理，2021 年 4 月

表 6-59　2012—2019 年青海工业发展质量时序指数

	2012	2013	2014	2015	2016	2017	2018	2019	2012—2019 年年均增速
速度效益	100.0	91.5	79.6	72.8	78.1	88.5	79.8	84.5	-2.4%
结构调整	100.0	103.6	115.8	140.9	139.0	95.1	107.2	130.7	3.9%
技术创新	100.0	115.4	122.5	107.5	126.4	158.6	152.1	184.6	9.1%
资源环境	100.0	99.8	116.3	111.8	128.0	139.9	150.0	152.7	6.2%
两化融合	100.0	112.7	139.5	205.1	259.5	239.0	295.6	305.6	17.3%
人力资源	100.0	109.2	116.1	119.2	126.2	134.3	147.1	159.7	6.9%
时序指数	100.0	104.8	112.5	122.7	137.9	137.1	147.2	162.8	7.2%

数据来源：赛迪智库整理，2021 年 4 月。

纵向来看，青海工业发展质量时序指数从2012年的100.0上涨至2019年的162.8，年均增速为7.2%。

青海在技术创新和两化融合方面表现突出。技术创新指数年均增速为9.1%，其中，单位工业企业R&D经费支出发明专利数指标和工业企业新产品销售收入占比高速增长，年均增速分别为18.4%和14.5%，超过全国平均水平。两化融合指数年均增速为17.3%，其中，电子信息产业占比呈现高速增长，年均增速为25%，大大高于全国平均水平。

人力资源方面，工业城镇单位就业人员平均工资增速和第二产业全员劳动生产率两项指标发展相对均衡，年均增速分别为10.1%和10.2%；就业人员平均受教育年限增速为1.1%。资源环境方面，单位工业增加值能耗和单位工业增加值用水量年均增速分别为5.8%和6.6%。

青海在速度效益和结构调整方面表现不理想。速度效益方面，除规上工业增加值增速为8.5%之外，其余三项指标均呈现负增长，其中工业成本费用利润率和工业营业收入利润率下降幅度分别为13.7%和13.1%。结构调整方面，尽管高技术制造业主营业务收入占比和高技术产品出口占比增速方面表现良好，但是制造业500强企业占比下降显著，年均增速为-5.6%，使得结构调整方面的平均增速被大大拉低。

2. 截面指数（见表6-60）

表6-60　2012—2019年青海工业发展质量截面指数排名

	2012	2013	2014	2015	2016	2017	2018	2019	2012—2019年均值排名
速度效益	10	13	26	26	26	26	29	29	26
结构调整	27	27	27	27	27	27	27	25	27
技术创新	30	30	30	30	30	30	30	29	30
资源环境	29	30	29	30	30	29	29	29	29
两化融合	23	24	25	28	27	28	25	27	28
人力资源	19	25	22	28	22	21	25	21	22
截面指数	29	29	28	29	29	29	29	30	29

数据来源：赛迪智库整理，2020年3月。

横向来看，青海工业发展质量截面指数多年来都处于全国落后位置，2019年截面指数排在全国第30位，比上一年下降一位。

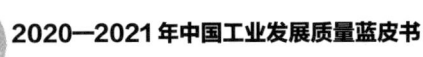

青海在人力资源方面表现尚可，排名第 21。其中，工业城镇单位就业人员平均工资增速在全国排名第 3 位，第二产业全员劳动生产率排名第 18 位，就业人员平均受教育年限表现不佳，排在全国第 23 位。

青海在两化融合方面排名有所降低，其中两化融合水平比较落后，排在第 28 位。

3. 原因分析

2012—2019 年，青海在人力资源方面总体表现较好；技术创新方面表现较差，其中 2012—2018 年一直处于最后一名，2019 年排名有所提高；速度效益方面表现有所下滑；资源环境和两化融合方面有所波动。

人力资源方面，青海近年来高度重视"人才引培"，先后出台了《关于实施高技能人才培养工程的意见》《青海省关于深化人才发展体制机制改革的实施意见》《青海省会计领军人才选拔培养实施方案》等政策，营造了良好的人才发展环境和保障机制。同时，青海大力推进国有企业混合所有制改革，企业活力和效益提升明显，全员劳动生产率显著增加。

（三）结论与展望

综合时序指数和截面指数来看，青海工业发展质量仍处于全国下游水平。未来，可以从以下几方面推动工业高质量发展：一是抓住新冠肺炎疫情之后经济复苏的机遇，扎实推进"百日攻坚"专项行动，深入了解企业生产情况，协调解决困难问题，督促支持地区开好局、起好步。二是紧紧扭住供给侧结构性改革这条主线，注重需求侧管理，努力提高发展质量和效益。三是坚持创新驱动和人才战略，加快海南州国家可持续发展议程创新示范区、海东河湟新区国家科技资源支撑型双创特色载体建设，筹建先进储能技术国家重点实验室。

二十九、宁夏

（一）总体情况

1. 宏观经济总体情况

2020 年，宁夏实现地区生产总值 3920.55 亿元，同比增长 3.9%。其中，第一产业增加值为 338.01 亿元，增长 3.3%；第二产业增加值为 1608.96 亿元，增长 4.0%；第三产业增加值为 1973.58 亿元，增长 3.9%。

2020年，宁夏全区全社会固定资产投资同比增长4.0%，增速比上年有所加快。制造业投资增长0.2%，全年全区工业技术改造投资增长18.0%，占工业投资的比重为25.0%，比上年提高0.5个百分点；高技术制造业投资增长60.4%，占全区工业投资的比重由上年的8.2%提高到11.4%，民间投资占全区投资的比重由上年的54.9%提高到56.9%。

2. 工业经济运行情况

2020年，宁夏实现规模以上工业同比增长4.3%。其中，制造业增长5.4%，从重点行业看，电气机械和器材制造业增长62.8%，通用设备制造业增长28.4%，计算机、通信和其他电子设备制造业增长13.4%，医药制造业增长5.1%，化工增长1.5%，冶金增长1.7%，有色增长2.9%，其他行业增长23.7%。

（二）指标分析

1. 时序指数（见图6-30和表6-61）

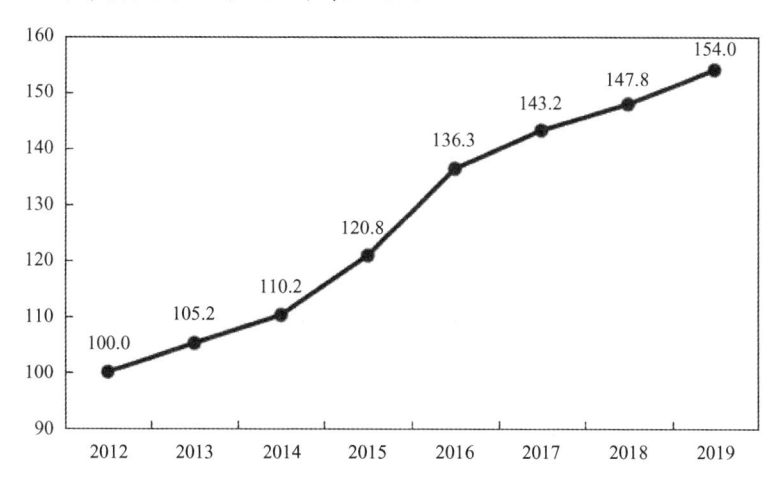

图6-30 宁夏工业发展质量时序指数

数据来源：赛迪智库整理，2021年4月

表6-61 2012—2019年宁夏工业发展质量时序指数

	2012	2013	2014	2015	2016	2017	2018	2019	2012—2019年年均增速
速度效益	100.0	113.2	93.1	84.5	105.1	103.9	112.0	123.5	3.1%
结构调整	100.0	103.7	129.0	132.6	146.6	139.7	123.9	117.6	2.3%
技术创新	100.0	106.0	109.4	123.1	123.5	140.2	159.7	160.6	7.0%

续表

	2012	2013	2014	2015	2016	2017	2018	2019	2012—2019年年均增速
资源环境	100.0	104.2	110.8	123.3	131.2	129.6	137.9	140.5	5.0%
两化融合	100.0	96.3	118.5	163.7	204.7	238.1	239.2	258.8	14.5%
人力资源	100.0	102.8	102.4	111.2	119.1	121.6	131.1	142.5	5.2%
时序指数	100.0	105.2	110.2	120.8	136.3	143.2	147.8	154.0	6.4%

数据来源：赛迪智库整理，2021年4月。

纵向来看，宁夏工业发展质量时序指数自2012年的100.0上涨至2019年的154.0，年均增速为6.4%，高于全国平均增速1.3个百分点。

宁夏在技术创新、资源环境、两化融合和人力资源方面表现较好。两化融合方面，电子信息产业占比增速为16.4%，高出全国平均水平10.9个百分点。速度效益方面，规上工业增加值增速为8.6%，高于全国平均水平1.7个百分点；工业成本费用利润率和工业营业收入利润率增速分别为0.4%和0.1%。技术创新方面，单位工业企业R&D经费支出发明专利数出现负增长，工业企业新产品销售收入占比增速为5.5%，其余两项指标均高于全国平均增速。资源环境方面，单位工业增加值用水量增速为9.6%，高于全国平均增速。

宁夏在结构调整和人力资源方面表现一般，增速均低于全国平均水平。结构调整方面，尽管高技术制造业主营业务收入占比、规上小型工业企业收入占比、高技术产品出口占比3项指标增速均高于全国平均水平，但制造业500强占比出现负增长，大大拉低了结构调整整体增速。人力资源方面，工业城镇单位就业人员平均工资增速和第二产业全员劳动生产率指标增速均低于全国水平，增速分别为8.0%和6.7%。

2. 截面指数（见表6-62）

表6-62　2012—2019年宁夏工业发展质量截面指数排名

	2012	2013	2014	2015	2016	2017	2018	2019	2012—2019年均值排名
速度效益	29	26	28	27	24	28	28	22	27
结构调整	28	28	28	28	28	26	24	26	28
技术创新	17	17	18	16	17	17	18	21	18
资源环境	30	29	30	29	29	30	30	30	30
两化融合	12	15	16	18	23	20	19	18	18

续表

	2012	2013	2014	2015	2016	2017	2018	2019	2012—2019年均值排名
人力资源	7	10	13	13	8	9	8	5	9
截面指数	28	26	26	26	24	26	24	21	27

数据来源：赛迪智库整理，2021年4月。

横向来看，宁夏工业发展质量截面指数多年来都处于全国下游水平，2019年截面指数为25.9，排在全国第21位，比上年提升3个位次。

2019年宁夏技术创新处于全国下游水平，排在第21位。技术创新方面，单位工业企业R&D经费支出发明专利数表现较好，排在全国第12位。人力资源方面，工业城镇单位就业人员平均工资增速和第二产业全员劳动生产率表现突出，分别排在全国第2位和第5位。

宁夏在速度效益、结构调整、两化融合方面均处于全国下游水平。速度效益方面，规上工业增加值增速排在第9位，表现较好；工业企业资产负债率排在第22位；工业成本费用利润率和工业营业收入利润率均排在第25位，表现较差。结构调整方面，规上小型工业企业收入占比、高技术制造业主营业务收入占比、制造业500强企业占比和高技术产品出口占比排名均比较落后，分别为第23、27、29、25位，与上一年持平或有所下降。两化融合方面，两化融合水平和电子信息产业占比表现不佳，分别排名第23位和第24位。

宁夏在资源环境方面表现较差，排名全国第30位，其中单位工业增加值能耗已连续多年排名全国第30位。

3. 原因分析

2012—2019年，宁夏在人力资源方面表现较好，近两年提升明显。技术创新于2019年有较大提升。两化融合表现较稳定，维持在中下游水平。结构调整排名近几年有所提升，但是仍然和速度效益、资源环境一样长期处于全国落后位置。

人力资源方面，2019年，宁夏供给侧结构性改革取得实效，企业成本不断降低，效益不断增强，全员劳动生产率持续提升。技术创新方面，宁夏深入落实创新驱动30条，2019年，宁夏本级财政安排创新驱动战略资金35.17亿元，比2017年增长67%，年均增速为30%。近年来大量投入研发经费，2019年自治区财政R&D经费为11.58亿元，比2017年增加6.36亿元，年均

增速为 51%。

（三）结论与展望

综合时序指数和截面指数来看，宁夏工业发展质量仍处于全国下游水平。尽管在人力资源方面表现不错，但速度效益、结构调整、技术创新、两化融合尤其是资源环境方面仍需加快发展。未来，可以从以下几方面着手，实现工业高质量发展：一是把发展着力点放在实体经济上，注重供给需求两端发力、消费投资双轮驱动，巩固经济稳定恢复。促进消费全面复苏，保持投资回稳向好，帮助企业稳定发展。二是持续推动结构改革，提升发展质量效益。推行工业结构、绿色、智能、技术四大改造，提高能源资源利用效率，培育高质量发展新优势。三是坚定不移地推进创新驱动，打造高质量发展新动能。加大政府科技投入力度，提高企业科研投入强度，激发人才创新创造活力，围绕重点产业、重点领域组建创新平台。建立现代生产体系、经营体系、服务体系，实现产业体系升级、基础能力再造、新旧动能转换，培育一批产业集群、工业园区、企业集团，争取突破一批关键共性技术，转化应用一批科技创新成果，为高质量发展注入新动能。

三十、新疆

（一）总体情况

1. 宏观经济总体情况

2020 年，新疆实现地区生产总值 13797.58 亿元，同比增长 3.4%。第一、二、三产业增加值分别为 1981.28 亿元、4744.45 亿元和 7071.85 亿元，同比增速分别为 4.3%、7.8%和 0.2%。从贡献程度来看，第一产业对经济增长的贡献率为 14.4%，第二产业为 34.4%，第三产业为 51.2%。

2020 年，新疆固定资产投资同比增长 16.2%，其中，第一产业投资比上年增长 1.1%；第二产业投资增长 5.4%；第三产业投资增长 18.5%。全年社会消费品零售总额为 3062.55 亿元，比上年增长 15.2%。全年货物进出口总额为 213.87 亿元，比上年下降 9.8%。其中，出口为 158.36 亿元，下降 12.2%；进口为 55.51 亿元，下降 2.0%。

2. 工业经济运行情况

2020 年，新疆工业企业完成增加值 3633.33 亿元，比上年增长 5.8%。其

中，规模以上工业增加值增长 6.9%。分工业门类看，采矿业增长 6.4%，制造业增长 4.4%，电力、热力、燃气及水的生产和供应业增长 16.7%。分轻、重工业看，轻工业增长 3.8%，重工业增长 7.2%。

（二）指标分析

1. 时序指数（见图 6-31 和表 6-63）

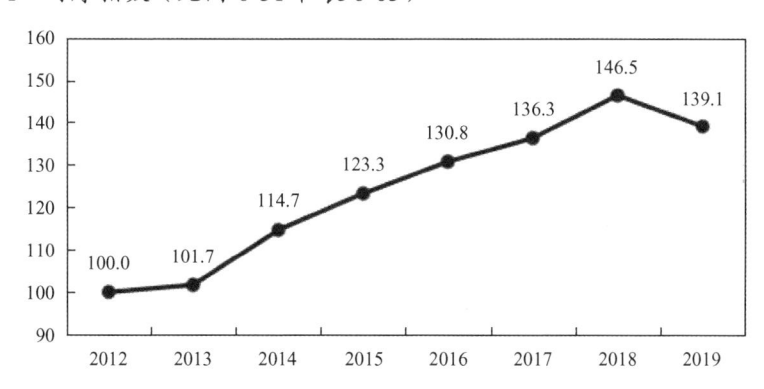

图 6-31 新疆工业发展质量时序指数

数据来源：赛迪智库整理，2021 年 4 月

表 6-63　2012—2019 年新疆工业发展质量时序指数

	2012	2013	2014	2015	2016	2017	2018	2019	2012—2019 年年均增速
速度效益	100.0	92.4	86.1	71.0	74.5	89.1	91.6	86.7	-2.0%
结构调整	100.0	111.6	135.5	152.2	167.4	190.1	211.6	166.2	7.5%
技术创新	100.0	108.6	123.1	134.6	133.4	122.1	129.4	125.8	3.3%
资源环境	100.0	102.5	105.3	117.6	122.1	117.8	121.6	133.9	4.3%
两化融合	100.0	93.0	132.2	161.5	182.1	180.7	199.5	211.4	11.3%
人力资源	100.0	101.3	106.8	113.5	116.6	121.0	126.1	130.5	3.9%
时序指数	100.0	101.7	114.7	123.3	130.8	136.3	146.5	139.1	4.8%

数据来源：赛迪智库整理，2021 年 4 月。

纵向来看，新疆工业发展质量时序指数自 2012 年的 100.0 上升至 2019 年的 139.1，年均增速为 4.8%，低于全国平均增速 0.3 个百分点。

新疆在两化融合方面表现最好，其中，电子信息产业占比和宽带人均普及率的年均增速分别高达 16.2%和 15.1%，是拉高新疆两化融合增速的主要因素。

新疆在结构调整、资源环境方面表现相对较好，年均增速分别为7.8%和4.3%。结构调整上，高技术制造业主营业务收入占比和高技术产品出口占比增速分别为8.6%和15.5%，均高于全国平均增速。资源环境方面，表现最好的是单位工业增加值用水量，增速为7.7，高出全国平均增速2.6个百分点。

新疆在速度效益方面表现不佳，呈现负增长。其中，仅有规上工业增加值增速指标为正增长，增速为6.7%，略高于全国平均水平；工业企业资产负债率、工业成本费用利润率和工业营业收入利润率3项指标都有所下降，增速分别为-0.8%、-10.4%和-9.4%。

2. 截面指数（见表6-64）

表6-64 2012—2019年新疆工业发展质量截面指数排名

	2012	2013	2014	2015	2016	2017	2018	2019	2012—2019年均值排名
速度效益	2	2	7	24	23	15	16	20	12
结构调整	30	30	29	29	29	28	28	29	29
技术创新	29	29	29	27	29	29	29	30	29
资源环境	24	24	27	28	27	28	28	27	28
两化融合	10	10	15	23	29	29	29	26	23
人力资源	4	5	3	6	5	6	7	5	5
截面指数	14	20	20	27	27	25	26	27	25

数据来源：赛迪智库整理，2021年4月。

横向来看，新疆工业发展质量截面指数多年来都处于全国偏下水平，2019年截面指数为26.8，排在全国第27位，比2012年低了13个位次。

新疆在人力资源方面表现较好，2019年全国排名第7位，处于上游水平。其中，第二产业全员劳动生产率和就业人员平均受教育年限分别排名第7位和第8位，表现较好；工业城镇单位就业人员平均工资增速排名第17位，处于中游水平。

新疆在结构调整、技术创新、资源环境和两化融合方面表现不理想，处于全国下游水平。结构调整方面，4项指标均处于中下游水平，表现较差。技术创新方面，单位工业企业R&D经费支出发明专利数排名第9位，较2012年前进了15位，其他3项指标均处于下游水平，未来需要大力提升。资源

环境方面，单位工业增加值用水量排在第 13 位，单位工业增加值能耗连续多年排名第 28 位，急需大力提升。两化融合方面，两化融合水平和电子信息产业占比分别排在第 29 位和第 27 位，表现不佳。

3. 原因分析

2019 年，新疆在人力资源方面取得了较好的发展成绩。一是出台《自治区高层次人才引进暂行办法》等一系列人才引进优惠政策，持续不断加大对外来高层次人才的引进力度。二是通过不断设立新疆供销高级技工学校等职业技术培训机构，持续为工业发展提供实用型产业技术工人，为工业高质量发展提供了强大的人力资源保障。三是注重利用互联网等先进信息技术强化人力资源管理，特别是在招聘环节发挥网络的优势与作用，如持续开展自治区高校毕业生网络"云招聘"活动、"百日千万网络招聘专项行动"等。

（三）结论与展望

综合时序指数和截面指数来看，新疆工业发展质量处于全国落后水平，未来，新疆应重视以下几个方面工作。

一方面，大力推进科技创新。应不断优化创新布局，重点加快乌昌石国家自主创新示范区和丝绸之路经济带创新驱动发展试验区建设等；积极推进企业技术创新，鼓励企业与大专院校、科研院所合作开展科研攻关，重点突破新能源、生物医药、新材料、高端装备、节能环保等重点行业的关键核心技术。继续实施人才强化战略，落实自治区各项人才计划，建设好科技人才专业团队，完善各项创新激励政策，激发人才创新活力。

另一方面，培育壮大特色优势产业，加快工业转型升级。重点抓好电力、纺织服装、石油石化、电子产品、林果、煤炭煤化工、农副产品加工、葡萄酒、馕、旅游等"十大产业"，发展自治区产业和资源优势。实施新一轮传统产业重大技术改造升级工程，稳步发展电力、硅基、石油石化、煤炭煤化工、有色金属等资源密集型产业，推进铜、镁硅、铝等基础产业延伸产业链、提升价值链，不断加快工业转型升级步伐。

专题篇

第七章

工业高质量发展专题研究

党的十九大指出,"我国经济已由高速增长阶段向高质量发展阶段转变"。高质量发展要求的不仅是经济层面的"量"的增长,更是要求"质"的提升,即我们国家已由单一目标追求向多元目标实现转变。从工业经济发展层面看,这种多元目标不仅是指工业规模上的提升,还包括工业发展质量、工业发展安全、工业行业之间协同性等诸多方面。此次新冠肺炎疫情暴露出我国工业行业发展过程中供需平衡的脆弱性,显然不符合我国工业高质量发展的要求。实际上,推动工业高质量发展是一个多元目标实现、工业经济发展均衡发展的过程。

第一节 "十三五"我国区域工业发展呈现五大特征

"十三五"以来,我国工业领域全面贯彻落实新发展理念,工业增加值规模迈上新台阶,工业经济加快由中高速增长向高质量发展转变。我们从工业规模、发展速度、工业占比、产业结构、创新能力等角度,对"十三五"以来我国区域工业发展情况进行观测和研究,总结了当前我国区域工业发展呈现的五大特征。

一、工业规模再上新台阶,工业继续向东部和中部地区集聚,区域发展差距有所扩大

我国工业增加值规模再上新台阶。2019 年我国工业增加值规模接近 32 万亿元,继 2018 年首次突破 30 万亿元之后继续稳步提高,其中有 11 个省份工业增加值超过 1 万亿元,依次是广东、江苏、山东、浙江、河南、福建、湖北、四川、湖南、河北、安徽;其中东部地区 6 个、中部地区 4 个、西部

地区1个。从头部省份看，广东、江苏、山东、浙江、河南的工业增加值规模在"十三五"时期稳居前五。2019年，广东和江苏的工业增加值规模都已突破3.7万亿元，山东和浙江在2.2万亿元以上，河南超过1.8万亿元。这些工业大省的工业规模不断取得新突破，成为推动工业发展的重要增长极。

我国工业继续向东部和中部工业大省集聚。"十三五"以来，江苏、广东、福建、浙江等东部工业大省市场化程度高，民营经济充满活力，要素和产业集聚效应持续增强，2019年工业增加值占全国比重较"十二五"末提升均超过1个百分点；湖北和山西等中部省份也积极承接产业转移，加快推进发展动力转换，工业占全国比重分别提升0.9个和0.5个百分点。而辽宁、吉林、内蒙古等省份受产业结构单一、产业配套不全、人才供应不足、营商环境不优等综合因素影响，对工业企业的吸引力下降，工业增加值占全国比重较"十二五"末下降超过1个百分点。此外，山东、天津、河北等东部省份工业占全国比重也出现明显下降。

表7-1 各省工业增加值占全国比重及其变动情况①

编号	省份	工业增加值占全国比重（%）2019年	工业增加值占全国比重（%）2015年	占比变动（个百分点）	编号	省份	工业增加值占全国比重（%）2019年	工业增加值占全国比重（%）2015年	占比变动（个百分点）
1	广东	12.5	11.0	1.5	11	安徽	3.6	3.4	0.3
2	江苏	12.0	10.2	1.8	12	上海	3.1	2.6	0.5
3	山东	7.3	9.4	-2.1	13	陕西	3.0	2.7	0.4
4	浙江	7.2	6.3	1.0	14	江西	2.8	2.5	0.3
5	河南	5.8	5.8	0.1	15	辽宁	2.6	4.1	-1.5
6	福建	5.1	3.9	1.2	16	重庆	2.1	2.0	0.1
7	湖北	5.1	4.2	0.9	17	山西	2.1	1.6	0.5
8	四川	4.2	4.0	0.2	18	内蒙古	1.7	2.8	-1.1
9	湖南	3.7	4.0	-0.3	19	云南	1.7	1.4	0.3
10	河北	3.6	4.6	-1.0	20	广西	1.7	2.3	-0.6

① 由于各省工业增加值之和高于国家统计局公布的全国工业增加值，这里计算各省占全国比重时，采用的是各省工业增加值除以31个省份工业增加值之和。表中浅灰色底纹代表2019年该省工业增加值占全国比重较2015年明显上升的省份，深灰色底纹代表占比明显下降的省份。

续表

编号	省份	工业增加值占全国比重（%）2019年	工业增加值占全国比重（%）2015年	占比变动（个百分点）	编号	省份	工业增加值占全国比重（%）2019年	工业增加值占全国比重（%）2015年	占比变动（个百分点）
21	贵州	1.4	1.2	0.2	27	甘肃	0.7	0.6	0.1
22	天津	1.4	2.5	-1.1	28	宁夏	0.4	0.4	0.0
23	北京	1.3	1.3	0.0	29	青海	0.3	0.3	-0.1
24	新疆	1.2	1.0	0.2	30	海南	0.2	0.2	0.0
25	吉林	1.1	2.2	-1.2	31	西藏	0.0	0.0	0.0
26	黑龙江	1.0	1.5	-0.4					

数据来源：国家统计局，赛迪研究院整理，2020年12月。

区域间工业发展差距有所扩大。"十三五"以来，我国工业整体上有向东部和中部地区集聚的趋势。2019年，东部和中部地区工业增加值占全国比重分别为53.6%和23.1%，较"十二五"末分别提高1.6个和1.7个百分点；而西部和东北地区占全国比重较"十二五"末分别下降0.2个和3.1个百分点。可以看出，我国工业从东部向中西部特别是向西部的梯度转移趋势并不明显。这主要是由于西部地区的要素成本、产业配套、交通便利度等优势并不显著，再加上中美贸易摩擦的影响，有些东部企业为规避关税影响直接转移到东南亚地区。此外，我们还测算了工业经济空间基尼系数，发现2019年空间基尼系数较"十二五"末有小幅提高，表明区域间工业规模的差距越来越大，极化效应更加明显。

二、工业增速持续放缓，大多数省份年均增速回落超过5个百分点

从年均增速看，增速领先的多为中西部省份。"十三五"时期[①]，我国规上工业增加值年均增长5.3%，增速高于全国平均水平的有15个省份，且多为中西部省份。其中，西部地区的西藏、贵州领涨全国，年均增长8%以上，云南、四川、宁夏、重庆、山西、青海以及中部地区的安徽、江西、湖南、

[①] 2020年规上工业增加值增速暂用前11个月数据近似替代，若无特殊说明，后文涉及2020年工业增加值增速的地方均采用此方法统计。

河南等地年均增长 6%～8%，都高于全国平均水平。东部地区的福建、浙江、江苏增长 6%以上，天津、河北、山东、广东等东部省份年均增长都低于全国。东北地区只有吉林年均增速与全国持平，辽宁年均增速全国垫底。

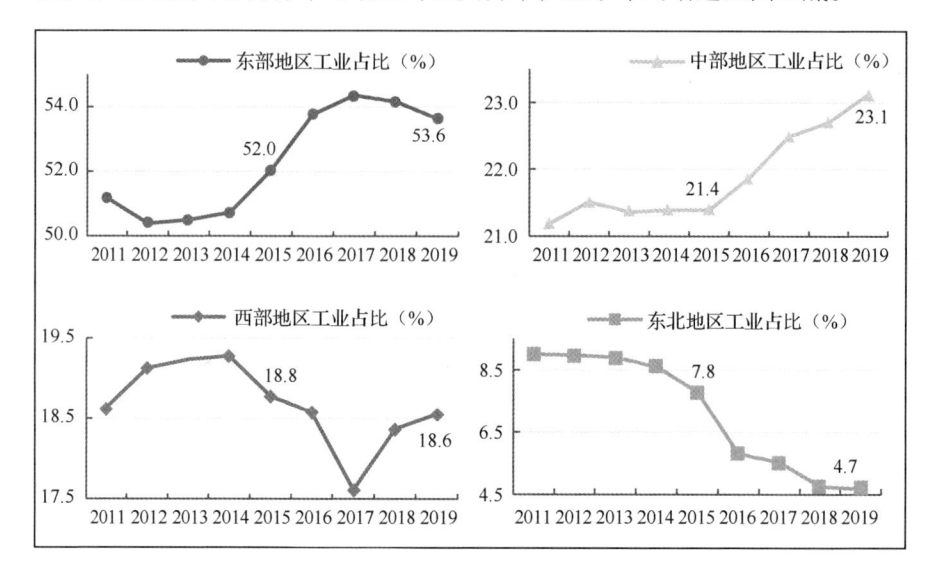

图 7-1　四大板块工业增加值占全国比重变化情况

数据来源：国家统计局，赛迪研究院整理，2020 年 12 月

从增速变动看，大多数省份增速回落超过 5 个百分点。"十三五"时期，我国规上工业增加值年均增速较"十二五"回落 4.2 个百分点，其中有 21 个省份增速回落超过 5 个百分点。西部地区由于"十二五"期间增速普遍较高，"十三五"以来增速大幅放缓，除西藏、云南、宁夏外，增速回落幅度多在 5～9 个百分点。中部地区的山西年均增速回落相对较小，放缓 3.4 个百分点；湖北今年初受疫情冲击经济大幅衰退，年均增速回落 8.9 个百分点；其他四个省回落幅度集中在 5.5～7 个百分点。东部地区各省年均增速整体不高，回落幅度多在 2～6 个百分点；天津回落 10.4 个百分点，回落幅度居全国之首；浙江回落 0.9 个百分点，变动最小。东北地区除黑龙江外增速回落都超过 5 个百分点。

三、工业占比普遍下滑明显，比重保持较高水平的主要是东部和中部省份

从工业占比看，比重保持较高水平的主要是东部和中部省份。2019 年，

我国工业增加值占 GDP 比重（以下简称"工业占比"）为 32.0%，其中有 14 个省份工业占比高于全国平均水平，且主要为东部和中部省份。从四大板块看，东部和中部地区除海南、北京、上海、湖南外，工业占比都保持在 30% 以上；西部地区严重分化，陕西高达 37.3%，其他省份多集中在 22%~34%，西藏只有 7.8%；东北地区，只有辽宁在 30% 以上。

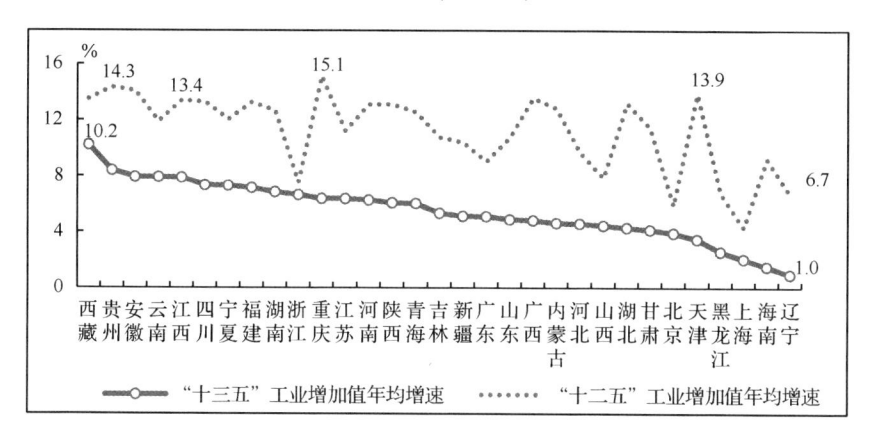

图 7-2 "十三五"时期各省工业增加值年均增速

数据来源：国家统计局，赛迪研究院整理，2020 年 12 月。

表 7-2　2019 年我国工业增加值占 GDP 比重的分布情况

工业占比	省份数量	代表性省份
35%以上	8	山西、福建、江苏、陕西、浙江 广东、江西、湖北
30%—35%	8	河南、宁夏、辽宁、河北、山东 内蒙古、天津、安徽
20%—30%	12	湖南、四川、吉林、新疆、重庆、青海、 贵州、甘肃、上海、广西、黑龙江、云南
15%以下	6	北京、海南、西藏

数据来源：国家统计局，赛迪研究院整理，2020 年 12 月。

从变动看，各省工业占比普遍下滑明显。"十三五"以来，我国工业增加值占 GDP 比重较"十二五"末年均下降约 0.5 个百分点，降幅较"十二五"有所收窄。但有近 2/3 省份年均下降超过 1 个百分点。其中，吉林省年均下降 3.7 个百分点，降幅居全国之首；西部地区的广西、内蒙古、青海、四川、重庆、云南、贵州等省年均下降 1~3 个百分点，中部地区的安徽、河南、

湖南等年均下降超过 2 个百分点。只有山西、西藏、甘肃、宁夏这四个省的工业占比有不同程度提升，其中，山西提升最明显，年均增幅超过 1 个百分点。整体上看，当前工业占比下降与我国经济发展阶段和产业演变规律密切相关，但需要警惕的是有些省份的人均 GDP 和城镇化率等都远低于全国平均水平，发展水平尚未进入工业化后期，但工业占比却在短时间内快速下降。这既影响当地经济平稳持续发展，也会引发产业空心化问题。

表 7-3 "十三五"以来各省工业增加值占 GDP 比重的变动情况

工业占比	省份数量	代表性省份
年均下降 2—4 个百分点	11	吉林、广西、内蒙古、安徽、天津、河北、青海、河南、山东、湖南、四川
年均下降 1—2 个百分点	7	重庆、辽宁、云南、江西、广东、贵州、北京
年均下降 0—1 个百分点	9	湖北、浙江、福建、陕西、上海、黑龙江、海南、江苏、新疆
年均增加 0—2 个百分点	4	宁夏、甘肃、西藏、山西

数据来源：国家统计局，赛迪研究院整理，2020 年 12 月。

四、产业结构持续优化，但传统工业仍是绝大多数省份工业经济的砥柱

我国新兴产业快速发展带动产业结构持续优化。"十三五"以来，我国以高技术制造业、战略性新兴产业等为代表的新兴产业快速发展，2016—2019 年高技术制造业、工业战略性新兴产业增加值分别年均增长 11.2%、9.7%，增速领先规上工业 5.1 个、3.6 个百分点，带动我国产业结构持续优化。2019 年，我国高技术制造业占规上工业增加值比重达到 14.4%，比重较"十二五"末提高 2.6 个百分点；工业战略性新兴产业占规上工业增加值比重在 2018 年达到 21.2%，提升非常明显。

传统工业仍是我国工业经济的中流砥柱。分省看，2018 年全国只有 6 个省份的高技术制造业占本省规上工业营业收入比重高于全国平均水平，其中，广东高技术制造业占比高达 33.9%，位列全国第一；重庆和北京紧随其后，占比在 25% 左右；江苏、上海、四川的占比高于全国平均水平但都不足 20%。此外，全国还有 16 个省份的高技术制造业占比不足 10%，主要是西部和东北省份。可以看出，传统工业仍然是我国工业经济的主体，除广东、重

庆、北京外，其他省份传统工业占比仍在80%以上，仍需加快传统工业转型升级，不断优化升级产业结构。

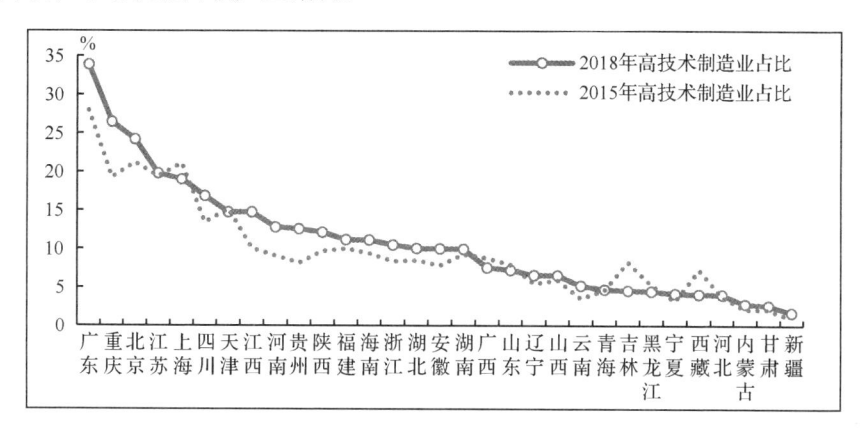

图 7-3　各省高技术制造业占规上工业营业收入比重

数据来源：国家统计局，赛迪研究院整理，2020 年 12 月

五、工业创新投入强度稳步提高，部分工业大省投入强度亟待提高

研发经费投入规模高度集中。2019 年，我国规上工业企业研发经费支出接近 1.4 万亿元，其中广东、江苏、浙江、山东的经费投入集中在 1200~2400 亿元，占全国经费投入之和的比重超过 50%，这四个省的经费占比远远超过工业增加值占比和营业收入占比，对全国研发经费投入的"头部"拉动效应显著。

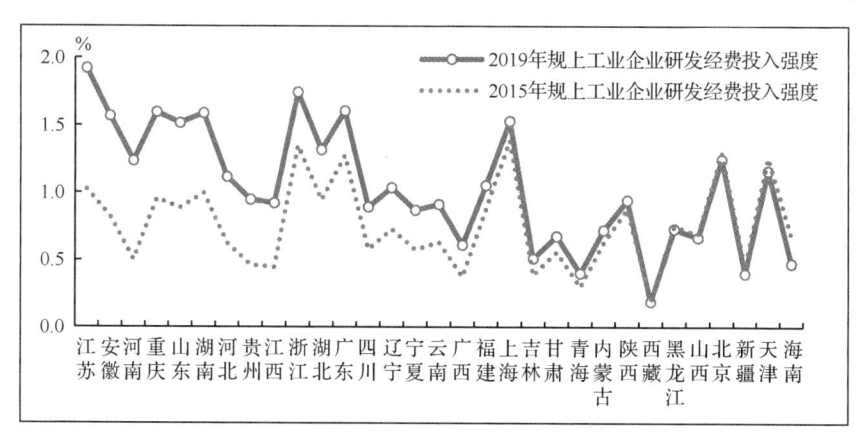

图 7-4　各省工业企业研发经费投入强度

数据来源：国家统计局，赛迪研究院整理，2020 年 12 月

研发经费投入强度稳步提高。2019 年，我国工业企业研发经费投入强度[①]达到 1.34%，较 2015 年提高 0.44 个百分点，增幅较"十二五"时期明显加快。分省看，只有 8 个省份研发经费投入强度高于全国，其中，江苏、浙江、广东三个工业大省位列前三，分别为 1.92%、1.74%、1.61%；重庆、湖南、安徽、上海、山东投入强度都集中在 1.5%～1.6%。

需要注意的是，部分工业大省工业研发经费投入强度偏低。2019 年，湖北、河南、河北、福建、四川等工业增加值"万亿元俱乐部"省份的研发经费投入强度低于全国平均水平，研发投入不足将制约这些省份的成长空间。此外，还有部分省份研发经费投入强度持续低于全国平均水平，甚至出现下降。2019 年，有 10 个省份研发经费投入强度不足 0.8%，远低于全国平均水平；有 7 个省份投入强度较 2015 年有不同程度回落。

第二节 关键核心技术攻坚战需要打好"四大战役"

长期以来，我国关键核心技术自给率偏低、对外依赖度偏高，再加上美国等发达国家对我国的技术封锁愈演愈烈，我国引进先进技术的难度越来越大。为打破我国关键核心技术受制于人的被动局面，需要打好"四大战役"：一是建立长期稳定投入机制，打好"基础研究能力提升战役"；二是发挥新型举国体制优势，打好"科技前沿领域突破战役"；三是整合国家创新资源平台，打好"科技创新体系重组战役"；四是推进科技体制改革，打好"创新服务生态优化战役"。

一、我国关键核心技术受制于人的局面亟待改变

我国关键核心技术自给率偏低，对外依赖度偏高。长期以来，我国自主创新（尤其是原始创新）能力不足，产业发展必需的高端设备、关键零部件和元器件、关键材料等高度依赖进口，自给率只有 1/3。据中国工程院 2019 年开展的产业链安全性评估报告显示，我国 26 类有代表性的制造业产业中，有 8 类产业对外依赖度极高，占比 30.8%；有 2 类产业对外依赖度高，占比

---

① 2019 年开始国家统计局不再公布分省工业企业主营业务收入数据，这里根据 2018 年各省主营业务收入与营业收入之间的比例关系，推算得到 2019 年的主营业务收入，进而计算工业企业研发经费支出占主营业务收入比重。

7.7%。也就是说，我国制造业产业链只有60%是安全可控的，有近40%对国外依赖程度偏高。特别是，部分产业链存在严重的"卡脖子"短板，存在很多安全隐患，如集成电路产业的光刻机、通信装备产业的高端芯片、轨道交通装备产业的轴承和运行控制系统等等。

美国等发达国家对我国的技术封锁愈演愈烈，我国引进先进技术的难度越来越大。近几年，美国政府不择手段持续加大对我国的出口管制力度。从管制物项看，美国不断以国家安全为由，先后将生物技术、人工智能等14类新兴和基础技术纳入商业管制清单中，这将加大新兴和基础技术向我国出口的难度。从最终用途看，美国商务部修改"许可例外规则"，加严对军事最终用途的界定并取消向我国出口或再出口的"民用最终用户"许可例外，增加了我国半导体等行业断供风险。从限制对象看，美国一步步扩大实体清单范围，涉及行业和领域不断拓展。当前已被美国政府列入"实体清单"的中国企业和机构，涵盖5G通信、人工智能、信息安全、生物科技、光学器件等行业，涉及领域也从应用环节向物流、贸易等服务环节逐步延伸。可以看出，美国对我国的技术封锁，已不再局限于产业链前端研发和中端生产环节，而是逐步向后端服务环节延伸，高技术引进难度越来越大。

我国关键核心技术受制于人的根源在于基础研究能力不足和科技成果转化率偏低。首先是基础研究经费投入严重不足，难以支撑基础创新能力。近年来，我国基础研究经费快速增长，但无论是规模还是占比都仍然偏低。我国基础研究经费规模不及美国的1/3；基础研究经费占全社会研发经费的比重长期徘徊在5%左右，而美、日、韩等创新型国家多保持在12%～20%。需要特别注意的是，我国企业研发经费中用于基础研究的投入占比只有0.2%，而美、日、韩等国家长期稳定在6%～15%。

其次是科技成果转化率低。近年来，我国发明专利数量大幅增加，连续多年名列世界第一。2019年，我国发明专利申请量为140.1万件，共授权发明专利45.3万件，同比增长4.8%；但转化率偏低，平均约为10%，远低于发达国家30%～40%的水平。如果走不出科技成果转化推广的"死亡之谷"，科技进步对产业发展的贡献就无从谈起。

二、关键核心技术攻坚战需要打好"四大战役"

建立长期稳定投入机制，打好"基础研究能力提升战役"。首先，要进一步加强中央财政对基础研究的支持力度，在面向"十四五"和中长期的重

大项目计划里要强化对基础研究的长期部署，力争到 2025 年，将基础研究占全社会研发投入的比例提高到 10%以上。其次，要调动地方政府参与基础研究的积极性，通过部省联合组织实施基础研究重大项目、共建科研基地等方式，促进重大成果在当地落地、转化，推动地方加大基础研究投入。此外，要引导和鼓励企业加大基础研究投入，对企业购置的用于基础研究的仪器设备，加大直接补贴力度；对企业投入基础研究实行税收优惠。最后，还要动员社会力量参与基础研究，完善推动科技捐赠发展的专项税收优惠政策，支持社会各界设立基础研究捐赠基金。

发挥新型举国体制优势，打好"科技前沿领域突破战役"。一是充分发挥"两个强国"建设的战略导向作用，围绕国家安全、产业链安全和民生保障，锁定关键核心技术和"卡脖子"领域，形成关键核心技术攻关任务清单。二是增强部门协同和上下联动，建立由主管部门及龙头企业、科研机构等共同参加的关键核心技术攻关领导小组，实施一批具有前瞻性、战略性的国家重大科技项目，集中政策、人才、资本等创新资源，促进企业技术进步、行业供需衔接和产业优化发展。三是充分发挥市场对技术研发方向、路线选择及各类创新要素配置的决定性作用，确立企业在关键核心技术攻关中的主体地位，以共同利益为纽带、市场机制为保障，支持有条件的领军企业联合上下游、产学研力量、组建体系化、任务型创新联合体。

整合创新资源与创新平台，打好"科技创新体系重组战役"。一是强化国家战略科技力量，在一些重大创新领域布局一批体量更大、学科交叉融合、综合集成的国家实验室，专注攻关"卡脖子"技术。二是加快整合现有的创新中心、重点实验室、技术研究中心等创新平台，打破已有的实验室分类体系，建立基础研究、应用基础研究、前沿技术研究融通发展的新体系。三是充分考虑各个重点领域的龙头企业及其产业链布局、各地的科研院所布局、国家重点实验室布局等因素，有效构建关键核心技术攻关创新平台区域分工体系。四是鼓励制造业创新中心、产业龙头企业通过产权等利益分配机制探索构建能够实现多企业合作、多团队竞争参与的共性技术攻关合作模式，加强共性技术平台建设。

推进科技体制改革，打好"创新服务生态优化战役"。一是继续推进重点项目"揭榜挂帅"制度，把握好项目筛选、人才甄别、成果评鉴、市场转化等关键环节，推动关键核心技术重点项目攻关。二是探索推广应用类科技项目的成果限时转化制度，如果项目承担者未按约定期限转化，项目主管部

门可以依照约定许可他人实施，以提高财政资金支持项目的创新成果转化效率。三是加强科技开放合作，研究设立面向全球的科学研究基金，建设一批科技创新国际合作平台，鼓励支持各国科学家共同开展研究；扩大与欧盟、日韩等经济体的利益共同点，探索在 5G 等领域建立关键技术全球产业生态联盟，完善从基础前沿、重大共性关键技术到应用示范的全链条政府间科技合作布局。

第三节　我国区域工业经济运行特点及建议

2019 年，我国把推动制造业高质量发展放到更加突出位置，各地密集出台一系列旨在改善制造业发展环境、抢占新兴产业高地、提升产业发展质量、增强企业盈利能力的政策措施，保障我国工业经济在复杂严峻的国内外形势下实现平稳增长，整体运行在合理区间内。从区域层面看，我国工业经济运行呈现三大突出特点。针对当前我国工业经济面临的新情况，本书提出了推动工业经济持续健康发展的建议。

一、2019 年我国区域工业经济运行的三大特点[①]

（一）中西部地区的工业经济活力显著增强

从工业增加值增速看，中西部地区多数省份工业经济仍保持中高速增长。2019 年，我国规上工业增加值同比增长 5.7%，增速较上年回落 0.5 个百分点。分省看，有 16 个省工业增加值增速高于全国平均水平，其中只有福建、浙江、江苏位于东部地区，其他多位于中西部地区；有 11 个省增速较上年有不同程度回升，其中江苏、天津、河北位于东部地区，其他都位于中西部地区。将时间轴拉长一点，可看出自 2014 年以来，重庆、西藏、云南、贵州等西部省份工业增速交替领涨全国；中部地区除山西受煤炭行业影响工业增速波动较大外，其他五省工业增速基本都保持 7% 以上，这些中西部省份保持中高速增长，成为稳定工业增长的中坚力量。

从工业企业数量变动看，中西部地区企业活力在增强。2019 年，我国规上工业企业数量达到 372822 家，较上年减少 5618 家，已连续两年大幅减少。主要有两个方面的影响因素：一方面，近年来国家统计局加强统计执法检查、

[①] 本节分析的是 2019 年的数据和情况，但对现在依然有借鉴意义。

对不符合规模以上工业统计要求的企业进行清理等非经济因素；另一方面，当前经济下行压力加大、企业效益下滑等经济因素。分省看，广东和浙江的企业数量都在 4 万家以上，企业增加数量超过 3000 家，都居全国前列；江西、湖南、广西、陕西等省企业增加数量基本都在 400 家以上。山东企业数量下降最突出，较上年减少近 1 万家；河南、河北、吉林等企业减少数量也都超过 1000 家。从四大板块看，东部和东北地区企业数量下降 6000 多家，中西部企业数量小幅增加 600 多家，这表明中西部地区企业活力在增强。

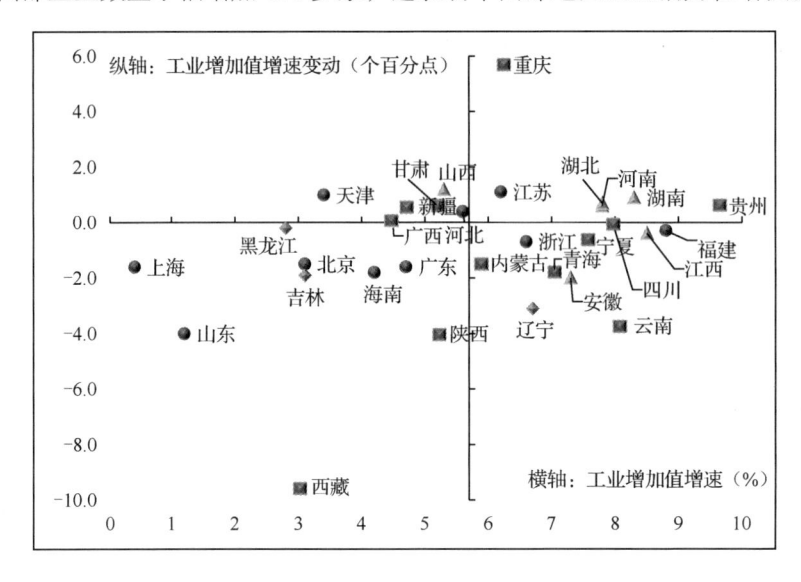

图 7-5　2019 年各省工业增加值增速及其变动

数据来源：国家统计局，赛迪智库整理，2020 年 12 月

（二）东部地区的工业经济稳定器作用更加凸显

从营业收入看，福建、广东、江苏三个东部工业大省对全国营业收入增长的贡献率接近 1/3。2019 年，我国规上工业企业实现营业收入 105.78 万亿元，同比增长 3.8%，增速较上年回落 4.8 个百分点。其中，营业收入在全国排名前五位的省份都位于东部地区，占全国比重达到 45% 以上，整个东部地区营业收入占全国比重更是稳定在 57% 以上。因此，东部地区特别是东部工业大省的工业发展速度对稳定全国工业增长至关重要。2019 年，福建规上工业企业营业收入同比增长 9.1%，对全国营业收入增长贡献率高达 12%；广东和江苏营业收入分别增长 3% 和 3.5%，虽然增速略低于全国平均水平，但对全国收入增长的贡献率也都超过 10%，贡献率位列全国前三。当然，东部个

别省份的负增长也严重拖累全国平均水平。2019 年,上海规上工业企业营业收入同比下降 2.6%,拖累全国收入增速下降 0.1 个百分点。值得一提的是,四川、辽宁、湖南、江西、湖北等省份收入增速远高于全国平均水平,对全国收入增长的贡献率也在 5% 以上,对稳定全国工业发展发挥了举足轻重的作用。

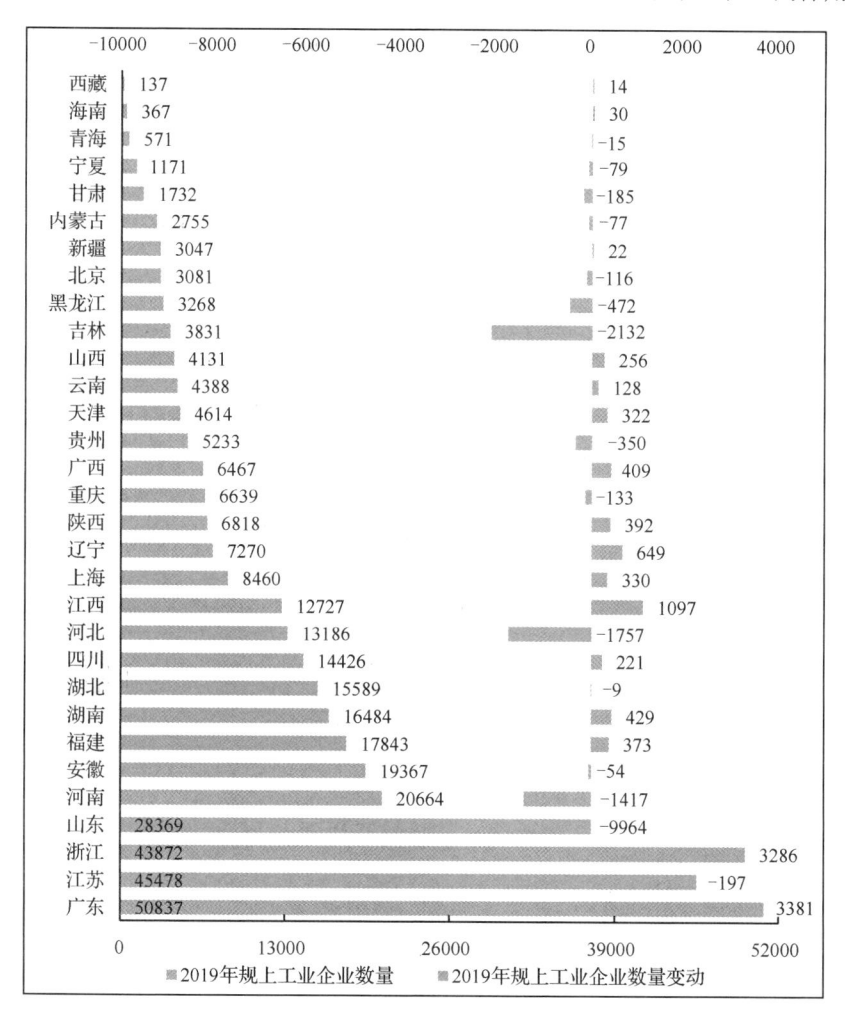

省份	2019年规上工业企业数量	2019年规上工业企业数量变动
西藏	137	14
海南	367	30
青海	571	-15
宁夏	1171	-79
甘肃	1732	-185
内蒙古	2755	-77
新疆	3047	22
北京	3081	-116
黑龙江	3268	-472
吉林	3831	-2132
山西	4131	256
云南	4388	128
天津	4614	322
贵州	5233	-350
广西	6467	409
重庆	6639	-133
陕西	6818	392
辽宁	7270	649
上海	8460	330
江西	12727	1097
河北	13186	-1757
四川	14426	221
湖北	15589	-9
湖南	16484	429
福建	17843	373
安徽	19367	-54
河南	20664	-1417
山东	28369	-9964
浙江	43872	3286
江苏	45478	-197
广东	50837	3381

图 7-6 2019 年各省规上工业企业数量及其变动

数据来源:国家统计局,赛迪智库整理,2020 年 12 月

(三)区域间和区域内的企业效益显著分化

区域间的利润增速和利润率显著分化。从利润增速看,2019 年东部、中部地区利润总额分别下降 0.8%、1.6%,降幅都低于全国;而西部、东北地区

利润降幅分别高达8.2%、21.1%。此外，从各区域对全国工业企业利润总额下降的贡献率看，东部和中部地区贡献率都在10%左右，而西部地区贡献率高达45%，东北地区贡献率也超过30%。可以说，2019年工业企业利润下降最主要是受西部和东北地区拖累。从营业收入利润率看，2019年东部、中部地区营业收入利润率分别为5.93%、5.80%，利润率较上年降低0.22个、0.36个百分点；而西部、东北地区营业收入利润率分别为6.12%、4.53%，利润率较上年降低0.93个、1.53个百分点。可看出，西部和东北地区利润率高度分化且变动很大，东部和中部地区利润率变化相对稳定。

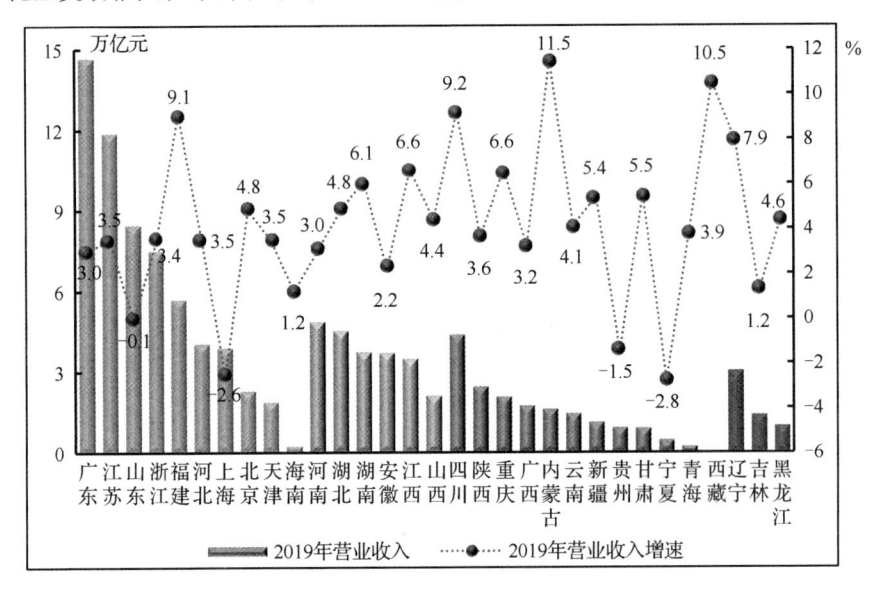

图7-7　2019年各省营业收入及增速

数据来源：国家统计局，赛迪智库整理，2020年12月

从利润增速和收入利润率的组合变动图（图7-8）可以看出，绝大多数省份都集中在第一象限（利润增速和利润率都高于全国平均水平）和第三象限（利润增速和利润率都低于全国平均水平），这充分体现了省份之间及区域内企业效益的明显分化。东部地区：福建、广东、浙江、北京等利润增长5%以上，利润率集中在6~7.5%；而山东、河北等利润降幅超过8%，利润率也在5%以下。中部地区：利润率相对集中在5~6.5%，只有湖北利润保持增长且利润率高于全国；山西和河南利润率在5.6%左右，山西利润降幅超过13%，河南利润降幅接近6%。西部地区：贵州、陕西、内蒙古利润率高居全国前三，都在9%左右；而甘肃、西藏、青海利润率排全国后三，都在3%以

下；四川利润增长超过 10%且利润率超过 6.6%，而广西、新疆等利润降幅超过 15%，利润率也远低于全国。东北地区：辽宁、吉林、黑龙江三省都位于第三象限，利润和利润率都大幅下降，工业企业效益堪忧。

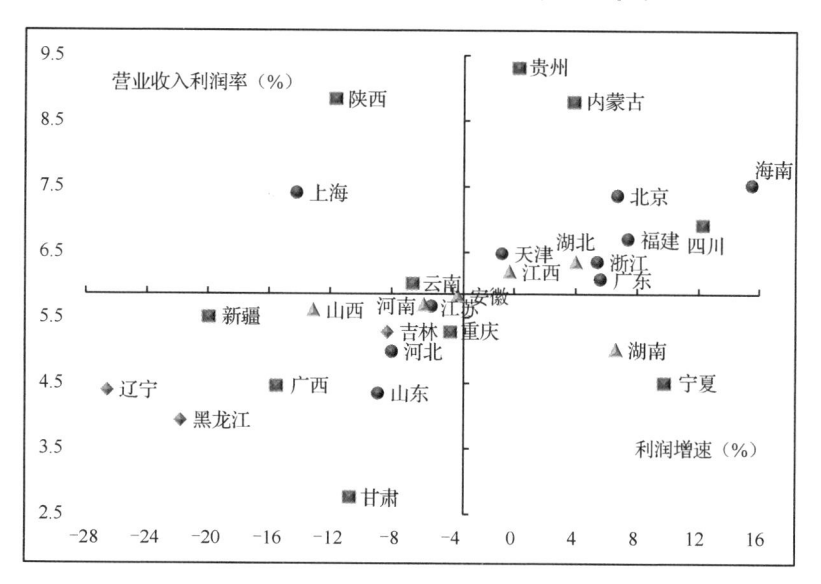

图 7-8　2019 年各省利润增速和收入利润率[①]

数据来源：国家统计局，赛迪智库整理，2020 年 12 月

二、推动我国区域工业经济协调发展的政策建议

建议一：着手推动湖北工业有序复工复产。鉴于湖北是此次疫情的重灾区，省会武汉及省内其他地市经济停工停摆时间远远超过其他地区，要全面恢复经济面临异常严峻的挑战。建议湖北省要抓紧落实好对当地企业的财税支持政策，帮助更多企业坚持到疫情结束，早日恢复正常生产。当前，湖北以外地区规上工业企业复工率已超过 95%，但湖北地区复工率整体还比较低。湖北是中部崛起战略和长江经济带建设的重要战略支点，又是重要产业（如汽车、电子、钢铁等）的生产基地，湖北的复工情况也会影响其他地区的复工深度，在切实做好疫情防控的同时，要推动湖北地区工业企业尽早复

---

① 2019 年青海和西藏的利润降幅超过 70%，为了图形的可读性，没有显示在本图中。

工，真正畅通全产业链，实现产业链协同复工达产。

建议二：重点解决东部地区工业经济复工复产"堵点""难点"问题。东部地区规上工业复工率普遍较高，但还有很多企业的员工到岗率较低，在用工方面存在突出困难，建议继续加强与劳务输出地对接，通过"点对点"等方式精准对接务工人员返岗。此外，东部地区贸易占比普遍较高，随着国际疫情形势日趋严峻，国外市场需求也将受到冲击，这使得有些外贸企业先经历"招工难"，后面临"无工可复"。东部地区要更好地发挥稳定器作用，还需加快建立风险防控长效机制，密切关注和研究全球疫情态势及其影响，根据市场变化及时调整产品结构，不断创新合作方式，积极开拓国内外市场。

建议三：各区域要立足特色、优势互补、协同发展。这次疫情，凸显了产业链弹性和供应链管理的重要性。各地区都要借机摸排当地核心产业链、产业链各环节的重点企业、主要配套企业和可替代企业等，利用工业互联网平台监测重点企业。根据产业链梳理情况，引导当地企业坚持差异化发展，突出特色，努力成为供应链上不可缺少的环节；同时，也要未雨绸缪，及时调整和增强供应链弹性。

第四节 加快构建我国制造业参与国内国际双循环的新发展格局

近期，为应对复杂严峻的外部发展环境，推进国内经济高质量发展，党中央提出了"以国内大循环为主体、国内国际双循环相互促进的新发展格局"的重大战略举措，为我国实施制造强国战略明确了新的发展方向和发展路径。制造业作为国民经济的主体，必须不断提升创新能力，持续增强我国制造业产业链、供应链稳定性和竞争力，为我国经济形成以国内大循环为主体、国内国际双循环相互促进的新发展格局提供坚实支撑。

一、制造业参与国内国际双循环面临的亟待解决的问题

供给与需求不匹配矛盾日益凸显，导致制造业国内大循环运转不畅。长期以来，我国宏观调控更多侧重于需求侧管理。近年来，随着我国经济发展进入新常态，原有的过度依赖需求侧调控带来的问题开始显现，我国经济下行压力不断加大，制造业供需不匹配的结构性矛盾逐渐暴露，国内循环不畅通问题愈发严重。尽管近年来国家大力推进供给侧结构性改革，但目前看来，

制造业内部存在的结构性共享失衡问题仍未能从根本上得到解决。一是制造业生产的多是低质、低价、低端的产品，无法满足国内日益增长的多层次、高品质、多样化的消费需求，导致境外抢购、海淘等现象盛行。据商务部公布数据显示，中国跨境电商进口总额从2017年的565.9亿元增长到2019年的918.1亿元，年均增速高达27.4%。二是制造业产能过剩问题依然严重。据国家统计局公布数据，今年1季度，我国制造业产能利用率仅为67.2%，较去年同期下降9.8%。三是制造业发展中的"脱实向虚"现象依然存在，许多制造业企业融资难、融资贵问题突出。据统计，2019年，18家全国性商业银行的制造业贷款余额占发放贷款和垫款总额的比重均有不同程度的下降，所占比重由2017年的11.53%下降至2019年的9.29%。

产业链、供应链的中断风险大幅增加，严重冲击我国制造业参与双循环的稳定性。当前，受多种因素共同影响，我国产业链、供应链的断链风险与日俱增，严重冲击我国制造业的稳定发展。一是突如其来的新冠肺炎疫情，从供给和需求两端对我国产业链、供应链造成巨大冲击，制造业的供给因产能利用率的下降而被迫中断，需求因进出口的订单骤减而出现大幅萎缩，加上内需市场潜力未能充分释放，部分产业链、供应链断裂风险加剧。据国家统计局发布的数据，今年1~5月我国工业企业出口交货值累计同比下降6.2%，较去年同期回落10.6个百分点。二是"逆全球化"背景下美国频频发起贸易战并加速与我国全面"脱钩"，特别是一些"卡脖子"的核心技术和关键零部件的"断供"，使我国产业安全性受到严峻挑战，严重威胁到制造业参与双循环的畅通与稳定。

国内大循环与国际循环存在分离现象，导致制造业参与双循环面临阻滞。改革开放以来，我国采取了出口导向的发展战略，大力发展"两头在外、大进大出"的外向型经济，取得了巨大的发展成就。但伴随着国内国际形势的发展变化，原先的出口导向发展战略现在面临着转型压力，我国制造业国内循环和国际循环进一步分离的风险不断加大，相互转换面临阻滞，同时也进一步加剧了国内经济结构的失衡。一是因长期实施出口导向战略，忽视了对国内市场的开发与培育，影响了我国超大规模市场优势和内需潜力的发挥，进而对我国制造业国内循环和国际循环产生了明显的割裂效应。二是近年来国内生产要素成本不断上升，制造业出口产品价格优势不断削弱，再加上中美贸易摩擦及疫情影响，许多外向型企业产品出口受阻。据WIND数据显示，今年4月，我国新出口订单指数为33.5%，较上月下降12.9%。面对

出口下行的巨大压力,开拓内需市场成为当务之急。而出口产品转销国内市场却因国内外存在生产标准、知识产权、市场环境以及生产模式等方面的差异而出现销售困难。

二、我国制造业参与国内国际双循环的有利条件

具有完整的工业体系和产业链、供应链生态是制造业参与国内国际双循环的基础。改革开放以来,我国抓住经济全球化发展机遇,积极参与全球产业分工合作,在 2010 年发展成为世界制造业第一大国,成为联合国产业分类中工业门类最齐全的国家,拥有世界上最完整的供应链条。截至 2019 年,我国制造业增加值占全球比重达 30%以上,商品进出口额分别占全球的 11%和 13%。我国已成为 120 个国家或地区最大的贸易伙伴,机械和自动化生产设备、电子通信机器配件、服装纺织行业在全球供应链中占比超过 30%,金属制品行业、零部件制造占比也超过 20%,我国已成为全球供应链的中心。近年来,随着制造业自主创新能力的增强,我国在全球产业链、供应链中的地位还在不断提升,这为制造业参与国内国际双循环奠定了坚实的基础。

拥有超大规模市场和巨大内需潜力是制造业参与国内国际双循环的保障。目前,我国拥有近 14 亿人口、4 亿中产阶级、1.7 亿受过高等教育并拥有专业技能的人才资源、1 亿多个市场主体。2019 年,最终消费支出对国内生产总值增长的贡献率为 57.8%,消费作为经济增长的第一大动力得到巩固,这是我国参与全球经济竞争的优势所在,也意味着我国具有稳固的"内在稳定器"和突出的风险化解能力。此外,2019 年末,我国常住人口城镇化率首次超过 60%。新型城镇化可以有效拉动投资需求和消费需求的大幅提升,从而释放巨大内需潜力,使得我国构建制造业国内国际双循环相互促进的新发展格局获得持续的发展动力。

新一轮科技革命和产业变革为我国参与双循环创造了新的发展机遇。当前,新一轮科技革命加速推进,以信息网络、智能制造、新能源和新材料为代表的技术创新浪潮促进了信息技术与传统制造业相互渗透、深度融合,智能制造、网络制造、柔性制造、绿色制造、服务型制造日益成为生产方式变革的方向。突如其来的新冠肺炎疫情加速了 5G、云计算、大数据、工业互联网等新一代信息技术的广泛深入应用,催生出一批新经济、新业态、新模式,促进传统产业和基础设施转型升级,形成新的经济增长点,为我国制造业参与双循环提供了新供给和新动能。

三、对策与建议

深入推进制造业供给侧改革,重在"补短板",打通制造业参与国内大循环的运转轨道。重点解决制造业供给侧结构性问题。一是加快"补短板"步伐,针对美国等发达国家对我集成电路、民用飞机等关键领域的"卡脖子"产品,加快基础技术和应用技术攻关,明确技术突破时间表和路线图,举全国之力推动关键技术攻关。利用互联网、大数据等新技术和新商业模式推动传统产业改造升级,大力发展高新技术制造业。二是继续科学推进"去产能",在减少低端无效供给的同时,不断培育和扩大国内需求。创新"去产能"举措,更多采用市场化、法制化的手段推进"去产能";继续推进收入分配改革,进一步完善社会保障体系,加大对制造业国产品牌产品的宣传力度,在全社会营造有利于自主品牌发展的良好氛围。三是完善市场体制机制,努力构建公平竞争、价格灵活、优胜劣汰的有效市场,打通要素流动的堵点和痛点,促进国内市场人流、物流、资金流、信息流的循环畅通,为制造业参与国内大循环创造优越的发展环境。

深入扩大开放,重在"拓市场",促进国际循环的运转畅通。继续扩大对外开放,深入实施基于内需的经济全球化发展战略,畅通制造业的国际循环。一是以"一带一路"倡议为纽带,打造基于中国制造、中国创造为核心的国际生产体系。遵循国际通行原则和市场原则,在沿线国家积极引入国内制造业价值链上的本土龙头企业的标准和品牌,顺应经济全球化横向分工的区域化集聚趋势,加快布局"以我为主"的区域产业链体系。二是继续深化国际产能合作,努力将制造业企业有机嵌入国际产业链、供应链,使其变为国际产业链、供应链必不可少的组成部分。三是以当前全球抗疫合作为契机,持续加大对国际市场提供防疫物资、生活必需品和原料药物等,巩固和增强我国制造业在全球产业链中的重要影响力,维护国际市场供应链的稳定。

狠抓关键环节和优化布局,重在"建生态",健全和完善制造业产业链、供应链。一是把握当前疫情冲击导致全球产业链、供应链出现本地化、分散化和区域化的趋势,找准我国制造业产业链、供应链存在的薄弱环节,组织力量开展协同攻关和集成研究,提升我国制造业的整体技术水平。二是发挥我国独立完整工业体系的优势,优化制造业全产业链发展布局。科学制定制造业区域空间布局规划,引导各地区根据不同的要素条件和资源禀赋,因地制宜地优化制造业生产力布局,完善国内产业链、供应链。三是采取金融、

财税和技术支持政策，引导各市场主体根据产业发展需要进行经济、合理的产业链、供应链布局，推动我国全产业链和供应链协调，逐步形成区域、产业、企业相互之间的供应互补、生产互补和产业互补，最终实现各自经济效益的最大化。

发挥国内市场和龙头企业优势，重在"强企业"，推进制造业国内循环与国际循环良性互动。一是重点培育国内优质企业集团，鼓励相关制造业企业聚焦主业做大做强，努力培育一批具有核心竞争力、上下游协同发展的世界一流制造业企业集团，同时，优化公共服务、加强政策扶持力度，引导中小企业提升专业化能力和水平，培育一批单项冠军和小巨人企业。大力弘扬企业家精神，建设一支勇于创新、追求卓越、注重品质的企业家队伍。二是要发挥我国超大规模市场的作用，不断优化外商投资环境，引进更多的海外高端制造业和关键零部件企业，特别是国外高端产业链落户国内，提升国内产业基础高级化和产业链现代化水平，与中国制造业企业一起打造先进制造业体系，形成畅通的国际循环向国内循环的转化通道。三是鼓励国内优秀制造业企业积极走出去投资海外市场，推动在海外投资的中国企业加大对国内原材料等资源品、轻工业产品、与项目配套的制造业产品以及生产性服务的采购，实现制造业国内循环向国际循环的转换。

第五节 从世界 500 强榜单看中美制造业实力演变

制造业是立国之本、强国之基，从根本上决定着一个国家的综合实力和国际竞争力，是技术创新的第一源泉。赛迪研究院工业经济研究所分析 2020 年世界 500 强榜单后发现：与美国相比，我国制造业上榜企业数量规模虽有进步，但制造业"大而不强"的问题仍然存在，产业结构层级相对较低、企业盈利能力较弱。应以创新为驱动提升企业竞争力，加强战略性新兴产业培育，通过打造一批平台型企业以及先进制造业集群，推动我国制造业高质量发展。

一、2020 年世界 500 强名单整体情况分析

根据 2020 年《财富》世界 500 强排行榜，我国上榜企业数量为全球最多，但"大而不强"的问题依然凸显。一方面，我国上榜企业规模相当大。我国大陆（含香港）上榜企业有 124 家，首次超过美国的 121 家，成为全球

上榜企业数量最多的国家；大陆（含香港）上榜企业营业收入达到8.7万亿美元，虽然低于美国的9.8万亿美元，但占500强企业总营收的比重达到26%；排名前五位的企业中，第二、三、四位均是中国企业。但另一方面，我国上榜企业盈利能力不强。美国企业平均利润达到70亿美元，500强企业平均利润41亿美元，而我国大陆（含香港）上榜企业利润不到36亿美元；美国上榜企业平均销售收益率、平均净资产收益率分别为8.6%和17%，而我国仅为5.4%和9.8%，远低于美国。另外，我国上榜企业多集中于能源、金融、建筑等传统行业。我国大陆（含香港）上榜企业数量最多的行业是采矿和原油生产、金属产品、贸易、银行和商业储蓄、工程与建筑。其中，银行企业达10家，利润占上榜企业的44%；能源企业25家，利润占比8%；而制造业企业虽有43家，但利润占比仅为14%。

二、从世界500强名单变化看中美制造业实力演变

从榜单变化看，近五年我国制造业①上榜企业发展速度与质量好于美国。对比2020年和2015年榜单发现：5年间，从企业数量看，我国制造业上榜企业数量增加10家，年均增长2家；而美国同期仅增加1家。从营收规模看，我国制造业上榜企业营业收入总额增长8228亿美元，年均增速高达10.71%；而同期美国上榜企业营业收入总额仅增长947亿美元，年均增速为1.02%。从利润总额看，我国制造业上榜企业利润总额增加282亿美元，年均增长15.76%；而同期美国利润总额仅增长13亿美元，年均增速仅为0.13%。从利润率变化看，美国制造业上榜企业利润率由2015年的11.1%降至2020年的10.6%；而同期我国上榜企业利润率实现了由2.4%到2.8%的正增长。

从现实对比看，我国制造业上榜企业虽规模优势扩大，但盈利能力仍显著弱于美国。我国的规模优势，一方面表现在上榜企业数量上，我国制造业上榜企业数量为43家，高出美国上榜企业10家，与2015年相比数量领先优势进一步扩大；另一方面表现在营业收入总额上，2020年我国制造业上榜企业营业收入总额高达23599亿美元，高出美国上榜企业营业收入总额3996亿美元，与2015年相比实现了营收规模的反超。但在盈利能力方面，我国

---

① 根据GB/T 4754—2017《国民经济行业分类》，制造业是包含以装备电子、消费品、原材料等以制造为主营业务的企业。

制造业上榜企业仍显著弱于美国。榜单显示，2020年我国制造业上榜企业利润总额为649亿美元，而美国上榜企业总利润高达2076亿美元，是我国的3倍之多。

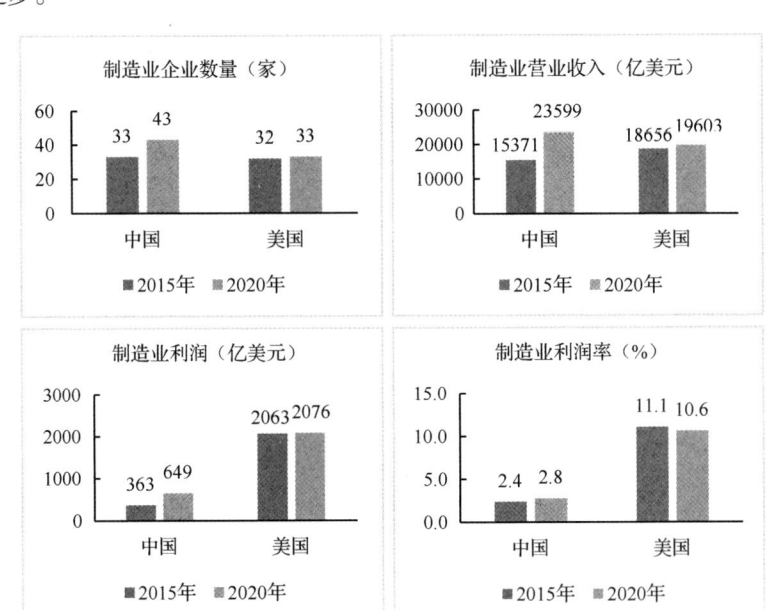

图 7-9　中美两国制造业上榜企业变化情况对比

资料来源：赛迪研究院根据世界500强榜单整理，2020年12月

从产业结构看，美国上榜制造业多集中在机电产品、机械设备、制药以及食品烟草等行业；而我国则主要集中在金属产品、机电产品、车辆与零部件等行业。尽管机电产品在两国均是重要的制造业上榜行业，但细分领域[①]构成以及利润贡献差别较大，我国上榜企业多为家电等传统行业，缺少医疗器械和设备以及科学、摄影和控制设备等高附加值行业；此外，虽然在半导体领域中美两国均有一家企业上榜，但我国上榜企业为总部位于台湾地区的台积电，并非大陆本土企业。从利润贡献看，虽然中美两国上榜数量最多的均为计算机、办公设备企业，但在利润贡献度[②]上差距悬殊，我国为19.66%，

---

① 根据世界500强榜单的分类，本文将其中的机械以及设备类产品归为机电产品。

② 利润贡献度指单个行业利润总额占上榜企业利润总额的比重。

而美国高达 30.86%。除此之外，我国在制药等新兴战略性产业方面，与美国也有较大差距。从榜单看，我国仅有 3 家制药企业上榜，营业收入总额为 1925 亿美元，利润总额为 51 亿美元；而美国有 5 家制药企业上榜，营业收入总额高达 2400 亿美元，利润总额更是高达 526 亿美元，是中国制药上榜企业总利润的 10 余倍。

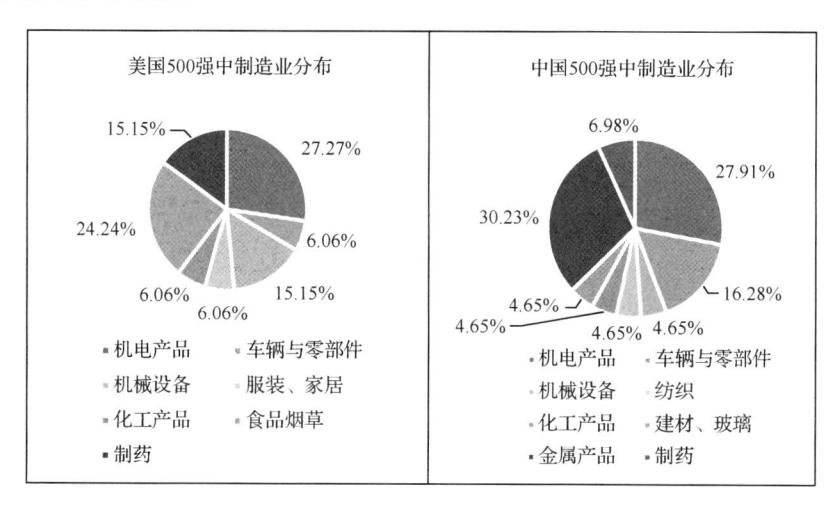

图 7-10 中美制造业上榜企业行业分布对比

资料来源：赛迪研究院根据世界 500 强榜单整理，2020 年 12 月

三、几点启示

在发展质量上，以创新为驱动，提升企业产品及服务质量，提高盈利水平。提升产品和服务质量溢价力是决定盈利能力高低的关键。一是加大科研投入，提高自主研发的能力，通过创新驱动，提高产品质量和附加值，增强产品溢价能力。二是动态分析全球质量竞争和质量需求变化趋势，以标准群建设为着力点，重点建设一批国家标准、行业标准与团体标准协调配套的标准群，将全球用户满意度作为首要标准贯彻落实到产品设计、制造以及后期服务的全过程。三是依托"一带一路"建设的国家战略，重点实施"知名品牌"创建活动，打造一批国际影响力较大、拥有较高质量水平、用户满意度高的知名国际品牌，推动我国从"制造大国"向"制造强国"迈进，提高全球对"中国制造"质量的认可。

在产业结构上，抢抓第四次工业革命机遇，加强战略新兴产业培育。战略新兴产业作为未来的引领性产业，具有科技含量高、附加值高等特性，已

经成为各国角逐的关键领域。通过对标美国制造业榜单不难发现，在美国，计算机、办公设备、半导体、生物制药等战略新兴产业贡献了近七成利润，而我国在这些战略新兴产业领域仍存在布局不够、投入不足、规模不大、关键技术薄弱等问题。建议针对战略新兴产业，遴选一批重点行业的龙头企业，制定相关政策，统筹推进一批半导体、计算机、生物制药等"高精尖"战略性新兴产业发展。重点引导龙头企业发挥带动作用，构建产学研一体化的创新链，大中小企业深度链接、协调耦合的产业链和供应链，突破一批"卡脖子"的核心关键技术，助力战略新兴产业实现跨越式发展。

在发展模式上，促进制造业与信息技术深度融合发展，打造平台型企业。要结合不断出现的新技术、新产业、新业态、新模式，抢抓信息技术革命发展浪潮，促进我国制造业实现跨越式发展。强化 5G 等新型通用技术的引领带动作用，加快工业互联网等新型智能基础设施建设，推动"互联网+制造"的深度融合，打造一批具有生态控制力的平台型企业，培育网络化协调、个性化定制、在线增值服务、分享制造等"互联网+制造"新模式。

在发展路径上，以链式发展为原则，推动制造业集群化发展。抓住新冠疫情窗口期，深度参与全球产业链、供应链重构，加快形成以国内大循环为主体、国内国际双循环相互促进的新发展格局。通过集群化发展，构建支撑制造业"双循环"发展的保障体系。重点培育先进制造业集群，构建具有国际竞争力的产业链；瞄准发展关键因素，以先进技术为引领完善产业集群创新生态体系；瞄准核心资源，引导高端人才向先进制造业集群聚集。

第八章

"新基建"专题研究

第一节 "新基建"建设运营面临的风险及建议

今年以来,在经济下行压力加大与新冠肺炎疫情共同影响下,"新基建"的重要性不断提升。根据各地政府公布的重点项目计划显示,投资规模已近50万亿元,其中以5G基建、特高压、城际高速铁路和城市轨道交通、新能源汽车充电桩、大数据中心、人工智能、工业互联网为代表的"新基建"项目成为各地投资的重点。"新基建"如何避免重走传统基础设施建设的"老路",避免"产能过剩""建易管难""入不敷出"等问题,需提前谋划,未雨绸缪。

一、"新基建"建设运营面临的潜在风险

资源错配风险。大规模、多主体推进以5G通信、人工智能、充电桩、工业互联网为代表的等"新基建",需要加强相关领域的统筹规划,如果与当地经济社会发展需求不相适应,进行超前投资、过度投资,可能面临较大的资源错配风险。此外,"新基建"外溢效应较强,如果不加以统筹规划,将出现重复建设、产能闲置的现象,造成大量投资闲置浪费。工业互联网、物联网、充电桩等"新基建"应用高度依赖当地经济社会发展基础,其布局规模与密度应与当地产业需求、社会治理需要相匹配,经济基础较好、城镇化率较高、城市治理较为成熟的地方可优先布局。以新能源汽车充电桩为例,如图8-1所示,截至2019年10月,广东、江苏、北京、上海等地区凭借其良好的经济基础与新能源汽车鼓励政策,充电桩保有量均超过5万个。其他地区在人口密度、经济基础、新能源汽车保有量等方面仍有差距,如果盲目

大规模建设充电桩将造成资源闲置。

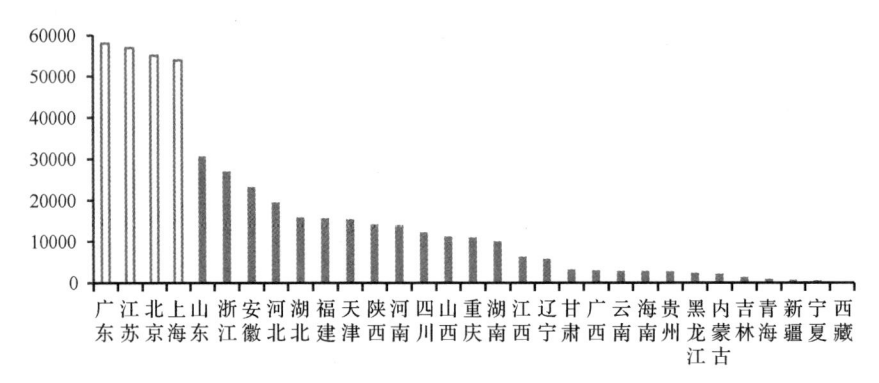

图 8-1　各地新能源汽车充电桩保有量（个）

数据来源：wind 数据库，赛迪智库整理，2020 年 12 月

结构失衡风险。"新基建"将带来相关产品市场的爆发式增长，产业资本将加速向相关领域集聚，需警惕资本逐利属性带来的企业"短视"行为，加剧结构失衡风险。一方面，在大规模投资需求的刺激下，企业追逐眼前市场，只停留在加工制造环节，盲目扩大规模再生产，忽视创新能力提升，导致高端产业低端化发展；另一方面，企业偏重终端产品生产而忽视产业链体系构建与关键零部件自主化生产能力培育，偏重产品制造能力而忽视工业软件、网络协议等制造软实力。以工业互联网为例，当前国内领先的工业互联网平台仍建立在国外基础产业体系之上，94%以上的高档数控机床、95%以上的高端 PLC、95%以上的工业网络协议、90%以上的高端工业软件被欧、美、日企业垄断。我们应抓住此次"新基建"机遇，为先进制造业和关键核心技术提供更充分的市场空间与试错机会，加速补齐在制造业软实力方面的短板。

财政负担风险。近年来，我国经济下行压力持续加大，地方财政安全面临严峻挑战。本次疫情对经济发展带来冲击，加剧了各地财政负担，其中对中西部省份的影响更为突出。根据目前各地公布的 2020 年投资计划，年度重点项目投资规模前 10 的省份中，中部省份河南、山西的年度计划投资达 8000 亿元以上，居于各省市年度投资排名前两位，但其 2019 年度财政资金自给率分别为 40.8%、53.5%，对中央转移支付依赖较大。西部省份陕西、甘肃、云南、贵州等年度投资规模也在 4000～5000 亿元，但上述省份财政自给率却不足 40%，且债务负担率相对较高，其中贵州省份债务负担率高达

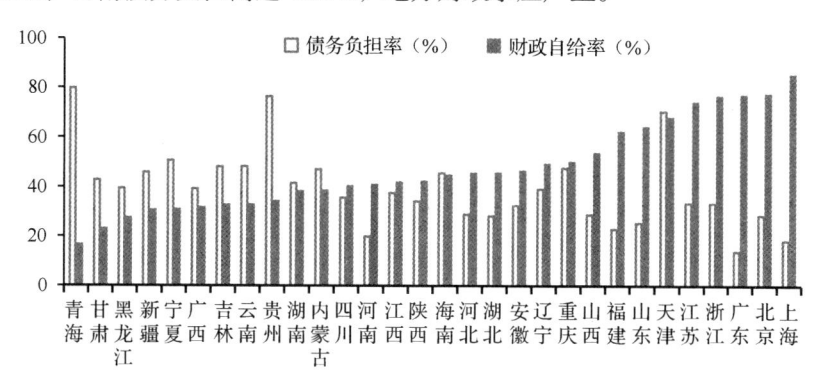

76.3%，云南债务负担高达 48.2%，地方财政承压严重。

图 8-2　2019 年各地财政自给率与债务负担率

数据来源：wind 数据库，赛迪智库整理，2020 年 12 月

运营管护风险。无论是"新基建"还是"传统基建"，前期建设均需要大量资金，但二者在后期运营管护方面的投入则差别较大。如表 8-1 所示，由于"新基建"建设主要使用各类电力、电子设备，其使用寿命较短，技术更新换代较快且后期运营对能源需求比较大。因此，虽然"新基建"仍可参照"传统基建"通过银行贷款或发行债券融资，但后期管护成本增加了整体运营成本。如果不考虑运营模式与当地市场需求，盲目建设，建成之后长期"入不敷出"，"新基建"设施将成为各地政府或企业的负担，不利于持续健康发展。

表 8-1　"新基建"与"传统基建"成本对比

内　容	新　基　建	传　统　基　建
主要内容	5G 基站、人工智能、大数据中心、工业互联网、特高压、城际高铁城际轨道交通、新能源汽车充电桩等	铁路、公路、桥梁、水利等
更新成本	主要是各类电力、电子设备，使用寿命短，且技术升级后需要更新换代	主要是水泥、钢构等，自身使用寿命比较长，且很少需要更新重建
维护成本	人员管理、日常维修等	人员管理、日常维修等
使用成本	对电力需求比较大	除一些隧道、桥梁外，基本不需要大量消耗能源

二、对策建议

加强建设运营统筹规划。首先，鼓励各地充分利用互联网、大数据、北斗卫星技术预测分析不同区域对"新基建"设施的需求，形成"热力图"，因地、因人、因业科学规划布局。其次，产业主管部门加强指导，充分吸纳"新基建"所在领域的行业联盟、协会意见，统一行业标准，防止不同区域因标准不一而影响"新基建"设施的推广使用。第三，鼓励各地在建设、运营、管理等各个环节，贯彻新发展理念，积极探索使用新技术、新模式，通过试点示范工作加以宣传推广。第四，做好"新基建"建设与管理的统计工作，及时发布相关数据，委托相关机构定期发布行业报告，为行业主管部门、企业规划、项目投资提供数据支撑。

引导相关产业健康发展。第一，以"新基建"快速建设发展为契机，支持在人工智能、电子信息、新能源汽车、轨道交通、特高压等优势产业集聚区建设先进制造业集群，推动相关产业迈向全球价值链中高端。第二，指导各地根据当地资源、基础设施、产业基础，促进相关产业发展，避免各种"大干快上"现象，避免造成低端产能过剩。第三，以"新基建"的建设、运营为契机，政府培训、企业培训与学校教育相结合，加强产业从业人员在机械、电力、信息技术、数据管理等方面的培训，增加职业教育学校、高等院校在大数据、云计算、人工智能等方面的课程及招生规模，提前布局，使各类人才具备"新基建"所需的技能与素质。

加快相关领域技术创新。第一，充分发挥相关领域制造业创新中心的作用，继续加大财政资金支持力度，支持相关领域高校、科研院所与企业联合开展关键共性技术攻关，解决"新基建"涉及行业的众多"卡脖子"问题。第二，支持企业依托企业技术中心、工程技术中心、实验室、工作站等平台，加强与相关院校合作，提升既有产品的使用效率，降低使用成本和门槛，增强"新基建"的经济可行性，加快其在更多领域、更大范围推广应用。第三，鼓励科研机构与相关企业重点关注"新基建"的更新换代问题，模块化开发相关技术与产品，降低更换成本。

鼓励社会资本参与建设运营。重点解决社会资本"进将来、活下去、服务好"的问题。一是向社会资本有序开放市场。鼓励社会资本投资建设"新基建"设施，开放建设管理所需的基础数据，减少其前期投入。在"新基建"项目招投标时除必要的技术参数外，破除规模、设备、人员等方面的限制。

二是促进社会资本自由流动。发挥市场配置资源的决定性作用，优化投资环境，引导要素资源的自由流动，促进区域协同发展。三是提升社会资本盈利水平。调整新型基础设施运营管理企业的用地、用能价格要素价格，适当给予下游用户财政补贴，鼓励下游用户使用新型基础设施，培育"新基建"市场，加大"新基建"建设运营对社会资本的吸引力，提升社会资本的盈利水平。四是加强市场监督管理，对故意骗取财政补贴、借机"圈地"、泄露用户数据等行为依法依规进行处理，维护"新基建"市场健康持续运行。

第二节 "十四五"时期我国特高压项目带动输变电设备发展趋势研判

特高压作为"新基建"重点领域之一，具有产业链长、带动力强的特点。在推动"新基建"的背景下，加快推动特高压项目建设，短期内能起到降低新冠肺炎疫情负面影响的作用，中长期内能进一步延伸和强化相关产业链条，优化我国能源结构，提升能源利用效率，对经济社会发展意义重大。赛迪智库工业经济研究所对"十四五"时期我国特高压带动输变电设备规模进行了测算，对其带动输变电设备发展的趋势进行了研判，为布局和推动特高压建设提供必要的参考。

一、"十四五"时期我国特高压项目建设情况预判

"十四五"时期我国特高压建设有望出现两轮高峰，项目总投资将超过3600亿元。我国特高压发展经历了多轮建设高峰期，2014、2016、2017年我国新增特高压线路长度均超过5000公里（见图8-3），特高压建设高峰期一般能够持续1～2年。2020年，处于在建阶段的7条特高压线路中，有3条要求2021年全部建成，其余线路在2020年全部建成。国家电网公司明确2020年要完成10条特高压项目年内核准和预可行性研究工作（见表8-2），这10条特高压线路中，有3条线路于2020年开工，其余线路将在2021—2022年陆续开工，预计2021—2022年项目将进入建设高峰期，两年的投资总规模将超过1700亿元（见图8-4）。

特高压能够有效缓解我国能源结构性矛盾，提高能源利用效率，长期可持续性发展空间巨大。按特高压建设周期来看，预计2023年我国将迎来新一轮特高压项目核准，建设高峰将出现在2024—2025年（见图8-4）。因此，"十四五"时期我国特高压建设将出现2021—2022年、2024—2025年两轮高

峰期，五年的总投资规模将达到 3620 亿元。过去十年我国特高压项目累计投资规模为 5012 亿元[①]。据此测算，"十四五"时期，特高压项目新增投资将达到过去十年累计投资规模的 72%，增量空间可观。

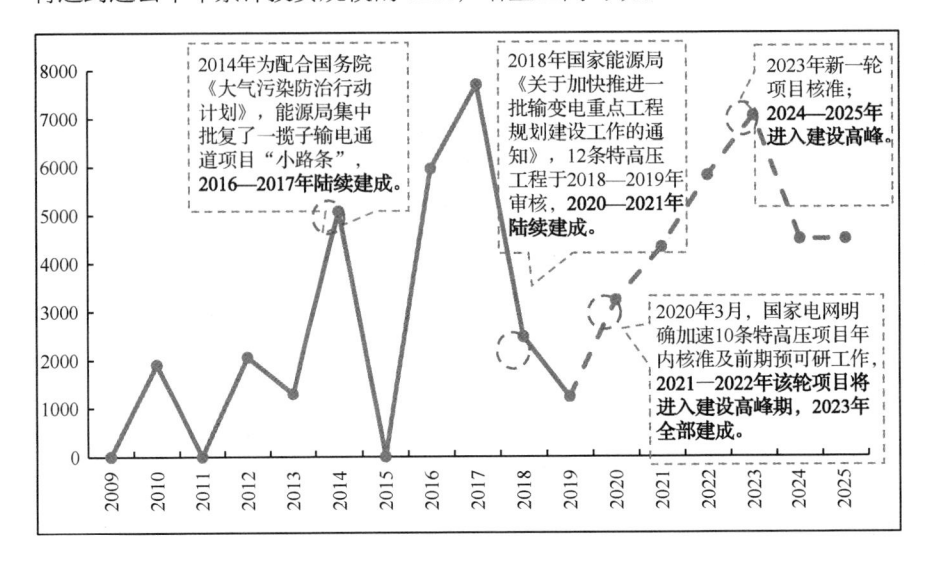

图 8-3 "十四五"时期我国新增特高压线路长度预测（公里）

数据来源：国家电网，赛迪智库整理，2020 年 12 月

表 8-2 2020 年我国在建和待建特高压项目计划

类别	序号	特高压项目	类型	项目计划	投资（亿元）
在建	1	陕北—湖北	直流	2021 年全部建成	185
	2	雅中—江西	直流	2021 年全部建成	244
	3	乌东德—广东/广西	直流	2021 年全部建成	242.5
	4	青海—河南	直流	2020 年全部建成	226
	5	蒙西—晋中	交流	2020 年全部建成	50
	6	张北—雄安	交流	2020 年全部建成	60
	7	驻马店—南阳	交流	2020 年全部建成	51

① 赛迪顾问 2020 年 3 月发布的报告指出，我国特高压电网主要经历四大阶段，2006—2008 年为实验探索阶段，2011—2013 年为第一阶段，2014—2016 年为第二阶段，2018 年 9 月至今为第三阶段，前三阶段累计投资规模达到 5012 亿元。

续表

类别	序号	特高压项目	类型	项目计划	投资（亿元）
待建	1	白鹤滩—江苏	直流	2020年6月获得核准批复，并开工建设	307
	2	南阳—荆门—长沙	交流	2020年3月获得核准批复，并开工建设	105
	3	南昌—长沙	交流	2020年6月获得核准批复，并开工建设	72
	4	白鹤滩—浙江	直流	2020年12月获得核准批复	270
	5	武汉—荆门	交流	2020年9月获得核准批复	61
	6	驻马店—武汉	交流	2020年10月获得核准批复	35
	7	武汉—南昌	交流	2020年12月获得核准批复	69
	8	金上水电站外送	直流	2020年6月完成工程预可研	280
	9	陇东—山东	直流	2020年6月完成工程预可研	280
	10	哈密—重庆	直流	2020年6月完成工程预可研	280
		13项提升特高压通道效率效益的重点项目	配套	2020年3—12月陆续获得核准批复	157

说明：项目计划来自国家电网公司于3月12日发布的《2020年特高压和跨省500千伏及以上交直流项目前期工作计划》，金上水电站外送、陇东—山东、哈密—重庆三条线路投资额为根据国家电网公布的本轮特高压项目总投资额推算得到。

资料来源：赛迪智库整理，2021年4月。

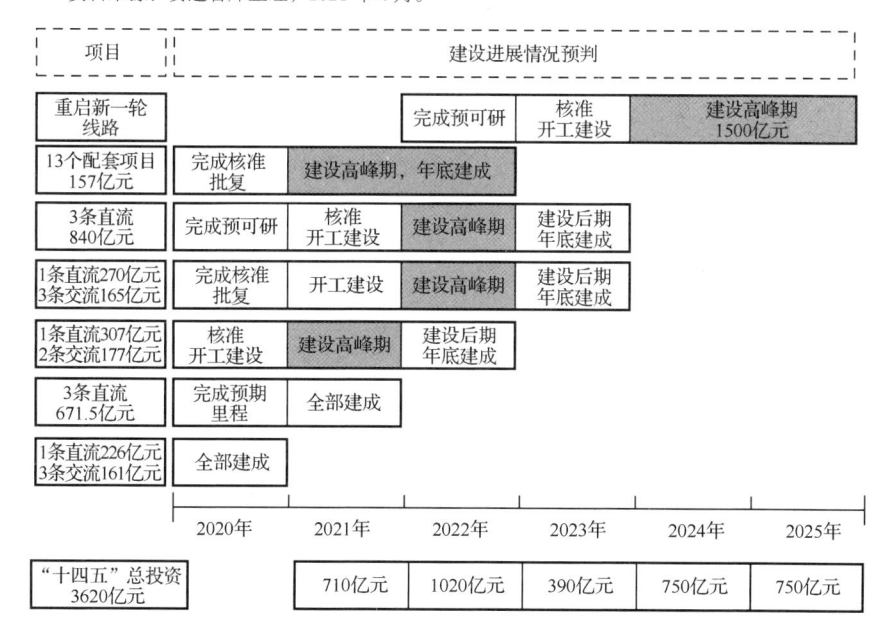

图8-4 "十四五"时期我国特高压项目投资规模预判

数据来源：赛迪智库整理测算，2021年4月

二、"十四五"时期特高压带动输变电设备规模测算

根据国家能源局、国家电网发布的在建和已投运特高压项目数据，计算得出单位特高压项目投资带动的输变电设备产值为 0.64~0.70 元，单位特高压项目投资带动电源相关行业投资 2.5~3.8 元（见表 8-3）。结合"十四五"时期特高压项目投资规模，测算出特高压项目建设将带动我国输变电设备新增产值 2500 亿元左右，带动电源相关行业投资 1 万亿元左右（见表 8-4）。

表 8-3 我国特高压项目单位投资带动系数测算

特高压项目	投资（亿元）	带动输变电设备新增产值（亿元）	带动电源相关行业投资（亿元）	单位投资带动输变电设备产值（元）	单位投资带动电源相关行业投资（元）
陕北—湖北±800千伏直流工程	185	120	700	0.65	3.8
青海—河南±800千伏直流工程	231	148	1018	0.64	2.5
准东—皖南±1100千伏直流工程	407	285	—	0.70	—

说明：单位投资带动输变电设备系数代表单位特高压项目投资带动输变电设备新增产值，单位投资带动电源相关产业系数代表单位特高压项目投资带动电源相关行业投资。

数据来源：国家能源局、国家电网公司，赛迪智库整理测算，2021 年 4 月。

表 8-4 "十四五"时期我国特高压项目带动输变电设备规模预测

指标	2021 年	2022 年	2023 年	2024 年	2025 年	"十四五"合计
特高压项目投资（亿元）	710	1020	390	750	750	3620
输变电设备新增产值（亿元）	454~497	652~714	249~273	480~525	480~525	2314~2535
电源相关行业新增投资（亿元）	1776~2686	2551~3859	975~1476	1876~2838	1876~2838	9054~13697

数据来源：赛迪智库整理测算，2021 年 4 月。

输变电设备中，站厅类设备和线路类设备新增投资规模将分别达到 1100 亿元和 900 亿元。根据中国电力企业联合会数据，我国特高压项目投资包含

三部分，一是站厅类设备，如变电/换流站等，其投资占项目总投资比重30%，二是线路类设备，如电缆、铁塔、金具等，投资占比约为25%，三是基建、征地及清理费用。由于项目在核准批复后，进入设备招标采购阶段，并在建设期内陆续交货。因此，预计设备交货期将集中在2021—2022年、2024—2025年，预计站厅类设备和线路类设备投资规模将分别达到1100亿元和900亿元（见表8-5）。

站厅类设备中，关键设备新增投资规模将达到近800亿元，占特高压项目总投资的20%以上。站厅类设备中，直流特高压关键设备主要包括换流变压器、换流阀、GIS、控制保护系统、电抗器，投资金额占比分别为40%、17.2%、7.6%、2.3%、3.3%；交流特高压关键设备主要包括GIS、变压器、电抗器、控制保护系统，占比分别为52.6%、13.3%、28.3%、1.8%（见图8-5）。结合特高压直流和交流项目投资规模，我们预测"十四五"时期站厅类设备中的关键设备投资规模将分别达到622亿元和158亿元，投资总额将达到780亿元，占特高压项目总投资的21.5%（见表8-5）。

表8-5 "十四五"时期我国特高压带动输变电设备投资规模测算

指标			2021年	2022年	2023年	2024年	2025年	"十四五"合计
特高压线路总投资			1811	710	1020	390	750	3620
其中	基建、征地及清理费用		320	459	176	338	338	1629
	线路类设备		178	255	98	188	188	905
	站厅类设备		213	306	117	225	225	1086
	其中关键设备	变压器	63	101	43	78	78	364
		GIS	36	41	14	37	37	166
		换流阀	24	41	18	31	31	145
		控保系统	4	6	3	5	5	23
		电抗器	18	20	7	19	19	82
		关键设备合计	146	209	85	170	170	780

说明：站厅类设备中的关键设备投资规模是分别计算直流线路和交流线路后加总得到。
数据来源：赛迪智库整理测算，2021年4月。

三、"十四五"时期特高压带动输变电设备发展趋势研判

输变电设备生产配套能力将继续强化。我国在特高压输变电方面已形成了较完整的产业链，特高压输电技术已达到世界领先水平。"十四五"期间，

我国特高压将带动输变电设备新增产值 2500 亿元，输变电设备投资和生产规模将加速壮大。随着特高压建设稳步推进，我国能源消纳能力将大幅提升，进而刺激下游用能需求增长和用能设备升级换代，加快用电侧和配电侧的常规设施建设、技术改造、智能化升级等，输变电设备生产和配套能力将进一步强化，输变电产业链联动效应将明显增强。

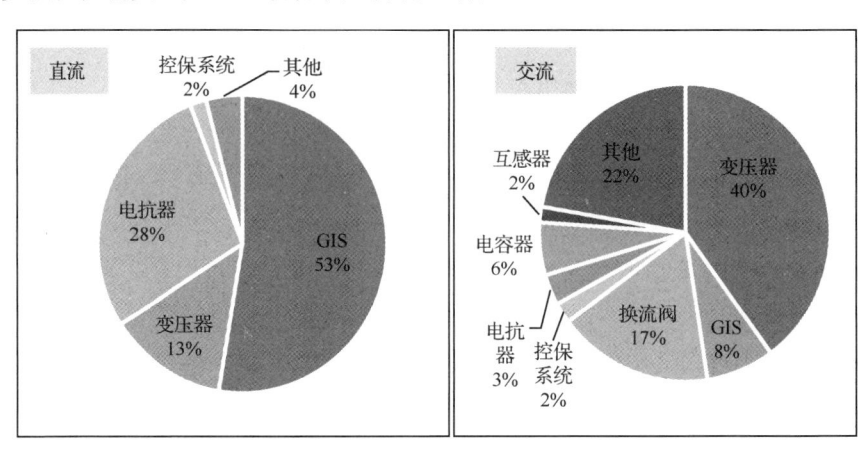

图 8-5 我国特高压项目站厅类设备投资规模占比

说明：根据青海—河南、陕北—湖北 2 条特高压直流线路，张北—雄安、驻马店—南阳 2 条特高压交流线路的各项站厅类设备投资计算占比。

数据来源：赛迪智库整理测算，2021 年 4 月

特高压设备在输变电设备中的比重将显著提升。当前，我国一些中低端输变电设备面临较严重的产能过剩问题，设备生产企业效益水平整体不高。随着清洁能源基地外送需求更加强烈，输变电设备环保要求更加严格，市场对输变电设备的电压等级、容量要求将越来越高，特高压将成为输变电设备发展的主流趋势。"十四五"期间，我国特高压站厅类和线路类设备新增投资规模将达到 2000 亿元。未来，一些低端输变电设备将逐步被淘汰，能够满足特高压建设的中高端设备将迎来更好的发展机遇，特高压设备在输变电设备中的比重将进一步提升。

关键站厅类设备龙头企业地位将进一步稳固。"十四五"期间，我国特高压站厅类设备中的关键设备投资达到近 800 亿元，占特高压项目总投资的 20%以上，在特高压项目建设中地位举足轻重。目前，关键设备领域，国内只有少数企业能够达到供货要求，市场份额高度集中，主要是国电南瑞、许继电气、中国西电、特变电工、四方股份等企业（见图 8-6、表 8-6）。伴随

特高压项目加快推进，这些企业订单金额将大幅提升，企业盈利能力将明显增强，竞争优势将进一步凸显，行业龙头地位将更加稳固。

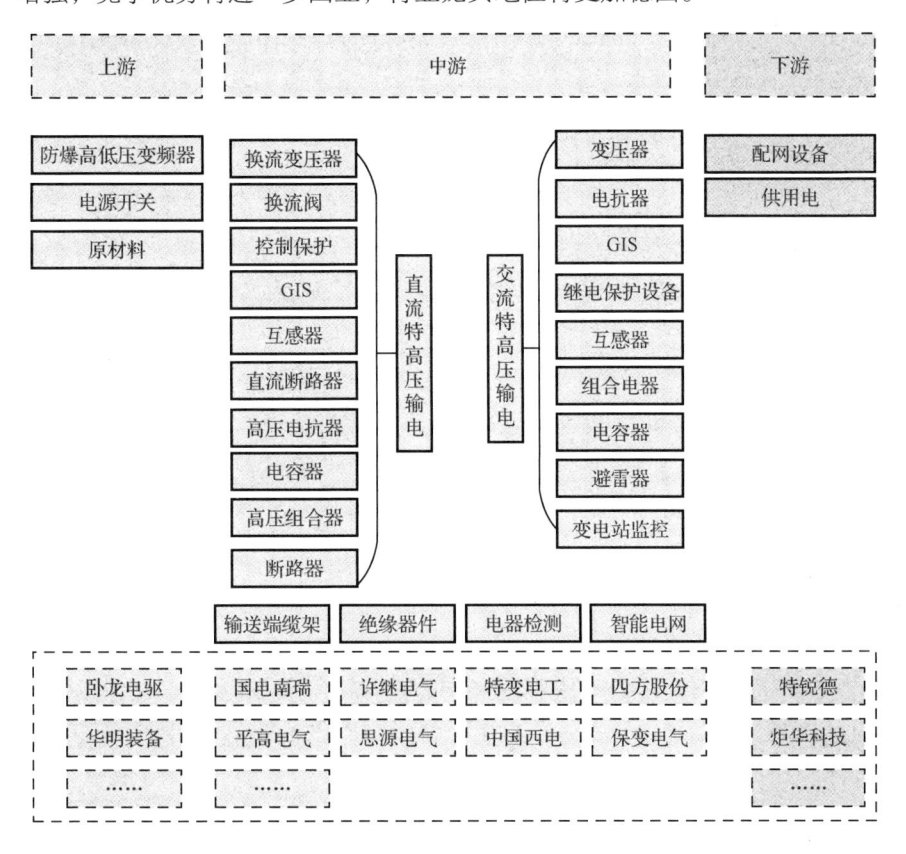

图 8-6 我国特高压设备产业链图

资料来源：赛迪智库整理，2021 年 4 月

表 8-6 我国部分特高压关键设备龙头企业主要指标表现

序号	企业名称	特高压关键设备	营业收入（亿元）	利润总额（亿元）	营收利润率（%）	资产回报率（%）
1	特变电工	换流变压器、输变成套工程等	254.48	21.76	8.55	2.02
2	国电南瑞	换流阀、控制保护系统、智能变配电系统等	171.8	26.25	15.28	4.3
3	中国西电	GIS、变压器、电抗器、电容器、互感器、换流阀等	66.96	2.47	3.69	0.55

续表

序号	企业名称	特高压关键设备	营业收入（亿元）	利润总额（亿元）	营收利润率（%）	资产回报率（%）
4	平高电气	交流GIS、组合电器等	59.07	1.44	2.44	0.51
5	许继电气	换流阀、控制保护系统等	52.38	3.75	7.16	2.12

说明：企业主要指标数据均为2019年前三季度数据。

资料来源：赛迪智库整理，2021年4月。

第三节 区块链赋能"新基建"四方面及建议

习近平总书记指出，"区块链技术的集成应用在新的技术革新和产业变革中起着重要作用"。为应对经济下行和疫情影响，中央重点部署的5G基站、工业互联网等七个领域"新基建"，而区块链技术和"新基建"的建设与运营密切相关。在"新基建"建设运营过程中，区块链技术将充分发挥去中心化、可信协作、隐私保护等特性，从保安全、促协同、助开放和降成本四个方面为"新基建"赋能。

一、区块链赋能"新基建"的四个方面

保障"新基建"主体数据安全。"新基建"各类设备在将数据集中存储的过程中会伴随着数据泄露风险。在"新基建"建设运营过程中应用区块链技术，可通过数据库分散化，提升节点间通信的安全性，为数据中心提供高度安全的传输协议，实现数据从生成、传送、储存到使用的全过程留痕且不可篡改，保证数据的真实性和唯一性。同时，利用区块链进行设备登录认证、通信数据和操作指令加密，能够显著提升"新基建"数据的安全性和可靠性。以工业互联网为例，区块链可以应用于数据确权、确责和交易，解决工业设备注册管理、访问控制、监控状态、数据可信传输以及平台的可控管理、生产质量追溯、供应链管理等，确保工业互联网的安全和效率。

促进多方协作和共建共享。区块链技术具备去中心化和可信协作特点，在搭建可信、开放、透明的共建共享平台方面具有优势，能够建立新激励机制，调动产业链上下游参与"新基建"产业发展的积极性。以轨道交通为例，蚂蚁区块链利用区块链不可篡改的特性，协助轨道交通运营主体进行技术升级，实现通票覆盖"长三角"地区，帮助不同城市地铁公司从链上获取对应

乘车的区段、价格，实现自动秒级结算，有效解决跨城出行异地票务结算难题。未来，更多的轨道交通以及其他"新基建"运营主体将借助区块链技术，实现多方参与者在统一共识的规则下按照自治的方式提高协作效率，"新基建"的领域内协同以及领域之间共享共建可期。

助推"新基建"主体数据开放。"新基建"建设运营过程中将产生大量的数据，同时也依赖更多数据良好运转。区块链技术既可实现保障数据安全，还可促进不同领域数据的开放共享，帮助各领域、各主体打破"数据孤岛"，促进跨机构间数据的流动、共享及定价，形成数据"新生态"，提升数据价值。以新能源汽车充电桩为例，由于当前不同充电桩间缺乏互联互通，加上布局差、运营弱等问题，我国充电桩平均利用率不足10%，运营主体普遍处于亏损状态。依托区块链技术的不可篡改特性，新能源汽车租赁运营商、充电桩运营商、停车场、商业综合体、用户协同建设联盟链。各类主体可通过联盟链推进数据共享共用，进行公开透明的实时记账，实现跨平台充电桩、私有桩的共享，提高充电桩利用率，促进充电桩产业良性发展。

降低"新基建"建设运营成本。第一，降低项目和资金管理成本。各类主体可充分利用区块链分布式数据存储、点对点传输、共识机制、加密算法、不可篡改等先进技术特性，加快基于区块链技术的"新基建"项目的预算管理调整、科研人员管理、合同管理、资金支付等功能模块开发使用，降低项目和资金管理成本。第二，降低运营成本。以数据中心为例，借助区块链技术的防篡改和协同共识的特性，可将数据中心所有环节的信息进行检测与整合，构建覆盖全数据中心的可信数据监测与采集网络，降低实际运营成本。第三，降低沟通和信息成本。"新基建"建设和运营均涉及不同部门的协同管理，在管理过程中，通过区块链网络可以打破传统的管理和服务模式，协同部门工作、优化业务流程，降低沟通成本和信息成本，提升管理效率。

二、对策建议

强化政策引导与支持。推动涉及"新基建"建设运营的相关部门联合出台支持政策，鼓励各类主体在"新基建"的建设运营中，布局应用区块链技术，通过对数据安全、协同发展等方面的应用项目进行奖补，争取形成"区块链+新基建"融合联动、协同发展。建立"区块链+新基建"项目库，鼓励企业间信息共享、经验交流。引导不同区域、不同建设运营主体筹建各类形式的发展联盟，制定出台相关标准，形成标准先行、保障应用的良好态势，

便于区块链技术在"新基建"建设运营过程中更好地应用。开展各类形式的教育培训,加强对各领域建设运营主体的培训力度,提升相关人员对区块链技术的认识和应用水平。

加快技术创新与应用。加大资金与政策保障,支持专业院所和机构加强区块链基础理论和交叉应用前沿研究,提升原始创新能力,夯实我国区块链技术发展基础。鼓励各级政府设立技术创新项目,划拨专项资金,支持"新基建"建设运营主体、科研机构联合区块链领域知名企业、大学和研究机构,开展关键技术的相关研究和联合攻关,为"区块链+"发挥作用奠定基础。创新政府公共服务模式,打造"区块链+新基建"技术创新应用示范平台,推进科技合作与技术成果市场化应用,并加大成功案例宣传力度,加快新技术、新模式在更大范围推广。鼓励政府部门、相关院校、企业多方合作,以"新基建"建设运营实际需求为方向,合作设计、开展相关课程、讲座、竞赛等,培养、选拔"区块链+"复合型人才充实到"新基建"的建设运营中。

打造"区块链+新基建"生态。充分利用区块链技术的去中心化、协同共享属性,吸引更多的建设运营主体加入其生态体系中。一方面,充分利用区块链技术的去中心化属性,吸纳更多社会资本参与建设运营,引导"新基建"的用户参与到"区块链+"生态中,降低载体建设和信息流通成本,让数据在"新基建"各领域内部及之间更加高效地传输,打造以区块链技术为媒介的"新基建"信息共享利用网络。另一方面,通过政策引导、开放准入的方式鼓励各类创新主体参与"新基建"运营数据的开发利用,推动"新基建"与生产制造、能源、物流、出行、旅游、电子商务等诸多行业领域融合发展。通过打造"新基建+"生态体系,催生新技术、新模式、新业态、新产业。

加强市场监管与服务。区块链技术的应用尚在起步验证阶段,在应用到相关领域时也暴露出不少问题,如当前仍存争议的数字货币,若市场监管不到位,则隐藏着较大金融风险。因此,加强相应的监管与服务尤为重要。第一,加快推动在区块链领域相关应用、产业方面的立法研究,适时发布法律法规,并根据新技术发展、新形势变化逐步完善。第二,融合"新基建"各领域区块链应用标准,建立相应的产业标准,应用大数据、人工智能等技术加强区块链监管与服务,加强各领域的监管。第三,相应的监管应覆盖账户注册、使用、交易、服务等全链条、全生命周期,打击各种利用区块链进行违法犯罪活动的行为,引导区块链技术在"新基建"领域应用的良性发展。

第四节　专项债支持"新基建"需突破的三大瓶颈及建议

为应对疫情冲击和鼓励有效投资，2020年《政府工作报告》明确提出，今年拟安排地方政府专项债券3.75万亿元，将"两新一重"①作为建设重点。专项债券支持新基建有望激发经济、环境、产业三重红利，被寄予厚望，但从实际施行效果看，专项债券对新基建支持力度严重不足，项目选择、行业壁垒、体制机制三大瓶颈亟待突破。应创新新基建项目运营模式，优化地方政府专项债券管理制度，加大数据采集网络等新基建项目投资力度，实现调结构、增后劲的政策预期。

一、专项债支持新基建的响应低于预期投资，难以有效发挥"三重红利"

专项债券，也称为专项债，是地方政府债券的一种，指为了筹集资金建设某专项具体工程而发行的债券。今年以来，为应对新冠肺炎疫情对经济社会发展带来的冲击，我国的财政政策更加积极有为，鼓励地方政府发行专项债券支持新基建已成为明确导向。2020年4月初，财政部在国务院联防联控机制举办的新闻发布会上提出，地方政府专项债券将用于"加快建设5G网络、数据中心、人工智能、物流、物联网等新型基础设施"。5月22日，2020年《政府工作报告》将加强新基建纳入"两新一重"支持重点，提出要"发展新一代信息网络，拓展5G应用，建设数据中心，增加充电桩、换电站等设施"。

从实际施行效果看，专项债对新基建项目的响应程度较低。2020年1—5月份，地方政府专项债券发行规模累计达2.26万亿元，已完成全年专项债发行计划的60%。专项债券的项目结构发生重大调整，此前占比较小的收费公路、轨道交通等交通基建类项目占主体；医疗卫生类项目、供能供水等市政类项目、产业园区基建类项目占比大幅提高；原本占比较大的土地储备相关项目大幅压缩，部分土地收储项目纳入产业园区基建配套板块下募资。总体看，债券募资项目中新基建项目较少、规模较小，专项债对新基建项目响

---

① 2020年《政府工作报告》提出，要加强新型基础设施建设，加强新型城镇化建设，加强交通、水利等重大工程建设。

应程度较低。尤其是 2020 年 4—5 月份以来，在中央已明确专项债支持"新基建"的政策导向下，5G、数据中心等新基建项目仍然较少。其中，仅广西、安徽、福建、山东等地涉及数据中心项目，债券募集资金额 7 亿元；债券项目披露的信息中未见 5G 通信基站、工业互联网等新基建相关的投资建设内容；其他十余个所谓 5G、大数据产业园项目，实质是地方产业园区道路、给排水、供电、照明、绿化等配套基建项目。从目前披露的信息看，4—5 月份各省市新基建项目投资额远低于地方政府专项债券发行总规模 1.15 万亿元。

专项债如能充分支持新基建，将有望激发"三重红利"。一是经济复苏红利，综合各地的投资计划，目前我国对"新基建"建设规模估算已高达 30 多万亿元。以新基建为抓手有望引发新一轮有效投资，促使大数据、云计算等数字经济相关技术快速发展，补短板、增长板、固底板、扩内需，拉动经济链条产生连锁反应，疏通国内国际双循环"堵点"，提振经济活力，成为应对疫情冲击的有效刺激举措。二是基建环境红利，新基建将补足传统基础设施短板，为以数字经济为代表的新产品、新业态、新模式营造良好的基础环境，有助于调结构增后劲。三是产业发展红利，新基建有望拉动国内集成电路、传感器、智能终端等产业市场需求，在安全自主可控导向下，海量应用将加速相关产品迭代升级，重点优化电子信息产业的创新生态与市场生态。但实际执行中，专项债对新基建的有效投资明显不足，上述"三重红利"难以有效发挥。

二、专项债支持新基建需突破三大瓶颈

新基建要实现对经济社会赋能，需进一步强化信息传输网络、数据采集网络等基础领域建设，加速 5G 基站、物联网传感器等终端基建布局。目前看，专项债对上述新基建领域投入不足，主要面临项目选择、行业壁垒、体制机制三大瓶颈。

项目选择瓶颈。从地方政府专项债券相关实践看，所选募资项目通常应具有明确的经营模式与稳定的偿债来源，如土地出让收入支撑土地储备项目，车辆通行收入支撑收费公路项目，厂房租赁等收入支撑产业园区项目等。目前，在新基建相关项目中，只有充电桩建设项目相对较多，并通常作为停车场建设、道路交通建设项目的部分内容。如 2020 年宁波市政府专项债券（六期）奉化城区停车场及智能管理系统建设项目中，安排新建公共充电桩 1920 个，设停车位 260 个，项目以充电桩收入、停车费收入等作为偿债支撑。

而工业互联网、物联网、人工智能等项目虽然拥有巨大的市场潜力，但由于符合专项债要求的项目模式缺乏、可预期的项目收入来源不足、代表性的示范项目匮乏等问题，地方政府专项债券在新基建领域的投资潜力远未释放。

行业壁垒瓶颈。目前，5G通信相关基础设施投建主要依靠移动、联通、电信三大运营商推进，从地方政府专项债券项目披露信息情况看，尚无项目参与投资5G通信基站建设项目。但将5G基站地块的出租收入作为收入来源的项目却时有出现。例如，2020年粤港澳大湾区新基建专项债券（一期、二期）的江门国家高新区先进制造业园区、新材料产业园区基础设施配套项目，2020年河北省京津冀协同发展专项债券（一期、二期）的北京大兴国际机场临空经济区（廊坊）航空物流园区、科技创新园区基础建设项目，均将5G基站站点出租收入纳入项目预期收入来源，但由于缺乏5G运营商的充分参与，这些基站站点数量、布局、租金等估算较为粗糙，预期收益有待进一步评估。目前，地方政府专项债券发行利率多在2.5%～4%区间，融资成本低于银行信贷，但由于缺少可供借鉴的合作模式，导致其他企业难以参与5G建设。为改善这一现状，应突破5G行业壁垒，创新三大运营商与地方政府、其他企业的合作模式，提高专项债券参与5G基建的比重。

体制机制瓶颈。目前，物联网、大数据等新基建领域已培育一批较为成熟的服务供应商，在环保、安全等领域形成较为稳定成熟的运营模式。以物联网企业佳华科技为例，该公司为地方政府提供环保监控服务，由企业投资布局传感器等物联网基础设施，政府按年付费形式采购相关大数据服务，形成一批如"通州雪亮"等具有推广示范作用的项目。但地方政府专项债券通常纳入政府性基金预算管理，传统的土地收储、收费公路、市政基建等项目通过土地出让、收费等方式，从获取土地或享受服务的第三方机构或个人取得偿债收入；而地方政府购买环保、安全等服务通常来源于一般公共预算，地方政府作为服务的支付方，没有明确的第三方收入用于偿债，与传统专项债项目的偿债机制存在显著差异。这主要是由于财政预算体制机制滞后，尚未建立起适用于新基建项目的地方政府专项债券管理制度。

三、相关建议

创新新基建项目运营模式，优化地方政府专项债券管理制度，打通专项债支持新基建的瓶颈。一是创新5G通信基站等新基建项目的政企合作模式，探索设备租赁以及PPP相关模式等多种合作途径，构建合理的收入分配机制，引导地方政府专项债券资金、社会资本参与5G通信基站等新基建项目建设。二是加强专项债支持新基建的顶层设计作用，促进中央部委、地方政府、企业之间沟通协调，建设一批专项债新基建示范项目，形成可推广、可复制的项目模式与建设经验。三是优化地方政府专项债券管理制度，探索政府使用专项债资金购买智慧环保、智慧城市等大数据、物联网服务的相关预算制度，理顺一般公共预算与政府性基金预算的关系，并构建相应的风险防控机制。

强化政府在新基建中的统筹作用，发挥政府在大数据、人工智能应用方面的引领示范作用，提升政府信息化治理能力。一是强化政府在新基建领域的引领示范作用。政府具有其他经济社会主体无可比拟的信息优势，可通过政府购买服务、地方政府专项债券投资等形式，利用大数据、物联网、人工智能企业的相关技术能力与业务经验，加快传感器等数据采集终端布局，挖掘行业、区域数据。二是强化中央层面对信息化治理的统筹，依托优势企业解决各地区、各行业平台数据的对接技术瓶颈，打通区域间、行业间的数据壁垒，破除"数据孤岛"。三是加强地方政府间新基建项目建设的统筹协调。以数据中心为例，该类基础设施的服务辐射能力较强，根据对佳华科技的调研情况发现，该企业在太原投建的数据中心，可支持其在全国多地的智慧环保大数据业务，具有多地共用、远程共用特征。地方政府专项债券投资该类新基建应注重各地项目统筹，避免重复建设造成产业资源浪费。

加强数据资产及服务的相关立法、标准工作，做好数字经济等新基建应用的配套软环境建设。一是加快推动数据信息安全等相关领域的立法工作，明确数据收集、使用的主体与权限，完善数据安全监管体系和数据安全监测预警、应急处置机制，切实保障国家、企业和个人数据及信息安全。二是强化关于无人车、无人机、智能网联汽车、工业互联网等新产品、新业态、新模式的相关法律法规、标准体系保障，推动相关创新业态法治化、规范化，在强化新基建等硬件的同时，做好数字经济等新业态的配套软环境建设。

第九章

工业财税金融政策专题研究

第一节 从"两会"看支撑制造业高质量发展的财税政策走向及建议

全球疫情蔓延，主要经济体经济出现衰退，财税政策成为各国应对疫情的主要手段。2020年召开的"两会"恰逢应对疫情冲击、中美关系转变、企业复工复产的特定时期，"两会"中财税政策总基调是"积极的财政政策要更加积极有为"，较2019年"积极的财政政策要加力提效"的导向更强，除应对疫情外，减税降费、科技创新和数字经济成为财税政策着力点。出台相关财税政策，对支持企业复工复产、支撑制造业高质量发展具有重要意义。

一、从"两会"看有关减税降费财税政策改革走向

《政府工作报告》提出，要加大减税降费力度，继续执行下调增值税税率和企业养老保险费率等政策，预计全年为企业减负超过2.5万亿元。为落实两会精神，对冲2020年疫情带来经济下行的风险，支持企业复工复产，针对目前我国制造业增值税率较高、电信企业增值税超额缴纳、增值税留抵税款难以足额及时退税等情况，建议具体改革措施如下：

一是在增值税方面，推动增值税税率三档并两档改革，将当前增值税税率由13%下调为10%，将原9%税率改为6%，设置10%和6%两档税率；将电信行业增值税税率两档（基础电信、增值电信的税率分别为9%、6%）合并为6%一档。经测算，按照上述调整，制造业将减少1.7万亿元的增值税税负，拉动GDP增长1.1%，形成较为可观的减税红利。此外，针对存量留抵税额部分，可相机发行5~10年期特别国债，一次性退还留抵税款。

二是在企业所得税方面，择机下调企业所得税基本税率（目前为 25%），可先下调 1~2 个点，逐步下调至 20%。此外，为加快推进"新基建"，可给予 5G 网络运营企业所得税"三免三减半"政策：自投资项目取得第一笔生产经营收入所属纳税年度起，第一年至第三年免征企业所得税，第四年至第六年减半征收企业所得税。

三是在企业养老保险费率方面，可适度降低社保费率 1~2 个点，切实降低企业负担。

二、从"两会"看有关科技创新财税政策改革走向

《政府工作报告》提出，要提高科技创新支撑能力，稳定支持基础研究和应用研究，引导企业增加研发投入。创新是发展的第一动力，我国制造业仍存在高端装备对外依存度偏高、自主创新能力不足、国际竞争力偏弱、产业链"卡脖子"等问题。有关数据显示，我国实验室使用的 80%CT 高档监视仪、85% 检验仪器、90% 超声波仪器、磁共振设备、心电图机等高端科研仪器，基本都是国外品牌；高档数控机床 70%~80% 依赖进口；常规高端配件如汽车自动挡变速器、无级变速器专用链条和钢带等 95% 依赖进口，高端设备所用的螺栓更是几乎 100% 进口。2019 年，中国工程院调查研究发现，我国当前制造业产业链 60% 安全可控，产业链弹性还有待于加强。近期美国频频出台出口管制措施，对华为等企业进行极限打压，更进一步凸显了我关键领域"卡脖子"的困境。针对以上情况，我国应有重点、有针对性地出台系列财税政策，引导和支持企业加大研发投入。

一是在支持基础研发方面，引导企业加大工业基础研发投入力度，对参与《工业"四基"发展目录》相关领域研发的企业提高研发费用支出加计比例，允许按照实际支出的 100%（现行 75%）加计扣除。

二是在支持中小企业方面，适当放宽中小企业研发相关税收优惠的行业限制，将混业经营且确实存在研发费用支出的企业（例如，小微企业主营批发零售，但也自行开发了电商业务平台和物流系统等），可以考虑将其纳入享受研发费用加计扣除范围。

三是在科技人才引进方面，提高对创新人才引进税收支持力度。建议参照海南自由贸易港给予高端和紧缺人才个人所得税实际税负超过 15% 的部分直接免税举措，给予企业高层次人才企业所得税优惠政策。

三、从"两会"看有关数字经济财税政策改革走向

《政府工作报告》提出，电商网购、在线服务等新业态在抗疫中发挥了重要作用，要继续出台支持政策，全面推进"互联网+"，打造数字经济新优势。21世纪以来，数字经济呈现蓬勃发展的态势。2018年全球数字经济总规模超过30亿美元，占GDP比重高达40.3%。在此次疫情冲击下，从5G、大数据、人工智能、区块链等数字技术为支撑的新业态加速发展，云上办公、在线问诊、远程医疗、在线教育等业务成为需求爆发点。例如，受疫情影响，三一重卡传统的线下销售渠道受阻，随即策划多场线上直播，仅首播2小时就完成了5千万元销售任务；截至2020年5月初，远程办公人数、阿里健康在线义诊访问用户分别达2亿人和280多万人，盒马鲜生门店线上流量达到2019年同期2.8倍。在数字经济蓬勃发展的同时，税基侵蚀和全球税收收入转移成为各国关注的问题，由此引发意大利、法国等欧洲国家征收数字税的热潮。结合我国数字经济发展实际，财税政策应重点解决以下问题。

一是数字经济发展方面，应积极采取相关财税支撑政策，夯实数字经济发展的基础，助力新业态、新模式发展。一方面，完善大数据中心、工业互联网平台等"新基建"财税政策支撑体系，通过降低相关企业所得税税率、提供政府引导基金、公共平台和产业联盟建设专项支持等政策，加大对工业互联网、大数据产业的投资力度，推动有条件企业建立数字车间、智能工厂，推动智能仓储、物流、制造车间协同发展。另一方面，采取适度财政补贴或技改资金等支持方式，鼓励中小微企业发展企业上云，以数字驱动变革中小微企业生产模式，为中小微企业转型升级赋能。

二是在数字税方面，应做好数字税研究和应对准备。一方面，我国制造业数字化推进过程中对设备、零部件的购买，以及研发过程、人员培训等均已纳入增值税征税范围，若对制造业企业相关数字化业务征收数字税，则会引发重复征税风险，因此短期内不建议我国征收数字税。另一方面，随着我国互联网企业数字业务国际市场的不断开拓，我国应积极推进双边、多边国际税收协定工作，有效对接国际税收体制、完善产业税收链条，避免对相关企业重复征税加重负担。长期看，如果未来全球征收数字税形成多方一致，我国也要适时对接国际标准，探讨开征数字服务税、数字资产税等新税种，或拓展增值税等现行税种的课税范围，完善税收体系，避免税源流失。

第二节　全球数字税争议焦点及对我国相关产业的影响

近年来，数字服务企业的税负（约 9%）远低于传统企业（约 23%），由于违背税收中性原则，数字经济税收纠纷问题已成各国关注焦点。英国、意大利、西班牙、奥地利等国相继宣布将征收数字税，法国更是投票通过数字服务税征收法案，导致美欧数字税争议升级。随着我国数字经济蓬勃发展，如何应对数字税已成为我国不得不面对的问题。剖析美欧等数字税争议焦点及对我国相关产业的影响，具有重要的前瞻意义。

一、全球主要国家和地区数字税争议四大焦点

焦点一：因数字化程度不同，欧盟各国是否征收数字税难达共识。英国、法国、意大利、西班牙等国数字化产业竞争力较弱，主要依赖其他国家的数字化企业带动本国数字经济的发展，为保障本国企业相对宽松的竞争环境，总体上支持征收数字税。爱尔兰和卢森堡因一直以低税率吸引科技企业投资，也反对征收数字税。丹麦、荷兰、瑞典和芬兰四国数字化程度较高，但前两国明确反对征收数字税，而后两国持中立态度。可见，一国或地区是否征收数字税，与其数字经济发展情况关系密切，数字经济发展较好的经济体往往是数字税的反对者。部分国家数字税推进现状及征税范围如表 9-1 所示。

表 9-1　部分国家数字税推进现状及征税范围

国　　家	征收时间	征税范围
匈牙利	已实施	对数字广告征收 7.5% 的税，适用于每年广告收入超过 1 亿福林（约合 35 万美元）的企业
意大利	2020 年内	对数字服务收入征收 3% 的税，适用于全球年收入超过 7.5 亿欧元、在意大利的数字服务收入超过 550 万欧元的科技公司
法国	2020 年内	将对年营业收入超过 7.5 亿欧元和在法国境内年营业收入超过 2500 万欧元的企业按 3% 的税率纳税，纳税范围包括广告收入、在线交易以及用户信息数据相关销售业务
英国	2020 年 4 月	对搜索引擎、社交平台和线上商场征收 2% 的税，适用于数字服务收入超过 5 亿英镑的企业。对于利润率较低的亏损企业，将提供豁免和较低的税率
奥地利	2020 年内	向互联网企业在奥地利市场的广告收入征收 3% 的数字税，适用于收入超过 7.5 亿欧元的企业
德国	待定	德国联邦财政部正研究是否对在线广告征收 15% 的预提税

续表

国　　家	征 收 时 间	征　税　范　围
西班牙	2020年12月	适用于全球收入超过7.5亿欧元、在西班牙的数字服务收入至少在300万欧元以上的公司

资料来源：根据有关资料，赛迪智库整理，2021年4月。

焦点二：美国强烈反对征收数字税，拟对欧实施加征关税等报复性行动。2019年12月，美国明确指出"法国数字税是不合理的、有歧视性的，对美国的商业造成了负担或限制"，并且威胁对奶酪、葡萄酒、瓷器等进口自法国的商品征收最高100%的报复性关税。2020年7月，美国再次单方面宣布对法国约13亿美元的商品加征25%的关税，6个月后执行，征税主要对象是法国的化妆品和手提包等产品。美国有38家企业上榜2019年福布斯全球数字经济100强，在跨境电商、互联网平台等数字产业方面优势明显。英国、法国、意大利等国实施数字税法案，必然会触碰谷歌、苹果、脸书等美国互联网科技巨头企业的利益，美国为确保全球数字经济收益，不仅提出了数字税"安全港"制度，让跨国数字业务公司可以选择遵循现有税收监管制度或是采用新的税收规则，甚至不惜采取加征关税等实质性的反制措施，强烈反对征收数字税。

焦点三：日韩征收数字税的意愿较强，担心数字经济垄断巨头破坏本国数字经济平衡。日本曾明确表示计划开征数字税并推动全球性数据管理体系的构建，解决数字税易造成税源流失的问题。韩国政府也于2018年修订法案，"对外国信息和通信技术公司提供的在线广告、云计算服务等各种形式网络服务征收10%的增值税"，这虽然不是以数字税名义提出的法案，但实质上也是针对国外数字服务内容进行征税、规避税源流失、维护国家税收权益的举措。可见，日韩两国都意识到当前数字产业已对各国经济产生了重要影响，数字税的征收有利于推动跨国互联网公司巨额利润的再分配，实现税收的公平。

焦点四：经合组织（OECD）讨论的数字税多边解决方案让全球数字经济面临重大变革，直接影响数字税发展趋向。为适应数字经济发展，解决征税权重新分配等问题，OECD提出的"双支柱"数字税改革方案，将"用户参与"等因素纳入税收分配考量："支柱一"主要讨论解决征税权如何重新分配，包括"用户参与""市场无形资产""显著经济存在"三种草案，各草案在企业覆盖范围和征税范围上存在差异；"支柱二"侧重解决反税基侵蚀的全球合作问题，确保跨国数字型企业税率支付不低于最低水平。美国的谷歌、脸书等大型互联网公司表示支持 OECD 的数字税解决方案；欧盟多国尽管提出了各自的数字税方案，但也都表示支持 OECD 的方案。OECD 数字税框架的标志性文件如表 9-2 所示。

表 9-2　OCED 数字税框架的标志性文件

时间	内容
2015	《应对数字经济的税收挑战》
2018	《数字化带来的税收挑战：中期报告》
2019	《应对经济数字化的税收挑战》
2020	《OECD/G20 关于实现包容性数字税框架的"双支柱"路径的声明》

资料来源：根据有关资料，赛迪智库整理，2021 年 4 月。

二、数字税对我相关产业影响总体可控

我国制造业数字化改造等相关行为基本已纳入增值税征税范围，若再征数字税，将引发重复征税问题，因此我国开征数字税的概率不大。我国制造业数字化过程中，企业购买的设备、零部件，以及研发设计、人员培训等行为，都已纳入增值税征税范围，我国征收数字税将会引发重复征税问题。此外，多数国家和地区的数字税征税对象主要针对跨国数字企业，即跨国数字企业在线广告收入和用户数据销售收入等"用户在消费过程中生产的价值"，基本不涉及制造业数字化改造。如果未来出现数字经济发展所引发的新技术、新业态、新模式，我国可根据数字经济整体发展情况适时将上述行为纳入增值税征收范围。

传统通信服务业务已纳入我国增值税征收范围，各国数字税征收范围均未包括传统通信服务业务，因此受数字税加征影响可控。传统通信服务业务是我国数字经济产业重要组成部分。中国移动 2019 年度业绩报告数据显示，2019 年中国移动营业收入达 7459 亿元；其中，移动话音、数据、互联网等传统通信服务收入占营业收入近 90.4%。按照我国税收管理规定，通信服务业已纳入我国增值税征管范围；我国对此类行为征收数字税，将引发重复征税问题。此外，到目前为止，全球多数国家和地区未将传统通信服务业务纳入数字税征收范围，我国传统通信服务业受数字税的影响总体可控。

国内移动支付相关业务按金融服务业标准缴纳增值税，短期内不受数字

税影响，但随着我国企业跨境支付相关业务领域不断拓展，国外开征数字税将带来长远影响。随着数字经济蓬勃发展，移动支付特别是跨境支付相关业务日益发展壮大，正逐步改变企业销售和居民消费模式。移动支付使用范围越来越广，创造的税收也日益增多，已成为各国当前数字税征管的关注点。就我国从事移动支付相关业务的企业而言，2018年6月30日起，我国已将支付宝、微信等非银行支付机构网络支付业务纳入了央行监控管理，与银行机构一起接受国内相应的税收征管，按金融服务业的标准缴纳增值税，因此短期内国内相关企业不受数字税冲击。但随着企业跨境支付相关业务领域不断拓展，如果其他国家和地区开征数字税，势必会将我国相关企业跨境业务纳入征税范围，增加企业成本，也会对我国增值税征收管理体系带来挑战。

三、政策建议

及时识别数字化的新技术、新业态和新模式，待其发展成熟时，将其纳入增值税征税范围，规避税收流失问题。数字经济不断衍生出新技术、新业态和新模式，创造新价值，比如说，消费者通过视频服务等观看广告、借助社交媒体等分享体验，诸如此类消费活动可为企业数字化平台创造价值。这些新技术、新业态和新模式发展成熟时，我国理应对接国际数字税治理，将企业获取的"用户在消费过程中生产的价值"纳入增值税征税范围。

可考虑将我国跨国互联网企业缴纳的国外数字税计入企业成本，减轻企业税负，提高数字化企业的国际竞争力。国家网信办在第二届数字中国建设峰会上的报告显示，我国数字经济已占GDP近35%。作为互联网大国，我国数字化信息和服务在拓展全球市场进程中，势必会被大多数国家纳入数字税管理范畴。我国可将跨国互联网企业缴纳的国外数字税计入企业成本，抵免部分增值税，降低我国跨国企业的税负，助力跨国互联网企业开拓国际市场。

把握数字经济发展态势，顺应国际税收规则改革方向，加大国际税收协调力度，采取适合我国国情的税收制度改革措施。考虑到OECD提出的"双支柱"数字税多边解决方案已获得多国共识，可能改变国际传统税收规则，我国应基于数字经济发展及税制的实际情况，顺应国际税收规则改革方向，以增值税电子发票为基础，加强与数字经济有关的业务税收监管力度，对现有税制进行合理调整与升级，规避可能出现的数字经济税收红利区域分配不公问题。

第三节　数字经济是否存在税收流失风险？

数字经济时代，数据规模呈指数型增长，数据已成为资本、劳动力、土地之后又一生产要素。各国逐渐意识到数据能产生巨大的经济利益，数字服务税等与数据课税相关的问题随之成为研究焦点。我们认为，数字经济催生海量数据，数据能够产生一定的经济利益，应按税收普遍、公平等原则，对数据直接受益主体进行征税，目前主要经济体已陆续出台数字经济相关的税收政策，我国也应跟踪分析数字经济相关税收政策进展，完善我国相关税收政策，为数字经济健康发展创造良好发展环境。

一、数据可产生经济利益，应被纳入数字经济税收体系范围

根据提供主体不同，数字经济中的数据可分为四大类：政府数据、企业数据、科研数据和个人数据（见表9-3）。这四类数据并非相互独立或封闭存在，在数据所有权和使用权方面相互交叉、内在牵连。比如说，作为监管部门，政府掌握大量与企业相关的商业信息、交易信息等数据。又如，借助互联网平台等载体，互联网企业能够获取用户基本信息等原始数据，进而产生大量衍生数据或增值数据。随着数字经济的快速发展，互联网企业通过数据获得大量经济效益的同时，已对部分传统线下企业带来较大的冲击。在利益分配日益失衡的情况下，各国有必要按税收普遍、公平等原则，对数据直接受益主体进行征税，确保线上线下经济平衡发展。具体看，数字可带来以下经济效益。

表9-3　数字经济中的四大类数据

种　　类	定　　义	适　用　范　围
政府数据	政府数据，即政务数据，是国家机关履行法定职能过程中收集、制作、获取、保存的各类数据	政府数据具有法定性、无偿性和公共性，政府应依法向社会公众公开，提供免费的查询使用服务
企业数据	企业数据，即商业数据，是企业在研发、生产、销售、提供服务等各类生产经营活动过程中产生的数据	企业合法取得的数据，都是企业财产，与之相关的经济权益受法律保护。若涉及重大公共利益，企业使用、保存、提供相关数据应遵守国家保密法律有关规定

续表

种类	定义	适用范围
科研数据	科研数据，即科学数据，是自然科学、工程技术科学等领域通过基础研究、应用研究、试验开发等产生的数据，以及通过观测监测、考察调查、检验检测等方式取得，并用于科学研究活动的原始数据及其衍生数据	国家资助的科研项目产生的数据是公共数据，在确保国家安全前提下，应适时对外开放；社会资本资助的科研项目产生的数据，涉及重大公共利益的数据，应交由国家科学数据中心管理
个人数据	个人数据，即个人信息，是公民个人的姓名、出生日期、身份证件号码、住址等可以将个人区分开来的信息，以及能够反映个人活动路线、作息时间、兴趣偏好、生活习惯等行为特征的信息	个人信息可能是无偿提供的，如政府部门按照法律的规定获得个人的信息；也可能是有偿提供的，如公民为了获得企业提供的服务、商品或经济权益而提供的信息

资料来源：根据有关资料，赛迪智库整理，2020年12月。

第一，数据作为生产资料参与服务过程产生经济利益。数字经济不断催生新产业、新业态、新模式，加速推动数据在生产制造、信息服务等领域的广泛应用，为相关产业带来巨大经济利益。例如，生产制造层面，数据被广泛用于研发、设计、生产等服务，推动制造业由规模化生产趋向个性化定制和智能化制造；出行服务层面，网约车平台借助大数据技术，剖析乘客的上下车地点、线路、出行偏好等数据，提升车辆使用效率、缩短响应时间，实现业务增值。可见，数据如果与机器设备、车辆等传统生产资料有机融合，可以帮助企业业务提质增效，进而提高经济利益。

第二，数据作为商品在交易中产生经济利益。互联网经济兴起，互联网企业收集和处理有关用户浏览、咨询、点播等行为习惯数据，形成大数据信息，出售给广告商等企业，实现广告精准投放。此外，电子商务企业和订餐平台收集的消费者个人信息、点评等数据，可以剖析消费者习惯、市场趋向等，给企业营销提供精准指引，赚取更多利润。总体看，农业、工业、服务业等生产生活各领域产生的数据，供需方都能从中获取经济利益，也就催生出上海数据交易中心等商业机构，专门从事数据交易。

第三，数据作为交换媒介和有价资产蕴含经济利益。数字经济催生网购、游戏等业态，线上交易随之快速发展，比特币、Libra等虚拟加密数字货币应运而生，成为支付系统的交换媒介。作为交换媒介，数字货币本质还是数据，即使仍未在法律上获得主权货币的认可，但蕴含着巨大的经济价值。

二、应对税收流失风险，主要经济体正在探索出台数字经济相关的税收政策

（一）主要发达国家陆续出台数字经济相关的税收政策

从征税对象来看，各国主要集中在跨国经营的互联网企业未纳入现行税制覆盖范围的在线广告收入。发达国家已出台的有关数字经济税收政策主要针对在线交易、在线广告、用户信息数据销售、搜索引擎、社交平台等线上数字服务进行征税。上述业务收入范围避开了传统税制中的"在一国设有常设机构"从事经营活动的规定，涵盖了实体设在境外、但线上业务发生在本国的大型科技型企业，主要是对现行税制漏洞的补充。

从征税方案来看，各国普遍将数字服务营业收入而非利润作为税基确定征税门槛，且在税率设置上区别较大。各国将从事数字经济企业的全球年营业收入以及在某国境内的年营业收入作为征收数字服务税的起征点，税率设置从2%到15%不等。英国目前公布的征税税率较低，约为2%，德国公布的预提税税率可能高达15%。整体来看，数字服务税基本设定在3%到7%这一相对较低的税率水平。

从征税利益来看，各国征收数字税主要是出于促进国家数字经济公平竞争和保障公共福利的考虑。欧盟内部传统经济和数字经济面临的有效税率相差约2.5倍，产业间税收负担严重失衡。此外，数字经济活动中消费者参与的价值创造部分也是对数字经济征税的重要原因之一。数字经济打破了传统经济中生产者和消费者不统一的身份隔离状态，消费者在享受数字服务的同时，又通过观看线上广告（如视频服务）、分享经历体验（如社交媒体）、更新自身状态（如地图导航）等消费活动为数字平台贡献了价值。在现有税制下，互联网企业享有了税率上的非公平竞争优势，数字服务消费创造的价值被企业独占，参与创造价值的公众没有得到补偿。通过数字服务税的征收，可以一定程度上实现价值再分配，进而有利于保障公众福利。

（二）我国与数字经济相关的税收政策仍存在一定不足

我国现行税制已涵盖部分数字经济企业，但实际征收中较少涉及境外互联网企业业务。基于《营业税改征增值税试点实施办法》，我国现行税制对数据生产处理加工活动等可按信息技术服务税目征收增值税；对网络数据传

输活动可按增值电信服务税目征收增值税；对转让网络游戏虚拟道具，可按转让无形资产征税；对数据销售可按销售无形资产征税。征税主要针对国内互联网企业，对与数据服务相关的境外企业征税较少。

我国目前没有专门针对数字经济的税收政策，对与数据相关的征税缺乏法律依据。《企业所得税法》规定，企业取得的应税收入包括以货币形式和非货币形式从各种来源取得的收入，但对转让数据取得的收入没有明确规定。基于《企业所得税法》，企业数据取得的收入可归入"其他收入"，征收企业所得税；个人与数据相关的收入可纳入"财产""偶然所得"的征税范围。

税制对数字经济公平竞争的考量还有待于进一步提高。一方面，数字经济与实体经济之间税负差异较大，数字经济的快速发展冲击了后者的经营，不利于全社会整体福利改善，应通过税收手段进行调节。另一方面，数据将成为重要的生产要素，数字货币也有望成为财产，数据或随数字货币而来的财产权益会产生纳税义务，需适时考虑通过立法对数据财产征税。

三、完善与数字经济相关的税收政策建议

我国主要的数据交易已按现有税法征税，但对尚未有定论的数据交易、数据所得、数据资产征税等问题，需尽早从理论、制度、治理等方面进行预先研究，推动数字经济良性发展。

完善税法，规避"数据收入"逃税等问题。基于全球数字税征收现状，OECD国家正试图从立法层面解决数据收益所带来的征税权重新分配和税基侵蚀等问题。鉴于此，我国数字税征收也可考虑从税法层面入手，将数据交易、数据资产、跨境数据流动等有关涉税事项纳入税法，规避"数据收入"逃税等问题，为数字经济发展营造良好的环境。

健全数据交易市场机制，提高税收征管的公平和效率。我国数据交易频率低、规模小，数据市场机制尚不完善，数据交易价格不透明等问题给税收征管带来一定困扰。我国应进一步完善数据交易市场机制，推动数据交易市场发展，实现数据交易的公开、透明，提高数据税收征管的公平性和效率。

密切跟踪国际数字服务税发展态势，做好应对准备。国际现行的数字税多边解决方案已获得一定共识，可能改变国际传统税收规则。我国应精准把脉国际税收规则改革方向，适时完善与数据业务相关的税收征管措施，重点关注国内互联网企业开拓海外市场中遇到数字税课税问题，提前做好应对之策。

第四节 高度关注数字税对我国相关产业的影响

疫情防控期间，居家隔离成为多数人的生活工作状态，人们很多的生活与工作不得不从线下搬到线上，这催生 5G、大数据、人工智能、区块链等以数字技术为支撑的新业态，云上办公、远程医疗等成为需求爆发点，倒逼数字经济加速发展。但随着数字经济发展，税基侵蚀和全球税收收入转移成为各国关注的问题，并由此引发征收数字税的热潮。

一、疫情倒逼数字经济加速发展

面对疫情，数字化迸发出超常韧性，强有力倒逼产业提质增效，我国经济社会抗风险能力得以全面提升。

疫情推动多数传统企业"紧扣"数字化，实现产业结构优化升级。疫情使不少传统产业意识到，数字化赋能，能有效平抑风险、提质增效。农业领域，因受线下销售渠道暂停等因素影响，部分地方农产品陷入滞销困境，农村电子商务加速线上线下融合，各地的"菜篮子""米袋子""果盘子"等得以有效保障。工业领域，防护服、口罩等重点医疗物资短缺，制造企业加快"工业化+数字化"融合步伐，依据工业互联网平台，优化配置重点医疗物资所需的原材料、设备、劳动力、资金等要素，支持企业复工复产、转产扩产，全方位提高重点医疗物资产能。服务业领域，疫情倒逼金融、零售、餐饮等细分产业领域引入大数据、人工智能等技术，探索无人银行、无人零售、无人餐饮等新业态。

疫情为产业数字化开拓新的发展空间，推动企业基于数字化平台集聚资源发展新业态，助力疫情下企业可持续健康发展。疫情期间，海尔集团打造了医疗物资信息共享资源汇聚平台，提供疫情数据管理和分析服务；浪潮信息等企业免费提供远程视频通信、远程协同办公等服务。此外，工业互联网平台、产业互联网平台等数字化平台有效发挥在线协作、远程服务等优势，为企业间物资对接等业务提供有力支持。淘宝、京东、拼多多等电商平台都推出了助农频道，农产品滞销问题得以一定程度的缓解。

疫情下数字化为新业态兴起提供新动能，无人化理念逐渐为企业所接受，数字消费、数字营销加速兴起。数字经济依托其独特技术优势，在技术、产业、商业、制度中逐步形成自成一体的数据化闭环，为新业态兴起提供新

动能。例如，疫情开启了无人配送的先河，疫情期间，京东推出智能机器人替代人力，将医疗物资送达武汉第九医院后自动返程。此外，多家医院、酒店都提出了购买配送机器人的需求。又如，为打破时空限制，创造更多和用户的接触点，智慧门店、汽车超市、智能展厅等新业态应运而生。

二、全球数字税征收现状分析

全球数字服务企业普遍税率过低，违背税收公平原则。据欧盟统计数据显示，与数字服务高度关联的互联网企业平均税率为9%，传统线下企业税率为20%~25%，这有违税收中性原则。全球排名前三的互联网企业谷歌、脸书和亚马逊的纳税占总收入比重分别为0.6%、1.2%和0.1%，远低于其他产业的平均水平。早在2017年，亚马逊将企业大量营业收入转到其欧洲总部卢森堡后，被责令向卢森堡补缴约2.5亿欧元税款；谷歌在法国的总部也被要求补缴16亿欧元税款。直到2019年，谷歌向法国支付4.65亿欧元税款及5亿欧元罚款，才暂时缓解了公司长达两年的财务诈骗问题。这些全球范围内数字经济税收纠纷问题，更反映出数字经济快速发展与全球税收制度发展呈现不平衡态势，因此，以OECD和欧盟为代表的组织机构极力促成数字税的提案，也是推进区域税收公平的重要举措。

欧盟范围内，数字化程度较高的国家反对征收数字税，数字化对外依赖度较高的国家则持积极态度。2018年，欧盟评估了成员国在数字社会和经济发展方面的排名情况，"欧盟数字四强"（丹麦、瑞典、芬兰和荷兰）中，丹麦、荷兰明确反对征收数字税，瑞典、芬兰持中立态度。英国、法国和意大利等国支持征收数字税，但本土数字化产业全球竞争力较弱，更多依赖其他国家数字产业在本土设立总部、拓展海外市场等被动发展，为保障本国企业有相对宽松的竞争环境，特设立数字服务税。可见，数字经济发展越具优势的国家，为保护国内企业的全球数字化收益，会成为数字税天然反对者。

美国强烈反对征收数字税并采取报复性行动。2019年福布斯全球数字经济100强榜单中，美国有38家企业上榜，其数字产业（特别是在跨境电商、互联网平台等领域）占较大优势。面对2019年英国、法国、意大利等国数字税法案对谷歌、苹果、亚马逊、脸书等美国互联网科技巨头的冲击，美国持强硬反对态度，并针对其他国家数字税相关举措采取贸易反制措施。例如，美国贸易代表办公室在声明中指出，"法国数字税是不合理的、有歧视性的，给美国商业造成了负担或限制"，建议"对法国产品征收最高100%额外关税"。

三、征收数字税对我国相关产业影响分析

制造业数字化改造和融合发展不会单独成为数字税征税范围。2019年，我国制造业企业不断推动生产能力提升，特别是在设备和管理数字化改造方面发力，据国家发展改革委统计数据，92.9%的企业在应用数字化技术后利润率得已提升。我国制造业数字化推进过程中对设备、零部件的购买，以及研发过程、人员培训等已纳入增值税征税范围，若对制造业企业相关数字化业务征收数字税，会引发重复征税风险。

传统通信服务业受征收数字税影响不大。当前，大多数国家并未将传统的通信服务业纳入数字税征税范围，而通信服务业作为我国数字经济重要组成部分，其主营业务仍集中于传统通信服务领域。从中国移动通信集团业务分布看，2019年上半年，集团通信服务收入占营业收入比重达90.2%。此外，移动话音、互联网等基础服务未纳入全球数字税征收范围，因此我国通信服务业海外布局不会受征收数字税的冲击。

移动支付相关业务跨国发展须将数字税计入成本。近年来，移动支付逐步改变了企业销售和居民消费模式，2018年，我国移动支付交易规模达277.4万亿元，较2017年增长了136.7%，仍有扩大趋势。此外，自2018年6月30日起，非银支付机构网络支付业务（支付宝、微信等）纳入央行监控，因此并不存在相关业务不能纳入税收征管渠道问题。但这部分业务若寻求全球市场发展，仍须考虑其业务纳入大多数国家的数字税管理范畴，将数字税纳入业务成本，并警惕未来可能形成的税收风险。

综上，我国短期内暂无对国内数字服务企业征收数字税的可能，但若未来全球征收数字税形成多方一致，我国也有将相关数字产业纳入增值税管理范围的可能。

第五节　OECD数字服务税双支柱框架解读

OECD主导的税基侵蚀和利润转移项目（BEPS）核心内容，旨在应对数字经济带来的税制挑战。2019年1月，OECD成员国就BEPS项目下的双支柱提案达成共识，同年5月，20国集团批准相关工作计划。2020年7月，20国集团授权OECD编制"支柱一/二蓝图"报告，同年10月15日，OECD发布《数字化带来的税制挑战——支柱一/二（Pillar One/Two）蓝图》报告（以

下简称《报告》)。本节剖析《报告》核心观点,提出构建与数字经济相匹配的政策建议。

一、BEPS 项目下双支柱(Two Pillars)核心观点

2012 年,G20 财长和央行行长会议提出,为应对数字经济带来的税制挑战,特委托 OECD 开展相关的经济分析和影响评估,《报告》应时而生。

(一)支柱一侧重与数字经济相匹配的征税权分配机制

随着数字经济蓬勃发展,与企业利润有关的征税权分配不再只局限于企业实体。支柱一主要探讨与数字经济相匹配的征税权分配机制,旨在扩大市场管辖区(用户所在地)的征税权。支柱一基于税收联结度(显著数字存在)规则,将跨国公司的应税利润分为三类:A 类是跨国公司集团层面或是业务层面分配给市场管辖区的剩余利润份额,主要包括自动化数字服务和面向消费者的业务;同时跨国公司的合并收入及在国外获得的范围内收入均需分别高于一定的门槛值,才能适用 A 类。B 类是跨国公司基于独立交易原则,在市场管辖区实际发生的市场营销和分销活动等基本活动取得的固定回报。C 类是跨国公司在市场管辖区从事不属于基本活动范围的活动所创造的额外利润。

A 类主要包括自动化数字服务(Automated Digital Services,ADS)和面向消费者的业务(Consumer-facing Businesses,CFB)。ADS 以正面清单、负面清单、一般定义三维角度呈现。正面清单包括九类服务,即在线广告服务、出售或以其他方式转让用户数据、在线搜索引擎、社交媒体平台、在线中介平台、数字内容服务、在线游戏、标准化在线教学服务、云计算服务。负面清单包括五类服务:定制专业服务、定制在线教学服务、在线销售除广告外的商品和服务、不考虑网络连接的实体货物销售收入、提供接入互联网或其他电子网络的服务。一般定义指未列入正面清单、负面清单,但符合一般定义的其他服务类型。CFB 是通过出售给消费者商品和服务而产生收入的业务,即购买个人使用物品而非商业或专业用途的业务,包括在制药、特许经营、许可、两用商品/服务以及两用中间产品和部件的特定部门和商业模式中的业务。此外,支柱一指出,特定的自然资源、金融服务、住宅物业的建造、销售和租赁以及国际航空和航运业务等不属于 A 类业务类型。

分步骤计算确定 A 类不同市场管辖区的应税金额。支柱一指出,需要先

确定跨国公司全球总收入超过某一上限，同时还要确定只有来自范围内活动的国外来源总收入超过某一上限，才可以纳入 A 类考虑范围。基于此，再通过合并财务报表的方式，确定跨国公司的税前利润额，测算利润率是否超过门槛值，若超过，计算超出部分，根据再分配比例计算再分配税基，将再分配税基按照不同国家市场收入比例进行分割，最终得出每个市场管辖区的应税金额。

（二）支柱二侧重解决剩余利润转移和税基侵蚀问题，确保大型跨国企业必须支付最低水平的税收

支柱二适用于上一会计年度合并年收入达到或超过 7.5 亿欧元（或接近等值本币）的跨国企业，以规避其对中小企业造成不利影响。其中，投资基金、养老基金、政府实体、国际组织、非营利性实体和受税收中立制度限制的实体可能被排除在范围之外。支柱二制定了所得纳入规则和转换规则（Income Inclusion and Switch-over Rules）、低税支付规则（Undertaxed Payment Rule）和应税规则（Subject to Tax Rule）等多项相互关联的规则，同时还界定了覆盖税率的内涵，明确了有效税率的计算方法，都是为了应对企业向免税或低税收国家转移利润的风险，确保竞争环境和透明度，同时有助于降低企业的合规成本。

所得纳入规则和转换规则。所得纳入规则规定，通过境外分支机构或关联方取得的境外收入部分，如果当地适用的有效税率低于最低税率水平，母公司所在国可以对此项收入征税，以确保跨国公司企业集团的收入按最低税率水平征税。转换规则规定，如果母公司的境外常设机构利润享受了免税待遇，那么该免税常设机构的利润和税收都应分配给常设机构当地管辖区，若这些利润适用了国外偏低的有效税率，则转换规则将允许该常设机构当地管辖区将税收协定中的免税法改为抵免法，以确保所得纳入规则的实施。

低税支付规则。该规则规定，如果向关联方支付的款项在对方国适用的税率低于最低税率水平时，来源国不允许支付方税前扣除该笔款项。低税支付规则确保不会向有效税率低于最低税率的国家分配任何税款，税收将按适用的国内税率计算并支付。

应税规则。该规则要求特定类型的付款在来源地缴纳预扣税或其他税，而且对于付款适用税率低于最低税率水平时，某些收入项目不适用可抵扣税收优惠。该规则是对所得纳入规则和转换规则、低税支付规则的补充，有助

于来源国（特别是行政能力较低的国家）保护税基，确保税收确定性。

覆盖税。该税是指对整个集团公司的收入或利润征税，包括对公司利润征收的国内税和国外税，但销售税、增值税、消费税、印花税、雇佣税和财产税均不是覆盖税。覆盖税主要是为了解决以下四方面问题：一是力图与全球税基保持一致，避免双重征税。由于全球税基涵盖的收入较广泛，因此全球有效税率（ETR）计算必须采用覆盖税这一涵盖范围更宽泛的定义来适应当前和未来的税制设计。二是提供清晰和一致的结果。由于加强了税收合规和行政监管，覆盖税在适用时规则透明、原则明确，能产生一致和可预测的结果。三是防止对不同税法管辖区具体税收技术设计进行法律分析。覆盖税侧重于税收的基本特征，避免了对各税法管辖区征税特定技术细节进行法律分析的必要性。四是解决征税时间的差异。覆盖税考虑到了收入确认和征税暂时性差异的影响，便于在全球范围内同时征税。

有效税率。当经营地司法辖区的税率低于既定的最低税率时，跨国公司将产生全球纳税义务，需要明确适用的有效税率。有效税率计算包括两个步骤：第一步是确定集团内每个实体的收入，并在实体层面就合并项目进行调整；第二步是分配每个法律管辖区实体的收入和支付的税款，即调整后的覆盖税[①]总额除以分配给该辖区的税前利润（或亏损）。如果分配给某一司法管辖区的税前利润总额为零或为负（即亏损），则该跨国公司集团在该年度将没有与该辖区相关的全球纳税义务。

二、对策建议

实时跟踪研究 OCED 双支柱方案。密切关注 OECD、欧盟等数字经济课税的最新进展，持续跟踪最新报告和研究成果，结合 BEPS "双支柱"下各议题的细节，深入研究征税范围中的行为试验、门槛试验，联结度测试，收入来源等。

积极参与国际税收规则的研究制定。基于我国互联网企业的业务特点，加快建立健全有关数字服务和产品的跨境增值税管辖权规则等，探索通过正面清单等方式更清晰地界定数字产品和服务，从更理性、更公平的角度提出

---

① 调整后的覆盖税是指所有覆盖税减去不包括在全球税基中的收入和收益（如对股息和股票处置收益支付的税款）后的覆盖税。

"中国方案"。围绕常设机构、转让定价、增值税税收管辖权、跨境增值税管理等规则，尽可能细化落地规则，以便企业判断和操作，同时考虑企业核心技术价值，全力保障全球利润重新划分对我国税基是有利影响。

在数字税收方面开展多边和双边对话。充分利用全球增值税论坛、联合国国际税收专家委员会、OECD税收征管论坛、金砖国家税务局长会议、"一带一路"税收征管合作论坛等全球或区域性税收协调平台，建立国际数字税收对话协作机制和争议解决机制，提高涉税信息透明度，为我国互联网企业开拓国际市场创造公平稳定的税制环境。

探索完善税收联结度规则。借鉴OECD经验，建立有关营业收入、用户规模等指标的新联结度规则，加快调整数字经济非居民企业"常设机构"的认定标准，同时构建适用于数字经济居民企业的新的税收联结度规则，探索按新的税收联结度规则加强跨区域经营的数字经济企业的税收协调。

第十章

新能源汽车及智能网联汽车专题研究

第一节 美国智库 CSIS 报告对我国新能源汽车产业发展的三点启示

11月20日,美国国际战略研究中心(CSIS)发布报告《战争将至？中国发展电动汽车的威胁》(以下简称《报告》),认为中国新能源汽车产业在市场推广、企业培育、产业配套等方面,均取得较好成绩,预计未来有可能威胁到美德日等传统汽车强国的地位。《报告》也指出,中国汽车产业发展存在依赖补贴、企业规模过小、产品中低端化等方面的问题。赛迪研究院工业经济研究所梳理总结了《报告》主要内容,并建议我国抢抓汽车与能源、交通、信息通信等技术加速融合的战略窗口期,精准施策,加快提高新能源汽车产业链现代化水平。

一、《报告》主要观点总结

《报告》认可中国新能源汽车产业发展取得的"亮眼成绩"。一是认为中国新能源汽车产业发展"迅速"。虽受新冠肺炎疫情重创,但由于中国疫情控制较好,新能源汽车行业销量快速回升,2020年7月超过了去年同期水平,9月份销量13.8万辆,环比增长26.2%,同比增长73%。中国培育出一批具有竞争力的企业和品牌,比如,2020年10月微型电车五菱宏光 Mini EV 销量超过2万辆,是特斯拉 model3 车型销量的两倍;蔚来、小鹏等新造车企业交付量也实现较大幅度增长;在电池、充电桩等零部件和配套设施领域,也涌现出宁德时代等一批知名企业。二是肯定了中国支持新能源汽车的政策效果。比如,政府在扶持充电基础设施建设方面成效明显,截至2020年6

月，中国公共充电桩数量为 55.8 万根，是美国的 5.5 倍。中国自 2017 年启用的"双积分"政策也颇有成效，自主品牌车企加快开发新能源车型建设相关生产线。进入 2019 年，外商车企加快推出新能源车型，华晨宝马等均完成了当年新能源汽车积分比例（2019 年是 10%）的最低产量目标。三是中国在新能源汽车相关领域多条路线并行，取得一定进展。比如，氢燃料电池客车已开始研发和推广示范；自动驾驶领域的百度阿波罗系统已经相继开展了 Level-3 自动驾驶测试，在新兴领域已初步取得良好成绩。

《报告》认为我国新能源汽车发展仍存在一些问题。一是行业发展过度依赖政府补贴。据估算，2010—2019 年，中国各级政府出台了减免购置税、支持研发和充电基础设施等政策措施，支持新能源汽车产业的资金总额超过 6760 亿元；2019 年，政府扶持资金和新能源汽车销售总额的比值依然高达 30.7%。二是中国汽车企业规模数量众多且规模较小。2020 年，中国新能源汽车企业数量 119 家，按照全年 150 万辆的销量计算，平均每家汽车企业销量仅为 1.26 万辆，远低于一家正常的汽车企业可持续经营所应达到的销售规模，大部分汽车企业处于亏损经营。三是自主品牌新能源汽车主要集中在低端环节。销量最高的两款产品——五菱宏光 Mini EV 和长城欧拉黑猫，10 月份销量分别为 23762 台和 6269 台，终端消费价格分别约在 3 万元、7 万元左右。售价进入 30 万以上级别的自主品牌产品，只有蔚来 ES6 实现大规模量产，10 月销量 2695 台，但也仅是特斯拉 Model 3 销量的五分之一。

《报告》建议美国政府应尽快制定新能源汽车产业政策。《报告》认为中国已通过"双积分"政策、支持电动客车出口等方式对全球汽车行业产生重大影响，中国与世界主要新能源汽车生产国（美国、德国、日本等）之间将要爆发"新能源汽车战争"。如果美国要赢得这场比赛，就要趁中国产业发展根基未稳之际"提前敲打"。一是建议美国商务部应针对中国新能源汽车，开展一系列反倾销和反补贴税案的政策储备。同时，也指出中国在"网络安全，数据存储和数据隐私有关的潜在国家安全风险"等方面可能存在监管漏洞。二是应在工业、教育、科研、消费等领域系统地支持本国汽车产业发展。例如，应在吸引海外人才、支持关键技术研发、建设充电基础设施、生产者支持、消费者补贴、开辟自动驾驶区域测试等方面出台系列政策组合。三是应与其他国家加强合作，形成针对中国的技术"封锁"。比如，在技术标准、供应链、保护数据等方面形成联盟，以削弱中国新能源汽车产业快速发展带来的严重威胁。

二、几点启示

（一）科学评估现有政策，有"扬弃"，有"继承"，进一步完善相关举措

产业政策的制定与实施需要和产业发展阶段相适应。我国汽车产业的发展离不开政策如影随形的支持。在各层次政府规划、产业扶持等多项政策举措的支持下，我国新能源汽车产销量已连续五年位居世界首位，培育形成了一批世界知名企业。2018年CSIS发布的《中国新能源汽车推广的险棋》认为，我国这种集中资源推动产业发展的政策和做法是一种"冒险性"的行为。但仅时隔两年，CSIS对我国新能源汽车产业发展的认知就发生了明显变化，不仅肯定我国促进新能源汽车产业发展的举措，甚至还要求美国借鉴中国产业政策，甚至"模仿中国的产业歧视性做法"。这在一定程度上肯定了我国消费者补助、充电基础设施建设补助、"双积分"等政策的有效性。建议总结和评估好汽车相关政策，做到"继承"和"扬弃"，确保产业政策更加公开透明有效。结合我国汽车产业发展阶段，加快推进新能源汽车的市场化机制建设，研究提高财政、税收、政府投资基金等财税金融措施的市场化水平，进一步完善"双积分"、充电基础设施建设等政策，确保政策更加公开透明、公正有效，尽可能减少其他国家对我国汽车产业的争议。

（二）重视品牌建设，强化自主品牌培育政策措施

我国自主品牌企业已在生产组织、营销网络建设等方面取得较大进步，但品牌溢价能力仍然较弱，产业发展存在"低端产能过剩、中高端需求不足"的问题。新能源汽车领域更是面临外商高端品牌在国内市场的快速扩张。数据显示，2020年上半年，特斯拉、大众、宝马三家企业均已进入全国新能源企业销量前十名，对国内品牌形成市场空间挤压。建议应利用我国超大规模市场优势，加快供给侧结构性改革，加速构建我国自主品牌汽车企业和零部件的产业链、供应链体系。开展汽车品牌评价、品牌年度评选等培育活动，组织媒体加大自主品牌宣传，通过博览会、新品推介会等活动，培育消费者的国家品牌意识，打造世界级品牌汽车。同时，应发挥政府采购作用，优先扶持自主品牌，在公共交通、环保等领域优先采购国产纯电动汽车，为自主品牌推广起到牵头示范作用。

（三）警惕美国对我国汽车进行反倾销和技术围堵，未雨绸缪做好应对

我国新能源汽车产业已在电池、电机、电控等核心领域逐步缩小与欧美国家差距，在磷酸铁锂电池、永磁同步电机等关键技术领域实现了反超。但美国仍然处于技术优势地位，并可能联合其他汽车强国，在技术标准、专利保护、关键零部件供应链、信息安全等方面对我国形成技术打压。美国《2020财年国防授权法案》已干扰美国交通部门向比亚迪公司采购电动大巴。要警惕拜登政府上台后中美两国在关键技术领域摩擦进一步升级，美国继续以"网络安全，数据存储和数据隐私有关的潜在国家安全风险"等借口，禁止采购我国汽车，甚至对我国汽车部分关键零部件实施"断供"。同时，要高度关注数据隐私保护问题，积极参与国际标准制定，营造于我有利的外部环境。为避免我国汽车产业出现"卡脖子"情况，要加大氢燃料电池、半固态和固态电池、车规级芯片等关键技术难点和瓶颈的攻关力度，加快产业链补链、固链工作，确保我国新能源汽车产业链的整体安全可控。

第二节 德国促进新能源汽车行业发展政策的启示

德国新能源汽车行业迎来爆发式增长，2019年该国能源汽车销量同比增长50%，2020年3月咨询公司麦肯锡发布报告称，随着大众、宝马和戴姆勒全面布局汽车电动化，预测2020年德国新能源汽车产量将超过100万辆，最早将于2021年生产170万辆超越中国。当前，我国新能源汽车行业增长乏力，并存在一定的发展瓶颈，德国促进新能源汽车发展的财政补贴、碳排放及资助企业关键项目等政策，对于促进我国新能源汽车及动力电池产业发展，具有重要借鉴意义。

一、德国促进新能源汽车产业发展政策调整情况

适时调整并加码新能源汽车补贴。2016年德国政府推出总额12亿欧元的新能源汽车购置补贴，纯电动汽车、油电混合动力汽车分别给予4000欧元和3000欧元补贴，但限定享受补贴的车型售价不得超过6万欧元，排除高端车型（比如特斯拉Model S）。德国评估补贴政策效果未达预期（购车补贴额度大量结余），2019年11月德国宣布延长并上调补贴，部分车型补贴金额增加50%，单车最高可享受6000欧元补贴，部分二手车也在补贴范围内（见表10-1）。

表 10-1 德国促进新能源汽车产业发展的补贴政策

具体领域	年份	重点内容
税收抵免	2011	对 2011 年 5 月至 2020 年 12 月期间购买的电动汽车免缴 5 年或 10 年的车辆保有税
财政补贴	2016	2016 年 5 月 18 日起,购买纯电动汽车、油电混合动力汽车分别可获补贴 4000 欧元和 3000 欧元,政府和汽车企业平摊,补贴总额 12 亿欧元
补贴调整	2019	新车:车辆价格低于 4 万欧元:补贴金额增长 2000 欧元至 6000 欧元;在 4-6.5 万欧元车型享受补贴 5000 欧元;低于 4 万欧元插电混动新车,享受补贴提升 50% 至 4500 欧元;4-6.5 万欧元插电混动车型,享受 3750 欧元。 二手车:使用时间低于一年、总里程不超过 1.5 万公里且未领取过补贴的车辆,纯电车型 5000 欧元,插混获得 3750 欧元

资料来源:赛迪智库整理,2021 年 4 月。

碳排放政策收缩倒逼新能源汽车发展。欧盟要求到 2021 年汽车二氧化碳减排目标降至 95g/km,相比日本、美国的碳排放标准更为严格。对此,德国施行两项措施,一是 2017 年启动"清洁空气计划",投入 10 亿欧元扶持车企开发清洁柴油车和新能源汽车。二是汽车保有税方面给予新能源汽车政策优惠,按购车时间减免 5 年或 10 年保有税,同时在传统燃油乘用车保有税中将二氧化碳排放量和发动机排量纳入缴纳计算标准,引导消费者购买新能源汽车。与此同时,欧盟进一步收紧碳排放交易政策,自 2019 年起,每年减少 24% 的超额碳排放配额,2023 年将收窄至每年减少 12%。英国智库 CarbonTracker 测算,24% 的配额缩口将导致碳排放配额价格增长 3 倍,碳排放交易价格上涨倒逼德国企业转向开发新能源汽车。

扶持领军企业开展动力电池核心技术研发和产业化。德国通过产业联盟加快了动力电池的研发进程,2018 年 11 月德国政府投资 16 亿欧元资助德国电池联盟,该联盟由吉森大学(JLU)牵头,协同电池企业瓦尔塔和大众、宝马等车企,研究下一代固态电池理论知识和产业化应用,计划资助建设新的电池生产工厂。2019 年德国出资 10 亿欧元资助电池企业,由德国牵头联合欧盟企业,组建三大电池联盟和投资项目,建设欧洲动力电池产业基地,以减少对宁德时代、松下、LG 化学等亚洲电池供应商的依赖。德国促进新能源汽车电池技术研发及产业化的专项政策如表 10-2 所示。

表 10-2 德国促进新能源汽车电池技术研发及产业化的专项政策

具体领域	年份	资助方式或对象
新能源汽车关键技术	2012	能源存储技术领域联合实施 60 个创新研究项目，财政拨款设立专项规划或科研项目，支持新能源汽车电池等关键技术等能源领域技术研究
固态电池技术	2018	德国政府又投资 16 亿欧元资助德国电池联盟，研究下一代固态电池理论知识和产业化应用，受益企业：电池企业瓦尔塔和大众、宝马等车企
锂离子电池生产企业	2018	德国经济部在政府预算内划拨 10 亿欧元进行电池生产补贴，计划将该补贴纳入欧盟预算及区域援助基金范围，截止到 2019 年 3 月，已有超过宝马、大众等 30 家公司申请补贴
动力电池核心技术	2019	德国牵头，欧洲各公司组建三大电池联盟。一组由大众集团、Northvolt 组建，欧盟七个成员国研究机构和企业加入；一组由 PSA 集团、欧宝和 Saft 组建；一组由德国电池制造商 Varta 组建

资料来源：赛迪智库整理，2021 年 4 月。

德国等欧洲国家的新能源汽车产销量高速增长，但我国新能源汽车销量下滑，2019 年销量为 120.6 万辆，同比下降 4%。国内新能源汽车行业存在如下问题：一是国产品牌销售更显乏力。外资品牌大举进入挤占市场，特斯拉仅一款车型（Medel3）前两个月销量 6520 辆，占全国销量 12.1%，比亚迪、北汽新能源等自主品牌销量明显回落。国家发展改革委已宣布在 2022 年之前取消乘用车外资股比限制，宝马、大众、奔驰等品牌计划独资设厂，将会大幅侵占自主品牌汽车生存空间。二是关键技术突破存在难度。在一些核心技术领域和国际水平存在差距，比如车用功率半导体器件的自主品牌占有率仅 20%、车身电子稳定系统的核心技术掌握在博世和大陆等少数公司手中、低钴高性能电池开发和生产落后于日韩等企业。三是行业发展存在低质竞争。我国投入的新能源汽车推广应用补助规模在千亿元以上，孵化和培育一批新能源汽车企业，国内具备新能源汽车生产资格的企业 635 家，品牌数量众多，市场集中度不升反降，2019 年新能源汽车产量前五名企业的市场占有率仅为 44.4%，比 2018 年下降了 2.2 个百分点，且大量企业的产量为千台以下，占用社会资源和财政资金。

二、启示及建议

在稳定新能源汽车市场预期基础上，优化财政补助和税收优惠的支持方

向。一是保持新能源汽车补助额度相对稳定。国内新能源汽车发展仍处于成长期，应根据行业发展适时调整产业政策。在欧美国家持续加大扶持力度，同时受新冠肺炎疫情影响的背景下，可考虑适当延长新能源汽车补贴（比如3～5年），保持补贴政策相对稳定，不要大幅度退坡，稳定市场预期。二是优化财政补助支持方向，提高财政补助使用效果。第一，优化享受补贴车型，鼓励开发经济性车型。研究德国补贴对车型限价的做法，结合中国汽车市场结构，对享受补贴的车型实行最高限价（比如25万元以内车型），售价超过一定金额的新能源汽车不予补贴。第二，优化享受补贴企业，奖优扶强，对企业进行评估，尤其数年扶持仍未实现产业规模化的企业（如年销量千台以下），降低或取消财政补贴。

推动碳排放政策与新能源汽车扶持政策的结合，进一步完善汽车"双积分"政策。一是对标欧盟，引入与碳排放挂钩的相关政策，引导车企向电动化转型。对符合排放标准的车型进行适当补贴和免税。二是继续有序推进我国新能源汽车"双积分"政策，不断细化政策内涵，可在车型分类、系数设定、交易制度设定、惩罚措施等方面进一步调整，引导市场动态调整积分交易，建立正向引导机制，给予先进技术的企业或项目额外奖励积分。

资助龙头企业攻克关键技术和关键产业化项目。一是资助企业攻克关键技术。德国组织企业、科研机构攻克动力电池关键技术，取得了较好的产业成果。目前，国内科研资助项目分散，资金缺乏集中利用，尤其龙头企业带头作用未能有效发挥，应突出企业在重大技术攻关中的主体作用，进一步提高资助资金的使用效果和导向性，要求各类国家科研平台吸引龙头企业参与关键共性技术科研攻关计划，加大企业对新能源汽车行业关键性技术突破的国家和省市级科技奖励。二是扶持龙头企业的关键产业化项目。新能源汽车产业发展成熟后，市场将呈现出寡头垄断的市场特征，目前我国新能源汽车生产企业过多，资助要"好钢用到刀刃上"，在项目审批环节做好全国产业规划和生产力布局，采用信贷、生产用地等资源支持比亚迪等龙头企业。而且，地方政府存在跟风上马新能源汽车整车项目的投机现象，导致新能源汽车行业存在一定的低水平产能重复建设和低档次产品低质竞争，还需有序引导地方政府的产业和项目建设，限制汽车产业基础薄弱地区新建整车项目，引导地方的资金和项目发展配套产业项目，培育具有特色的区域零部件产业集群及细分领域单项冠军企业。

第三节　疫情背景下智能网联汽车及相关技术发展新机遇

此次疫情期间，无人配送、智能消毒等"无人化"技术应用大幅增长，以自动驾驶、车路协同为核心的智能网联技术，在防疫消毒、车辆交通管制等抗击疫情工作中取得积极成效。赛迪智库工业经济研究所认为，进一步提升智能网联技术在应对疫情等突发事件时的作用，应推动智能网联汽车政策升级，尤其加快无人驾驶汽车道路测试，实现"无人化"车辆在配送、环卫等领域的率先部署，还应加快智能路网、智能交通管理系建设。

一、疫情给自动驾驶、车路协同等智能网联技术带来新机遇

自动驾驶技术已在防疫消毒、医药物资配送等抗击疫情工作中取得小规模应用，未来，在自动驾驶出租车、无人驾驶货车和自动驾驶环卫清扫车等领域具有广阔发展空间。为了防控疫情，无人配送、自动消毒等"无人化"技术可提供远程无接触服务，有效降低了人员流动被交叉感染的概率，目前已有一批自动驾驶产品投入到疫情防控工作，包括百度 Apollo 系统支持的无人物流小车、上海 TMiRob 技术公司的医疗智能消毒机器人、京东智能配送机器人、广东省人民医院智能送餐送药机器人等。

疫情期间，自动驾驶等智能网联技术得到越来越广泛的应用，无人配送机器人、自动消毒机器人等终端产品市场采购订单大幅增长，特别是自动驾驶出租车、自动驾驶货车、自动清扫车等产品提高了社会对疫情、地质灾害等突发公共事件对应对能力。例如，自动驾驶出租车和网约车。武汉、孝感等疫情重灾区的城市公交、地铁大面积停运，出租车司机避险停工，造成医护人员、物资保障人员等一线工作人员出行不便，疫情期间出行困局促进社会对无人驾驶车辆的关注，目前长沙、广州等地已有自动驾驶出租车试运营。又如，无人驾驶货车。疫区武汉"封城"之后，生活物资供应不足，防疫物资运输困难，物资保障能力下降。无人驾驶货车可提供长时间持续工作的运输能力特点，应对疫情等灾害具有优势，国内已有多家企业从事无人驾驶货运技术开发，具备商用化基础。再如，无人驾驶环卫清扫车。重大疫情导致各地环卫工人清扫街道的工作强度翻倍增长，自动清扫环卫车辆可全天 24 小时工作，具有高效全时特点，目前已在深圳等地环卫领域投入使用，自动

清扫车的市场采购量趋于活跃。

车路协同信息化技术已在 ETC 车辆识别、AI 测温等领域应用，未来将助力智能路网建设，提高人流、车流的管控和服务能力。车路协同等智能网联技术的应用，对于疫情追踪、人员回溯追踪、物资配送等人流、车流和物流的信息管理发挥了重大作用。部分城市开展道路疫情管控，通过 ETC 系统完成车辆身份自动识别，通过微信、支付宝等扫码快速登记车辆、人员信息，做到实时更新统计疫情状态；火车站等公共场所启用 AI 大客流体温检测设备，协助快速完成体温检测。因此，智能网联技术在此次防控疫情过程中，通过大数据分析识别技术，有效提高车辆、人员的追踪能力，这为未来应对更加复杂的突发公共事件提供了一次重要实验。

车路协同技术在处理疫情等突发公共事件时具有很高的应用价值，可追踪车辆轨迹、管控人流和车流。例如，对疫区长期行驶的车辆进行重点隔离和消毒，对没在疫区使用过的车辆快速放行，有序引导车流。未来，为了提高对疫情等突发公共事件应对能力，各地将加大对现有公路的数字化、智能化改造，带动交通信息管理系统软件、互联网地图等智能路网产业发展。

二、当前智能网联汽车发展面临的问题

相关政策法规修订工作滞后于智能网联汽车发展。近年来，我国在加快出台支持智能网联汽车发展的相关政策，但由于自动驾驶技术在一定程度上取代了人在交通中的部分功能，相关政策法规的修订工作相对滞后，制约了智能网联技术在更广范围的应用发展。比如，不允许完全无人的自动驾驶车辆上路，道路测试必须搭配车内安全员；不允许自动驾驶车辆在高速公路行驶；自动驾驶出租车可载人测试但不允许收取费用。

路网基础设施信息化水平建设滞后。城市面向智能驾驶车辆的基础设施供应不足，目前只在少数城市的部分路段建立了自动驾驶道路，各地对智能信号灯、智慧灯杆、5G-V2X 路侧单元等智能设施投入较少。全国公路信息化发展水平不高，尤其省界、市界等关键路口的智能设备投入不足，导致在此次疫情防控工作中，各地依然主要依赖工作人员对特定车辆（例如湖北号牌车辆）进行人工拦截，没有实现车牌自动抓取和系统联网，也无法掌握车辆行驶轨迹，导致同一车辆被重复检查，降低卫生检疫和车辆通行效率。

自动驾驶应用场景和开放路段不足。自动驾驶应用场景较少，目前只在港口等封闭场地进行小规模应用。可测试的自动驾驶路段开放不足，大部分

开放路段非主要城区（比如北京的开放测试道路设置在五环路以外），此次疫情中，由于前期没有在武汉等疫区城市开放适用路段，自动驾驶应用场景缺乏，自动驾驶不能有效发挥更大作用。

智能网联汽车相关软件信息技术系统有待突破。由于相关测绘政策法规限制，高精度地图无法做到高精度的测绘和定位；信息系统整合能力较弱，交通部门掌握的信息（比如事故、道路施工等道路信息）不能有效和社会共享，造成所采集的信息处于沉淀状态，开发利用不足，信息系统在应对突发事件时没能发挥更大作用。

三、几点建议

政策法规层面，推动支持智能网联汽车发展的相关政策升级。2018年美国已允许"无人化"车辆进行商用，目前美国颁发了出租车、班车、货车的自动驾驶运营牌照。在国内，自动驾驶测试要求在车内配备一名安全员，尚不允许真正意义上的"无人车"上路。因此，需加快出台允许属于自动驾驶下一阶段的"无安全员"测试，开展高速公路自动驾驶道路测试，研究出台出租车、货车领域运营政策，大幅缩短我国无人驾驶汽车商业化进程。

应用场景层面，深入推进智能网联汽车应用示范工作。鼓励各地开展各类自动驾驶应用场景试点示范，发挥自动驾驶车辆在应急管理中的作用，将"无人化"车辆率先在环卫、配送、安防等领域部署。支持部分城市优先应用封闭园区自动驾驶售卖车、物流配送车、扫地车等新物种产品；支持各地加快落地自动驾驶出租车、公交车，并视技术成熟情况逐步推动"5G+无安全员"，打造无人驾驶出行模式。

基础设施层面，推进道路基础设施智能化改造。一是加快公路数字化、智能化改造，在高速公路、国道、省道等干线公路通道，部署智能化的路网基础设施，确保日常和重大灾害发生时的物资正常输送；二是在核心的物资输送通道(比如市区)，部署智能路网改造工程，包括智能信号灯、智慧灯杆、5G-V2X路侧单元等车路协同设备，具备路网全域感知能力，在灾害发生时智能网联汽车可完成无人驾驶运输作业；三是在省界、市界等行政边界，建立治安卡口监控系统，部署治安卡口摄像机、电警抓拍机、龙门架，应用视频识别、图像识别、人脸识别等人工智能识别设备，对车辆、人员精准识别，掌握重点车辆的重点疫区活动轨迹。四是在隧道、桥梁等特殊路段部署监控车辆速度、载重量等信息的智能设备，通过联网对预警超速、超载等危害行为。

技术层面，重点攻关相关软件和交通管理系统。做好底层技术，"核高基"重大专项部署支持了实时嵌入式操作系统；结合人工智能的交通大数据处理和应用平台，建立交通现有数据（传统数据）和外部数据（互联网数据、第三方数据等）的系统衔接，建立智能交通管理系统，实现智能疏导车流和车辆管制，可追踪车辆轨迹、人流和车流信息，提升重大公共事件应急响应能力。

第四节　从"全球汽车零部件供应商百强榜"看我国本土企业发展差距

6月29日，美国专业媒体《汽车新闻》发布"2020年全球汽车零部件配套供应商百强榜"（以下简称"百强榜"），根据销售额指标评选出一百家销量最大的企业。从上榜企业数量、企业销售规模、产品附加值看，我国本土零部件企业与德日美企业存在一定差距。我国汽车产业核心技术相对薄弱，部分关键零部件依赖进口或合资生产，应加大技术攻关推动国产替代，实现关键核心技术自主可控，是推动实现汽车强国战略的关键举措。

一、"百强榜"表明我国汽车零部件发展仍有一定差距

从上榜企业数量看，德日美企业在汽车零部件领域具有优势地位，我国本土企业成长较快，但2019年以后增长势头放缓。入选"百强榜"企业中，总部位于日本、美国、德国的企业数量分别为24家、21家和18家，占比达到总数的63%。在我国汽车产销量大幅增长拉动下，零部件行业发展加快，培育形成一批本土企业，入选"百强榜"的企业数量从2015年之前的2家，增长到2019年的7家。但受国内自主品牌汽车消费低迷，关键技术攻关难度加大等因素影响，本土零部件企业发展放缓，2020年虽有7家企业入选"百强榜"，但销售额和名次下滑。经统计，7家入选的本土企业销售额合计279.7亿美元，较前一年下降22.7%；其中，本土销售额最高的延锋集团，排在第19位，较前一年下滑4名。

表10-3　全球汽车零部件配套供应商"百强榜"入选企业数量

国家	2015年	2016年	2017年	2018年	2019年	2020年
美国	25	25	22	21	23	21
德国	18	18	17	18	19	18

续表

国家	2015 年	2016 年	2017 年	2018 年	2019 年	2020 年
日本	30	30	28	26	22	24
其他	25	25	28	29	29	30
中国	2	2	5	6	7	7
中国企业名单及位次	延锋：26；戴卡：81	延锋：18；戴卡：77	延锋：14；海纳川：66；中信戴卡：77；德昌电机：81；敏实集团：93	延锋：16；海纳川：65；中信戴卡：71；德昌电机：79；五菱工业：80；敏实集团：92	延锋：15；海纳川：61；中信戴卡：65；德昌电机：80；敏实集团：86；五菱工业：89；中鼎股份：92	延锋：19；北京海纳川：57；中信戴卡：66；德昌电机：79；敏实集团：86；五菱工业：90；安徽中鼎：98

数据来源：《美国汽车新闻》全球汽车零部件百强榜，赛迪智库整理，2021 年 4 月。

从企业销售规模看，德日美零部件企业销售规模较大，我国企业销售规模偏小。博世、电装、麦格纳、采埃孚等排名前十的企业，年销售收入都在 180 亿美元以上，在资金、技术、客户资源等方面均具备较强优势。经计算，德国、日本、美国上榜企业平均销售额分别达 119.5 亿美元、95.6 亿美元和 56 亿美元，相比之下，我国零部件企业规模相对较小，上榜的 7 家本土企业平均销售额不及 40 亿美元。我国汽车零部件行业市场集中度较低，具有规模优势的企业相对较少，全国规模以上汽车零部件企业的数量超过 13000 家，经测算，2019 年中国规上汽车零部件企业的平均营业收入仅 2.7 亿元（约 3800 万美元）。

从产品附加值看，德日美零部件企业的产品，主要集中在发动机、汽车电子器件、变速器等高端领域，我国企业的产品，主要集中在汽车内外饰、座椅等外围部件，产品附加值不高。德国企业零部件产品的优势，主要体现在安全系统、发动机、汽车底盘等，尤其多档自动变速箱技术在高档车领域优势突出，博世公司作为全球最大的零部件供应商，是发动机管理系统、燃油喷射系统、车身稳定控制系统等高附加值部件的顶级系统集成供应商；日本企业零部件的优势，主要在 CVT 变速器、火花塞、散热器、电子控制产品等产品，电装、爱信精机生产的零部件经济性和实用性突出，在中低档车大量列装；而美国企业零部件在汽车座椅、线束、汽车电子、电驱动系统等领域具有优势。相比之下，我国零部件企业的生产部件，则主要集中在外围部件，即便是销售额最高的延峰集团、海纳川等入榜企业，主营业务主要是

内外饰、座椅等低附加值产品，发动机管理系统（包括电喷）、防抱死装置等一批核心零部件严重依赖进口或外资企业生产。

需注意，该"百强榜"虽可基本反映全球汽车零部件企业发展情况，但由于偏重传统零部件企业，对新兴领域关注不足，部分高增长领域未能及时收录。比如动力电池环节，2019年全球销售额最高的两家企业（宁德时代、松下电池）均未入选，宁德时代营业收入455亿元（65亿美元），大致可排名第40位。

二、制约我国本土汽车零部件企业壮大发展的主要因素

我国企业在关键技术方面还与国际领先水平有一定差距，导致本土企业的汽车零部件附加值较低。在传统汽车领域，发动机、变速箱、车桥等核心零部件及关键技术主要掌握在国外企业手中。新兴领域中，我国自动驾驶、电动汽车技术进步仍有待加快，传感器、智能决策系统、控制器处理芯片、主动制动与主动转向系统等自动驾驶关键设备依赖国外品牌。据高工智能汽车统计，2019年中国高级驾驶辅助系统（ADAS）一级供应商主要被博世、大陆等6家国外品牌垄断，市场份额高达97.8%。我国企业研发投入相对较弱，据统计，2019年中国100家重点汽车零部件企业的平均研发投入仅有5%，虽较2018年有较大提升，但与博世、德尔福等德日美企业8%以上的研发费率相比，还有较大差距。

整车和零部件企业产业协同不畅，制约零部件企业规模进一步做大。德日美等国整车与零部件供应商通过股权合作等方式，建立长远战略合作，整车企业投入人力、资金和技术培训，主动帮扶上游零部件企业，由此，外商零部件企业可从整车制造需求出发，设立分支机构。以"百强榜"前10家外商企业为例，就在我国设立400家以上的生产工厂和研发机构，高度嵌入我国整车供应链体系。相比之下，我国本土企业整、零产业协同不畅，上下游的供货关系不稳定。例如，整车企业与零部件企业合作开发新车型，在定型量产后，相当一批整车企业会选择自己生产零部件或更换供应商，破坏了企业间的长期合作关系。2019年调研五菱工业公司（"百强榜"第90位），因整车企业自行开发和制造发动机和车桥，导致两大部件的当年采购量同比下滑60%和40%。

下游自主品牌汽车销售不景气，抑制了本土零部件企业销售额增长。2018年以后，全国汽车销量下滑，尤其是自主品牌销量下滑明显，2019年

中国品牌乘用车销量降幅达 15.8%。自主品牌整车是本土零部件的重要客户，销量下滑直接影响零部件企业业绩。外国品牌汽车销量较好，2019 年国内日系和德系品牌乘用车销量均保持增长。但调研表明，外国品牌整车企业会有意控制零部件本土化进程，尤其是豪华汽车品牌，核心零部件依赖引进外资配套企业、从海外进口这两种渠道，对本土零部件企业的业绩带动作用较小。

三、对策建议

政府层面，发挥整车带动效应，重点促进自主品牌汽车和零部件企业的产业链协同。落实《汽车产业中长期发展规划》（工信部联装〔2017〕53 号）提出的构建新型"整车-零部件"合作关系，鼓励整车骨干企业与零部件企业在研发、采购等层面深度合作，建立安全可控的关键零部件配套体系。一是推动完善国家科技计划（专项、基金等）项目遴选取向，建立关键零部件产业化及"整车—零部件"配套项目考核指标。鼓励整车和零部件企业协同发展，开展汽车关键零部件和"四基"薄弱环节联合攻关，推进企业智能化改造提升，促进产业链协同发展。二是加速实现已经取得突破的国产零部件的产业化能力。对我国汽车零部件核心领域的发展情况进行摸底排查，形成取得显著成效的领先性技术和企业推广名单，引导整车企业与零部件企业对接，强化国产零部件产品的适配性和适用性检验检测，给予部分已取得突破的国产技术适配空间，提升国产产品的适配性和实用性，形成国产化替代。三是促进汽车零部件产业集群发展。加快推进汽车零部件领域的先进制造业集群建设工作，建立整、零关系分工明确、专业化程度高的零部件产业集群，鼓励发展零部件创新型产业集群。

企业层面，开展关键核心技术的研发和对外收购，推进智能化生产。一是开展关键技术研发。结合国家产业结构调整指导目录，开发汽车关键零部件、轻量化材料应用、新能源汽车关键零部件、车载充电机、汽车电子控制系统，以及智能汽车、新能源汽车及关键零部件、高效车用内燃机研发能力建设等鼓励类项目，破解高端核心技术受制于人的局面。二是加快对国际先进技术的交流和并购。借助中欧、中德、中法、中日等行业商会平台，探索欧美市场的投资并购机遇，尤其关注受新冠肺炎疫情影响较重地区的海外车企、研发中心，加大投资并购力度，打破我国车企海外布局及研发生产的瓶颈。三是提高生产的智能化水平。我国开展智能制造试点示范专项行动，已

开展无级变速器、汽车活塞、车桥、发动机、动力电池等零部件领域的智能制造试点示范，项目成果显著，零部件企业应根据行业发展要求，推动智能工厂、智能车间等智能化改造工程，提高企业生产能力，促进产品提质增效。

第五节 "新基建"背景下新能源汽车充电桩行业发展前景、技术特征及建议

作为新型基础设施七大领域之一，新能源汽车充电桩建设需采用新一代充电技术、人工智能、新能源等新兴技术，融入智能交通、智慧城市、智慧能源等领域建设。赛迪智库工业经济研究所认为，充电桩不仅是单一功能的新能源汽车补充能量基础设施，还将代表我国基础设施数字化、信息化发展风向标。建议全国范围推广应用一批充电桩新兴技术，实施一批示范项目，将充电桩领域的新技术和新模式建设成为"新基建"的重要示范工程。

一、"新基建"将推动充电桩行业加速发展

近年来，我国充电桩数量保持高速增长，据中国充电联盟统计，截止到2019年底全国充电桩保有量121.9万台，同比增长50.8%，其中，公共充电桩保有量51.6万台，同比增长33%。由于新能源汽车保有量持续增长，作为配套设施的充电桩建设依然滞后，造成充电桩供应量相对不足。2019年全国新能源汽车保有量381万辆，车桩比约为3.1∶1，这与国家要求的车桩比1∶1的行业发展要求，还存在相当大的数量供应缺口。此次"新基建"将新能源汽车充电桩纳入其中，各地纷纷加快出台相关政策，天津、广西等省市出台充电基础设施建设实施方案，吸引社会资本进入到充电桩建设领域，全国新能源汽车充电基础设施建设呈现明显加快，未来具有更大的潜在增长空间。

二、新能源汽车充电桩建设将带动相关技术突破

"新基建"下的充电桩建设，要求新一代充电技术、新一代信息技术以及新电网技术等在充电基础设施领域深入融合，加快突破瓶颈，实现和智能交通、智慧城市和智慧能源等领域的资源整合和共建共享。

（一）新一代充电技术

以提升充电服务体验、充电服务质量和充电安全为特征的充电技术是新

一代充电技术未来发展的主流趋势。其中，大功率充电技术可进一步缩短充电时长；无线充电技术可提升无感充电体验；充电漫游互联互通技术将实现跨平台充电功能；充电电气安全、信息安全等技术，将实现安全可靠充电。"新基建"的实施将加快释放对新一代充电技术突破的需求，推动充电桩行业的技术升级。

（二）新一代信息技术

近年来，物联网、大数据、5G 通信等新一代信息技术加速发展，使智能充电桩广泛应用到道路交通、城市管理等领域成为可能。随着新一代信息技术的不断突破，特别是此次"新基建"下包括 5G 等基础设施建设，新一代信息技术也将加速发展，从而推动充电设施建设加速，并与城市交通设施、电网设施建设深度融合，可以预见，充电桩的发展将在智慧交通、智慧城市建设中发挥重要作用。

（三）新电网技术

充电桩建设将成为电力用户和电网之间实时信息交流的重要平台，将有利于推动新电网技术的突破发展，与电动汽车波谷错峰充电技术、充放电双向互动技术等形成有效互动，使得将电动汽车充电纳入到电力需求侧管理变得更加便利，可实现电动汽车参与电力运行"削峰填谷"，就地消纳光伏/风电等新能源电力，提高电网效率，推动能源行业高效低碳发展。

三、推动新能源汽车充电桩行业发展的建议

政策层面，加强规划引领，进一步明确充电桩数字化和信息化的建设方向。充电基础设施建设涉及土地规划、能源、交通、建设等政府部门，属于跨部门和跨行业监管，而且充电技术进步大幅加快，行业发展变化较大，因此，应加强行业发展引导，及时、准确地反映行业发展的新技术和新趋势变得尤为必要。以公共直流快速充电桩为例，2019 年平均额定功率达到 116kW，比 2016 年提升 68%，充电桩多种技术方案并存（三相电源与单相电源并存、交流电和直流电并存），尤其在新一代充电技术、新一代信息技术的推动下，围绕充电桩领域的新模式、新业态、新服务不断涌现。

建议总结近些年充电桩取得的新兴技术应用成果，及时修订行业指导文件《电动汽车充电基础设施发展指南（2015—2020 年）》，结合新能源汽车产

业发展，将充电基础设施和智慧能源、智能交通、新型智慧城市等领域的产业政策相互结合，在电网建设规划布局、电力价格优惠、财政补贴资金使用等方面，形成支持大功率充电、智能充电网络、储能充电等新兴技术的产业发展环境。另外，加强对地方政府充电基础设施建设工作的规范和指导，形成与传统基建偏重充电桩数量指标考核不同的发展氛围，"新基建"重视新技术、新模式运用，避免充电桩出现低水平重复建设的现象。

技术层面，加大"新基建"对新一代充电技术、新一代信息技术、新电网技术的推广应用。组织行业协会、骨干企业和科研院所召开充电桩技术研讨会，加快技术研发、推广和应用，形成成熟技术在全国推广。

一是电动汽车大功率充电技术。美国特斯拉超级充电标准（Tesla）最高可实现功率250kW，国内充电桩功率相对较低，额定功率在120kW以下，可支持电网公司、充电设备企业、车企、电池企业协同开发大功率充电技术和产品，加快推动电动汽车大功率充电技术的推广，开发高电压平台车型、高电压零部件、快充电池等产品。二是充电安全防护技术。在充电侧、能源侧、用户侧构建电动汽车充电安全模型，开发充电网大数据，利用云计算、机器学习等技术，通过有效监测、技术升级及安全预警等措施，对安全隐患进行有效防控，建立充电设施层面的主动安全防护体系，包括充电设施自身安全防护、充电过程主动安全防护、自动安全报警防护等。三是推广和普及运营平台漫游互联互通技术。全国共有特来电、国家电网、南方电网等充电桩运营商数量15家以上，充电桩手机App数量在50个以上，不仅要重视充电桩数量，还要提升充电运营平台服务质量，加快发展充电漫游互联互通技术，实现不同充电桩运营商的跨平台充电服务结算等功能，加速全国普及。四是电动汽车入网技术（V2G）。即车电互联技术（Vehicle to grid），在电动汽车和蓄电设备装置智能传感设备，实时检测用电量及用电功率，并能够通过控制器控制电力的通断，在电网负荷过高时，由电动汽车馈电，而电网负荷低时，车辆又可以储备过剩的发电量，从而实现电网和电动汽车的能量双向交换。

项目层面，抢抓"新基建"发展机遇，在全国实施一批重点示范项目，探索充电桩领域发展新模式。建设一批可推广复制的重点项目，积累相关经验在全国形成推广示范。一是大功率充电示范项目。总结北京、深圳、常州等地电动汽车大功率充电项目，支持开展"车-桩-网"测试，检测车辆生产技术、电网技术、充电设备的稳定性和安全性，制定大功率充电标准，尤其

支持在商用车、出租车、物流车等运营车辆以及长续航里程乘用车等领域的应用，建立大功率充电示范项目（比如高速公路快充试点），对电网、电池、充电设备、标准等方面进行可行性验证，推动大功率充电技术大规模应用。二是智慧城市应用充电桩示范项目。开发多媒体充电桩、移动充电桩、光储充一体化智能充电系统、充电堆、智慧路灯式充电桩等智能充电设备，推动各地将充电桩建设成为智慧城市的新终端，实现无缝接入物联网与智慧城市，采用 5G 等新一代信息技术，搭载监控、报警、资讯、大数据等智能硬件提供接入系统支持。三是城市电动汽车储能充电示范项目。借鉴美国等发达国家电力需求侧响应项目的建设经验，在浙江、江苏等地区推进电力直接交易试点，支持充电设施运营商参与大用户直接交易，由电网、汽车厂商、充电智能技术公司合作开展充电需求响应的项目和商业模式试点，利用电动汽车入网技术（V2G），将电动汽车作为分布式储能单元，以充放电形式参与电网调控，可在用电高峰由电动汽车反向馈电，实现削峰填谷、电力调频、平抑可再生能源电力波动、为电网提供无功支撑等储能功能。四是光伏储能充电示范项目。深入推进工信部的智能光伏示范企业及示范项目工作，总结东软载波园区微电网、特锐德智能光伏微网系统等"风力/光伏发电—储能—充电"的多种能源互补微电网示范项目，开发智能充电桩，推进新能源汽车消化和使用光伏、风能、水能等绿色能源，并在全社会加以推广。

展望篇

第十一章

形势展望

2020年，受新冠肺炎疫情影响，我国工业经济先降后升，工业增加值实现小幅增长，工业投资实现微幅增长，工业企业利润小幅反弹，出口韧性略超预期。展望2021年，全球经济复苏有望加快但仍充满不确定性，我国工业经济将逐步回归合理增长区间，工业投资将触底反弹，工业出口将稳步复苏，工业企业效益会显著改善。但仍需要密切关注可能会影响工业经济复苏步伐的一些突出问题，如需求不足风险突出、供应链断供风险依然较大、利润改善基础不稳等。建议深化要素市场改革，优化工业发展环境；发挥财税导向作用，促进高水平供需平衡；加快金融市场改革，更好服务工业经济发展；深化对外开放合作，拓展国际市场空间。

第一节 2020年工业经济运行特点

一、工业生产稳步复苏，装备制造业恢复较快

2020年，我国规上工业增加值同比增长2.8%（见图11-1），增速较上年回落2.9个百分点。受新冠肺炎疫情冲击，1—2月份，规上工业增加值同比下降13.5%；随着复工复产有序推进，多数产品和行业持续回升，1—8月份，累计增速实现由负转正，同比增长0.4%。从月度增速看，4月份规上工业增加值当月同比增速转负为正，此后保持逐季回升态势，自9月份起增速稳定在6.9%以上，12月份增速回升至7.3%，这是2019年4月份以来的当月最高增速。从三大门类看，2020年，采矿业、制造业以及电力、热力、燃气及水生产和供应业增加值分别同比增长0.5%、3.4%、2.0%，增速较上年分别回落4.5个、2.6个、5.0个百分点。可以看出，三大门类中只有制造业增速高于规上工业增速，并且制造业增加值当月同比增速自4月份起一直保持在5%

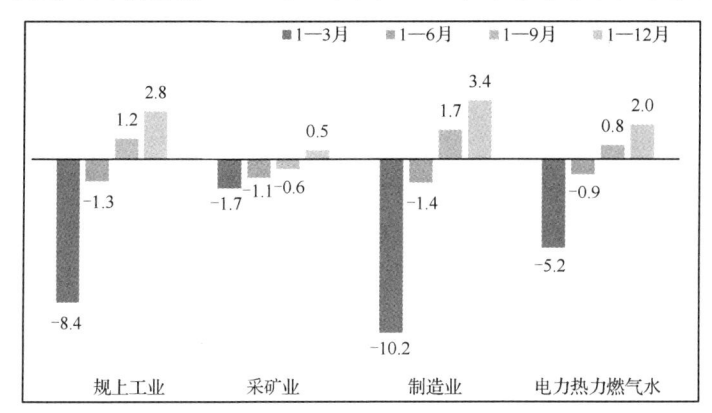

以上，最近四个月稳定在 7.5%以上，是工业生产稳步恢复的重要支撑。

图 11-1　2020 年我国规上工业增加值累计同比增速变化情况（%）
资料来源：赛迪智库整理，2021 年 4 月

从工业大类行业看，装备制造业增势良好，原材料制造业平稳增长，消费品制造业小幅下滑。装备制造业：2020 年，装备制造业增加值同比增长 6.6%，增速与上年基本持平，高出规上工业 3.8 个百分点；在 8 个装备制造行业中，有 7 个行业实现累计增长。其中，电气机械、电子行业分别增长 8.9%、7.7%，增速较上年分别回落 1.8 个、1.6 个百分点，但仍位居 41 个工业大行业前两位；汽车、通用设备制造业分别增长 6.6%、5.1%，增速较上年分别加快 4.8 个、0.8 个百分点，这是仅有的两个增速较上年不降反升的工业大类行业；专用设备、金属制品、仪器仪表分别增长 6.3%、5.2%、3.4%，增速高于规上工业平均水平；只有铁路、船舶、航空航天运输设备行业还在下滑，同比下降 0.3%。原材料制造业：2020 年，原材料制造业增加值同比增长 3.3%，高出规上工业 0.5 个百分点；在 7 个原材料制造行业中，有 6 个行业实现累计增长。其中，钢铁行业增长 6.7%，增速较上年回落 3.2 个百分点，但仍位居 41 个工业大行业第三位；化工、建材、有色行业处于 2.5%～3.4%平稳增长区间；木材加工业还在下滑，同比下降 1.9%。消费品制造业：2020 年，消费品制造业增加值同比下降 0.6%，在 13 个消费品制造行业中，有 6 个行业实现累计增长。其中，医药、烟草行业分别增长 5.9%、3.2%，增速较上年分别回落 0.7 个、2.0 个百分点；皮革制鞋、纺织服装、文教工美、家具行业分别下降 11.7%、9.0%、6.0%、4.4%，是制造业大类行业中降幅最大的四个行业。

从四大区域看，东部地区自 3 月份以来当月增速持续高于全国增速，扭转了前两年多数月份当月增速低于全国平均水平的态势，12 月份当月增速已

回升至 2014 年 7 月份以来的次高水平；中部地区自 3 月份以来仅有 3 个月份当月增速高于全国，西部地区自 6 月份以来当月增速持续低于全国，而此前的 2015—2019 年，中部地区、西部地区工业增速多数时间都高于全国；东北地区自 3 月份以来有半数月份当月增速高于全国，与全国平均水平的差距较前几年明显收窄（见表 11-1）。

表 11-1 2020 年我国四大区域工业增加值当月同比增速（%）

	3月	4月	5月	6月	7月	8月	9月	10月	11月	12月
规上工业	-1.1	3.9	4.4	4.8	4.8	5.6	6.9	6.9	7.0	7.3
东部地区	-0.7	5.3	4.9	5.4	6.8	6.8	8.0	7.6	8.8	8.8
中部地区	-0.8	4.5	4.2	4.7	3.0	5.4	6.5	7.0	6.7	6.9
西部地区	4.3	5.1	5.4	4.6	3.2	4.5	4.7	6.1	5.2	4.5
东北地区	-7.1	2.8	7.0	6.9	3.8	6.6	8.5	5.9	6.4	8.3

资料来源：赛迪智库整理，2021 年 4 月。

二、工业投资实现小幅增长，高技术制造业投资增势稳健

2020 年，我国全社会固定资产投资同比增长 2.9%（见图 11-2），增速较上年回落 2.5 个百分点；其中，工业投资同比增长 0.1%，增速较上年回落 4.2 个百分点。受疫情冲击，1—2 月份工业投资同比下降 27.5%，降幅比固定资产投资多 3 个百分点；复工复产后工业投资降幅逐月收窄，但恢复速度较慢，直到年底才实现累计增长。从三大重点投资领域看，房地产投资和基建投资均实现正增长，只有制造业投资还在下滑。2020 年，制造业投资同比下降 2.2%，增速较上年下滑 5.3 个百分点；基建投资和房地产开发投资分别同比增长 0.9%、7.0%，增速较上年均回落 2.9 个百分点。高技术制造业投资拉动作用明显，2020 年，高技术制造业投资同比增长 11.5%，增速高于全社会固定资产投资 8.6 个百分点，其中，医药制造业、计算机及办公设备制造业分别增长 28.4%、22.4%。

三、商品消费市场恢复缓慢，升级类商品零售表现活跃

2020 年，我国社会消费品零售总额同比下降 3.9%（见图 11-3），其中，商品零售额同比下降 2.3%。受疫情因素影响，1—2 月份社会消费品零售总额、商品零售额分别同比下降 20.5%、17.6%，随着复商复市进程有序推进，居民消费需求稳步释放，市场销售以及商品零售累计降幅均逐月收窄。从月度增速看，社会消费品零售总额、商品零售额月度规模分别在 8 月份、7 月

份恢复至上年同期水平，之后连续实现同比正增长，商品零售恢复速度快于消费市场整体。主要零售商品中，2020年，零售额实现累计增长的有10类；其中，饮料类、通信器材类商品零售增速在10%以上；粮油食品类、化妆品类、体育娱乐用品类、中西药品类、日用品类均处于7.5%～10%较快增长区间；虽受疫情因素影响，通信器材类、饮料类、文化办公用品类、体育娱乐用品类增速较上年不降反升，分别较上年增加4.4个、3.6个、2.5个、0.4个百分点；汽车类商品零售自7月份起保持较快增长，但全年零售额仍较上年下降1.8%；石油及制品类商品零售降幅仍高达两位数。

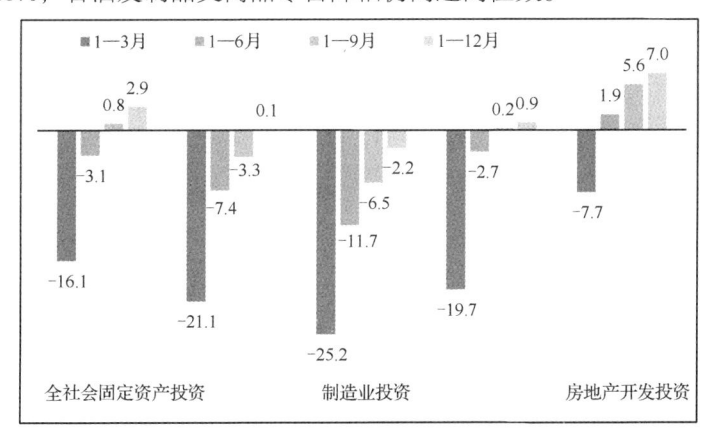

图11-2　2020年我国固定资产投资累计同比增速变化情况（%）
资料来源：赛迪智库整理，2021年4月

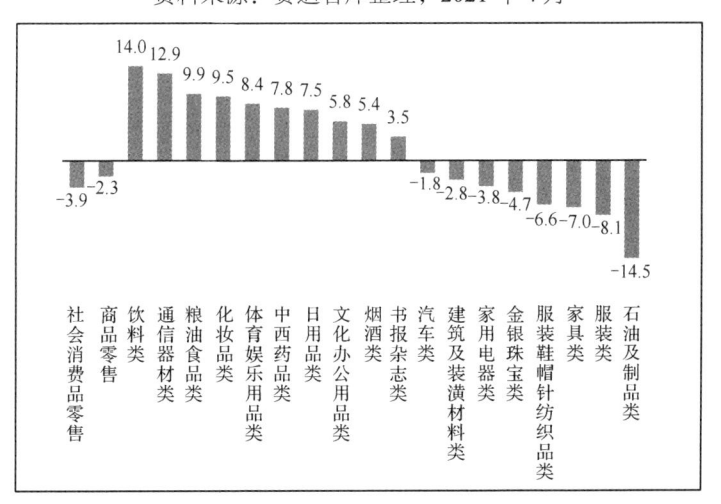

图11-3　2020年1—12月份我国主要商品零售额累计同比增速（%）
资料来源：赛迪智库整理，2021年4月

四、工业出口呈现结构性恢复，只有医药、电子等少数行业实现增长

2020 年，我国规上工业企业出口交货值同比下降 0.3%，增速较上年回落 1.6 个百分点。分行业看，只有 8 个工业大类行业出口交货值实现增长。装备制造业：电子、专用设备、电气机械和器材这 3 个行业出口交货值分别增长 6.4%、5.8%、4.4%（见图 11-4），汽车、仪器仪表、金属制品、运输设备（除汽车）、通用设备这 5 个行业出口仍在下降，且降幅都大于规上工业平均水平。消费品制造业：只有医药制造业出口交货值同比增长 36.6%，增速较上年加快 31.3 个百分点；食品、文体娱乐用品、印刷、造纸、纺织、农副食品加工等 6 个行业降幅在 7%～10%；家具、化纤、纺织服装服饰等出口降幅集中在 10%～25%，烟草制品出口下降 55.2%。原材料制造业：只有橡胶和塑料制品出口同比增长 0.3%；有色、非金属矿物制品、化工、木材加工等出口降幅集中在 7%～10%；钢铁、石化出口下滑比较明显，分别同比下降 28.7%、39%。综合来看，2020 年出口增长主要集中在与防疫和居家办公等密切相关的行业，绝大多数行业出口恢复仍面临较大压力。

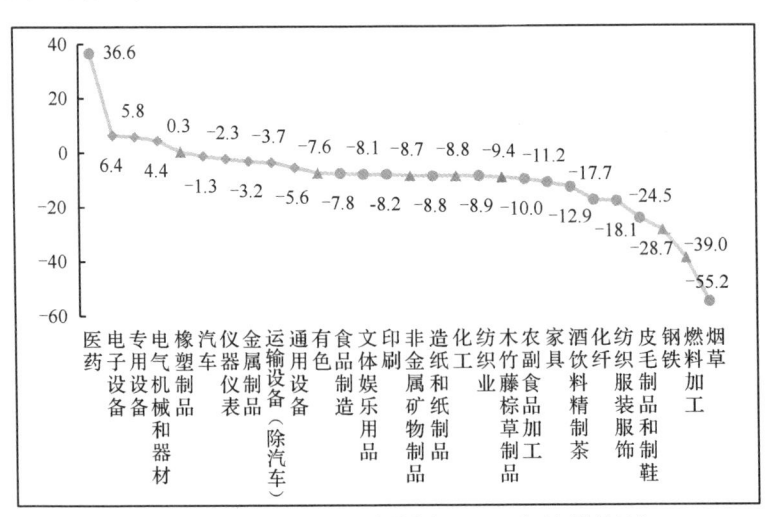

说明：● 代表消费品行业，◆ 代表装备行业，▲ 代表原材料行业。

图 11-4　2020 年主要制造行业出口交货值增速（%）

资料来源：赛迪智库整理，2021 年 4 月

五、利润增速显著回升，单位成本有效降低，行业间利润增速分化明显

2020年1—11月，我国工业企业利润同比增长2.4%，连续两个月保持正增长，增速较上年同期回升4.5个百分点；营业收入同比增长0.1%，增速首次由负转正；规上工业企业每百元营业收入中的成本为84.08元，同比减少0.01元，累计单位成本自2020年2月份以来首次同比下降。这主要是由于疫情发生以来，工业企业应交款项减免、社保延迟交收、资金成本下降等降成本政策持续发力，带动单位成本有效降低。从41个大类行业看，有13个行业利润保持两位数增长，其中，专用设备、电子、仪器仪表、通用设备4个装备制造行业下半年来保持快速增长；橡塑制品、化工、有色3个原材料行业受下游需求带动实现快速增长；医药制造业利润增速也逐月加快。有13个行业利润增速在0~9%之间，运输设备、电气机械等装备行业增速稳步提升，食品、酒饮料等生活必需品行业稳步增长，纺织业受口罩、防护服等带动也保持较快增长。另有15个行业利润下滑，木竹藤棕草制品、文体娱乐用品、家具、纺织服装、皮毛制品、化纤等行业出现两位数下滑；石油煤炭燃料加工、钢铁利润降幅分别为44%和9.9%，有3个采矿行业利润降幅也都超过20%。尽管当前工业和制造业效益有所改善，但部分行业的供需状况仍不平衡，这将进一步加剧行业间效益分化。2020年1—11月我国主要制造业行业利润增速如图11-5所示。

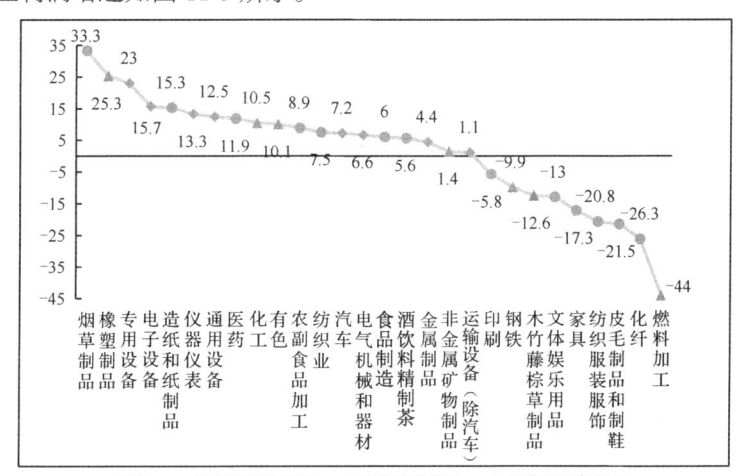

图11-5　2020年1—11月我国主要制造业行业利润增速（%）
资料来源：赛迪智库整理，2021年4月

六、制造业供需关系持续改善，小型企业复苏基础不稳

2020年12月，我国制造业PMI为51.9%（见图11-6），较上月回落0.2个百分点，但最近6个月都保持在51%以上。从主要分类指数看，生产指数和新订单指数分别为54.2%、53.6%，分别回落0.5个和0.3个百分点，两者差值由4月份的3.5个点缩小至0.6个点，反映制造业供需关系持续改善；新出口订单和进口指数分别为51.3%和50.4%，分别回落0.2个和0.5个百分点，都在连续回升后首次出现小幅回落，表明制造业进口和出口复苏的基础仍不稳固；生产经营活动预期指数为59.8%，2020年5月份以来一直处于57%~61%的高位景气区间，反映出制造业企业信心依然较强。从企业规模看，大型和中型企业PMI指数均为52.7%，自6月份以来都保持在荣枯线上；而小型企业PMI仅为48.8%，较上月回落1.3个百分点，在荣枯线上下有较大幅度波动。反映出当前小型企业复苏基础还较为薄弱，长期复苏过程中仍存在诸多困难。

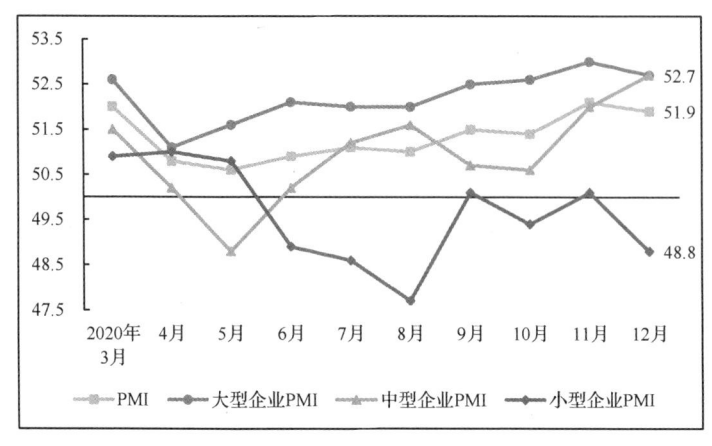

图11-6 2020年3月份以来我国制造业PMI指数（%）
资料来源：赛迪智库整理，2021年4月

第二节 2021年工业形势展望

一、对2021年形势的基本判断

（一）全球经济复苏有望加快但仍充满不确定性，中美经贸摩擦有望阶段性缓和，区域合作不断深化，预计我国对外贸易将稳步回升

2020年，受新冠肺炎疫情影响，全球经济遭受重创。受疫情全球大流行

影响，全球经济正经历 2009 年以来的最严重危机，2020 年 5 月份主要国家"带疫解封"重启经济之后，全球经济有所恢复但进程非常缓慢。展望 2021 年，全球经济将加快复苏但仍充满不确定性。一是世界各国都在加快新冠肺炎疫苗的研制、生产和接种，有望遏制住疫情的蔓延势头，全球经济活动逐步恢复正常，经济复苏步伐将加快。据 IMF 最新预测，2021 年全球经济将增长 5.2%。但考虑到疫苗大规模应用还需要时间，并且部分国家已出现传染性更强的变异新冠病毒，全球复苏仍然充满不确定性。二是新一届美国政府对华政策的协调性可能会加强，短期内预计不会调降或取消对华加征的关税，但有望推行多边贸易政策，政策的可预见性有所提高，中美贸易摩擦有望阶段性缓和。三是区域合作将继续深化，RCEP 落地实施后，区域内将实现 90%以上的货物贸易零关税，有效促进区域间货物、服务贸易及投资自由化。综合看，我国对外贸易有望稳步回升，考虑到低基数效应，预计 2021 年我国工业企业出口交货值将增长 2%～6%。

（二）经济发展新动能将继续增强，带动工业经济逐步回归合理增长区间

2020 年，我国工业经济先降后升。2020 年规上工业增加值同比增长 2.8%，增速较上年回落 2.9 个百分点，但较 1—2 月回升 16.3 个百分点；从月度增速看，4 月份以来一直平稳回升，最近四个月增速保持在 7%左右。展望 2021 年，我国工业经济将逐步回归合理增长区间。首先，新一代信息技术、生物医药、高端装备制造等战略性新兴产业发展势头强劲，产业规模加速壮大，将形成引领经济发展的重要增长点。其次，工业互联网、大数据、人工智能等数字技术与制造业加速渗透融合，不断提高传统产业数字化、网络化、智能化水平，推动传统产业迈向高端化。此外，在新发展格局下，我国强大的国内市场潜力也将逐步释放，为工业发展带来巨大增长空间。综合看，我国工业经济将逐步回归合理增长区间，预计 2021 年规模以上工业增加值将增长 6.5%～7.5%。

（三）重点产业项目建设将全面铺开，金融支持力度持续加大，将有助于工业投资触底反弹

2020 年，我国工业投资实现微幅增长。2020 年工业投资增长 0.1%，累计增速年内首次转正，但较上年回落 4.2 个百分点；制造业投资下降 2.2%，

增速较上年大幅回落 5.3 个百分点，恢复显著慢于基建投资和房地产投资。展望 2021 年，我国工业投资有望触底反弹。首先，"十四五"重点项目建设将全面铺开。今年是"十四五"规划的开局之年，也是全面建设社会主义现代化国家新征程开局之年，各地都在抓紧谋划和储备重大产业项目，这将带动工业投资持续增长。其次，金融支持力度持续加大将提振企业发展信心。2020 年制造业中长期贷款余额增长 35.2%，比上年回升 20.3 个百分点，金融机构对制造业贷款支持力度有所加大，这将提振企业发展信心，有助于继续扩大投资。此外，外资企业坚定看好我国市场，在今年全球投资大幅萎缩的背景下，2020 年我国实际利用外商直接投资较上年增长 4.5%，且主要投向高技术领域。预计 2021 年工业投资将触底回升，全年增长 5%~7%。

（四）需求加快复苏，工业品价格回升，稳定市场主体政策继续发力，将带动工业企业效益持续改善

2020 年，我国工业企业利润探底回升。2020 年工业企业利润同比增长 4.1%，增速较上年回升 7.4 个百分点。展望 2021 年，我国工业企业效益有望大幅回升。一是生产加快复苏，有助于改善企业效益。全球经济恢复，带动我国出口行业稳步复苏，国内工业生产加快，带动我国宏观经济企稳向好，从而改善企业效益。二是随着需求企稳回暖，石油、有色等大宗商品价格将逐渐回升，推动工业品价格持续回升，PPI 有望实现正增长，进而助推企业收入和利润增加。三是为应对疫情出台的一系列助企纾困政策、中小企业促进政策等对稳定市场主体发挥了非常重要的作用，今年将继续改善企业发展环境，降低企业经营成本，增加企业利润。预计 2021 年我国规上工业企业利润将显著回升，全年增长 6%~8%。

二、需要关注的几个风险点

（一）需求不足风险突出，将制约工业经济持续反弹

长期以来，需求不足一直是制约我国经济发展的主要因素。受疫情冲击，当前国内供需恢复不同步，需求不足矛盾加剧，突出表现为三大需求特别是消费需求恢复缓慢。从供给侧看，我国工业增加值在主要经济指标里面率先实现累计增长，已连续 4 个月保持正增长。从需求侧看，2020 年，我国工业投资小幅增长 0.1%，工业出口交货值和社会消费品零售额分别同比下降 0.3% 和 3.9%，降幅都较年初有明显收窄，但仍未转正。具体看：投资方面，房地

产投资和基建投资自 6 月份和 9 月份开始分别实现累计正增长,而制造业投资还在下滑。出口方面,随着全球经济恢复,我国出口快速反弹,但主要是结构性恢复,纺织服装、皮革制鞋等非必需品类出口降幅仍然较大。消费方面,生活必需品和升级类消费品增长较快,服装类、居住类、出行类商品消费仍在下降。综合看,我国需求恢复缓慢,若需求不足矛盾继续加剧,将会影响工业生产持续反弹,成为畅通工业经济循环的主要风险。

(二)断供风险依然较大,恐将扰乱产业转型升级步伐

近几年,以美国为首的发达国家假借"保护国家安全"的名义对华高技术产品施以严格的出口管制措施和技术封锁。2020 年美国多次将我国企业及机构列入"实体清单",以限制对华高技术领域高端装备、关键零部件和材料出口。美国商务部数据显示:2020 年 1—11 月,美国对华高科技产品出口(以美元计价)同比下降 10.2%,年内累计降幅持续两位数下滑。其中,航天、生物技术、光电领域高科技产品出口降幅最大,分别达到 58.9%、17.9%和 17.7%,信息及通信产品出口也下降 3.9%;电子产品出口仍然保持较高增长,但增速较 2019 年同期回落 9.3 个百分点。当前,我国产业转型升级正处于爬坡过坎的关键时期,但在美国对华高科技产品出口管理措施不断加严且逐渐滥用,在我国产业对国际供应链过度依赖的现状下,国内部分重点产业供应链断供风险有增无减,不利于我国产业迈向中高端。

(三)利润改善基础不稳,影响市场预期和投资信心

2020 年我国工业企业利润有所改善但基础仍非常脆弱。2020 年我国工业企业利润增速达到近两年的高点,企业盈利能力有所增强,但营业收入同比增速只有 0.8%,远远低于同期利润增速,也远低于上年同期收入增速。这表明,当前利润小幅改善主要是由成本端改善带来的,而非销售端增长的拉动,这是一种经济收缩阶段非常脆弱的改善。更需关注的是,中小企业抗风险能力弱,受疫情影响较大,自身修复更为艰难。2020 年 3 月份以来,我国制造业 PMI 持续位于景气区间,下半年一直维持在 51%以上;但小型制造企业 PMI 一直在荣枯线上下波动,12 月份降至 48.8%,与大型和中型制造企业 PMI 的差距扩大至 3.9 个百分点。这表明我国工业企业特别是中小企业面临的生产经营风险仍然较大,如果销售市场不能有效恢复,经营收入没有明显改观,企业效益恐难有实质性改善,进而严重影响市场预期和投资信心。

三、对策建议

(一) 深化要素市场改革,营造良好发展环境

一是深入推动"管住中间,放开两端"的电力价格机制改革,建立完善独立、基于绩效的激励性输电和配电价格体系。二是放开成品油以及天然气价格,由市场竞争形成,推动油气管道等基础设施收费分类施策,逐步实现价格市场化。三是推动能源、铁路、电信、公共事业等行业竞争性环节市场化改革,创造更多民营企业、中小企业的市场机会。

(二) 发挥财税导向作用,促进高水平供需平衡

一是聚焦关键卡脖子领域,加大资金支持。整合现有资金,围绕关键"卡脖子"领域,加大对基础研究和应用研究支持力度。继续加大对质量基础能力建设支持,重点围绕标准、计量、认证认可、检验检测等质量基础技术,解决一批重点领域全产业链关键共性问题。二是继续降低企业税收负担。逐步推动增值税税率三档并两档改革,适时下调制造业增值税税率;择机下调企业所得税;加快税收体制改革,提高直接税比重,从税收体系上解决企业税负问题。

(三) 加快金融市场改革,更好服务工业经济发展

一是大力培育和壮大创业投资基金、天使投资基金、私募股权基金等市场主体,形成结构合理的多层次资本市场。二是加强金融产品创新,积极拓展抵质押品范围,探索设备、无形资产、应收账款等抵质押贷款;适当扩大"无还本续贷"政策的覆盖范围,减轻企业转贷压力和转贷成本。三是推动资本市场注册制,支持符合条件的制造企业在科创板、创业板上市,解决企业融资难题,提高企业直接融资比例。

(四) 深化对外开放合作,拓展国际市场空间

一是进一步完善出口退税政策,细分"两高一资"产品分类,提高新材料等产品出口退税率,鼓励新材料产业出口。二是推动 RCEP 协定尽快实施,加快推动中日韩等自贸协定谈判进程,实现更高水平的区域经济融合。三是鼓励企业参与"一带一路"建设,利用"自贸区""自贸港"等政策契机,加强国际产业合作,拓展国际市场。

第十二章

政策展望

2020年是"十三五"收官之年,也是我国经历新冠肺炎疫情冲击并取得抗疫胜利的关键一年。在疫情的严重冲击下,我国经济社会发展仍取得显著成绩,成为世界大国中唯一取得正增长的国家,为"十四五"开局发展奠定了坚定基础。疫情虽然对经济发展造成一定冲击,但也促进数字经济的新业态新模式不断涌现,工业化和信息化融合发展不断加速。2020年10月召开的党的十九届五中全会,描绘了"十四五"规划的宏伟蓝图,今年制造业中长期规划、行业转型规划、中小企业规划等相关专项规划将陆续出台,这些都为做好今年工业发展工作提供了指引。在以习近平同志为核心的党中央的坚强领导下,贯彻落实好"十四五"规划相关精神,实现我国工业高质量发展,需切实增强制造业创新能力、稳步提升产业链供应链现代化水平、大力推动制造业全产业链优化升级、加快构建制造业双循环发展新格局,尽快出台一批专项扶持政策并推进一批重大任务工程,早日实现建设制造强国与网络强国的战略目标。

第一节 切实增强制造业创新能力

创新是引领发展的第一动力,是实现工业高质量发展的源动力。近年来美国对我国科技封锁不断加码,更加凸显了我国制造业存在的一系列短板问题,加快创新驱动发展迫在眉睫。"十四五"规划建议提出"坚持创新驱动发展,全面塑造发展新优势",从强化国家战略科技力量、提升企业创新能力等方向做出重要部署,这为做好制造业领域创新工作指明了方向。

一、加快推进关键核心技术攻关和产业基础再造

为有效解决"卡脖子"问题,应做好以下两方面工作:一是瞄准现阶段我国制造业发展的现实需求,在新一代信息技术(尤其是集成电路、工业软件等领域)、高端装备、新材料、生物医药等重要领域,制定"卡脖子"技术攻关清单,通过专项资金扶持、税收优惠、人才晋升等政策鼓励及其他手段,引导企业、科研机构加大对"卡脖子"技术攻关清单上所列重要产品和关键核心技术的攻关力度,制定一系列工程化、产业化任务,尽快补齐制约我国制造业发展的短板。二是要继续深入推进产业基础再造工程,在核心的基础零部件、先进的基础工艺、关键的基础材料、关键的基础技术以及关键工业软件等"新五基"领域加强技术攻关与产业化应用推广,打造一批产业基础突破产品。

二、加快布局一批国家制造业创新中心和共性技术平台

"十四五"规划建议提出"制定实施战略性科学计划和科学工程,推进科研院所、高校、企业科研力量优化配置和资源共享""推进国家实验室建设,重组国家重点实验室体系",加强制造业创新驱动发展,要深入贯彻"十四五"规划精神,做好以下两方面工作:一是围绕新一代信息技术(尤其是集成电路、工业软件等领域)、高端装备、新材料、生物医药等重要产业领域,继续加强制造业创新中心创建工作与动态考核工作,推进制造业创新中心体制机制进一步优化,加快突破一批产业共性技术,解决重大科技突破面临的最后一公里"死亡之谷"问题。二是围绕上述产业领域,加强整合国企、高校等机构现有的国家重点实验室等资源,形成创新合力,力争打造一批重点产业领域的国家实验室,打造制造业创新的制高点、动力源。

三、更好发挥企业在创新驱动中的中流砥柱作用

"十四五"规划建议提出"强化企业创新主体地位,发挥企业家在技术创新中的重要作用。发挥大企业引领支撑作用,支持创新型中小微企业成长为创新重要发源地。健全以企业为主体、市场为导向、产学研用深度融合的技术创新体系"。近年来我国已涌现出华为等一批科研创新能力较强的行业领军企业,但整体来看,我国制造业企业的创新能力总体不强,尤其是广大中小型企业创新投入不足、创新能力偏弱。下一步应在研发投入税收优惠、

政府采购政策等方面继续加强扶持力度，鼓励企业继续加大研发投入。尤其是要注重加强产业链上下游企业的创新合作，瞄准行业发展关键共性技术加强协同创新。

第二节　稳步提升产业链供应链现代化水平

近年来，在中美贸易持续摩擦、美国对我国科技封锁不断加剧的背景下，我国众多企业面临断供风险。2020年新冠肺炎疫情冲击下，全球产业链、供应链正常运行受到了严重冲击，我国工业运行也面临了停工停产等负面冲击，更加凸显了提升产业链供应链现代化水平的重要性。"十四五"规划建议提出"推进产业链现代化，坚持自主可控、安全高效，分行业做好供应链战略设计和精准施策"，为下步工作指明了方向。

一、加快推进产业链锻长板

为有效增强我国产业链在国际竞争中的话语权、主动性，应进一步加强产业链锻长板以形成"杀手锏"，形成对西方某些国家的产业震慑力。具体来看，应围绕轨道交通、新能源装备、稀土材料等优势领域，加强推进制造业锻长板工程，进一步增强产业链上下游的补链、强链工作，并延伸产业链长度、增强产业链深度，围绕产业链龙头企业，瞄准技术发展趋势打造优势产业集群。

二、制定制造业产业链图谱

2020年新冠肺炎疫情暴发后，我国面临医疗防护产品的巨大产能缺口，以及一些企业因为缺乏上游配套而不得不停产。下一步，要尽快摸清我国产业链供应链发展的现状水平，进一步增强产业链上下游的协调能力。具体来看，要充分利用信息化技术手段，加快制定制造业各行各业的产业链图谱，搭建一批"产业大脑"，动态展示主要产业链的运行情况、产业布局、关键企业信息，着力增强产业链上下游协调能力。

三、加强优质企业梯度培育

提升产业链供应链现代化水平，需要企业之间形成紧密的产业链关系。围绕重点产业发展诉求，应加快打造一批具有核心竞争力的领航企业，形成对全产业链发展的引领作用，汇聚产业链发展的信息、资源等，形成产业发展聚力、打造"链主"企业。此外，加快打造一批专精特新"小巨人"企业和制造业单项冠军企业，促进其与"链主"企业形成更为紧密的产业链供应链协同合作关系。

第三节 大力推动制造业全产业链优化升级

"十四五"规划建议提出"推动全产业链优化升级。推动传统产业高端化、智能化、绿色化"。我国实现制造业高质量发展，不仅需要在新一代信息技术、生物技术、新能源、新材料、高端装备等领域加快促进战略性新兴产业发展，也应关注传统制造业的转型升级发展，巩固我国制造业发展的基本面。

一、推动传统制造业高端化发展

虽然近年来我国战略性新兴产业发展势头较好，已在国民经济发展中占据了重要地位，在国际产业竞争中实力不断提升。但也需清醒认识到，传统制造业在我国工业发展中仍占据了重要的分量与地位。国家统计局数据显示，2019年我国高技术制造业增加值占规模以上工业增加值的比重仅为14.4%，就业人口占比更是低于14.4%。由此可见，传统制造业的重要性不容忽视。应瞄准技术发展趋势、人民对美好生活向往的需求，加快传统制造业新产品开发、新技术研制，向产业链高端环节迈进。

二、推动传统制造业智能化发展

目前第四次工业革命在全球加速演进，以新一代信息技术与制造业的深度融合为主要特征的智能制造模式成为传统制造业升级的主要路径手段。应进一步坚持工业化和信息化深度融合发展，以智能制造为主题，推动传统制造业转型升级发展。尤其是要加快培育一批智能制造系统解决方案提供商、建设一批工业互联网平台，探索不同产业智能制造升级发展的路径模式。

三、推动传统制造业绿色化发展

我国已正式向国际社会提出"2030年实现碳达峰、2060年实现碳中和"的庄严承诺，工业领域的绿色发展是实现"碳达峰、碳中和"的关键所在。应进一步抓好绿色制造等重大工程，在钢铁、化工、水泥、造纸、纺织、印染等高耗能、高污染产业领域加快推进绿色生产技术与设备的应用推广。此外，应加强对传统制造业的布局优化，以实现污染物的集中处理以降低成本。

第四节　加快构建制造业双循环发展新格局

党中央提出构建"以国内大循环为主体，国内国际双循环相互促进"的新发展格局，这是在对我国发展面临历史阶段的准备把握基础之上而做出的重要战略调整。制造业高质量发展需要顺应构建双循环格局的战略需求，注重国内大市场的培育、挖掘，巩固我国制造业在国际市场中的优势地位。

一、以产业升级引领国内大市场培育挖掘

近年来社会上出现了"出国购物热"，表明我国制造业发展仍存在较多的产品缺位现象，这是由于我国相关产品质量、产品品牌影响力等方面仍存在较多短板。在国内大市场培育挖掘方面，一是要增强制造业供给体系对国内需求的适配性，瞄准人民群众对美好生活向往的需求，加强引导相关企业对高附加值产品的研制生产。二是要在 5G、人工智能等关键产业领域，更好发挥我国超大市场规模优势，通过加强政策引导、应用模式场景开发推广等手段，加快培育一批新消费点，引领制造业创新发展。

二、以扩大开放促进国际大市场优势巩固

2020 年，我国与东盟十国、日本、韩国等 15 国正式签署《区域全面经济伙伴关系协定》（RCEP），并与欧盟完成"中欧投资协定"谈判工作，表明我国制造业发展的国际市场空间潜力巨大。下一步，我国制造业发展应瞄准国际大市场，在新一代信息技术、新能源汽车、高端装备、新材料、环保技术、轨道交通、生物医药、数字经济等战略性新兴产业加强与欧盟等发达国家合作，全面加强与"一带一路"国家的产业合作，并从宣传指导、专题培训、强化沟通等方面加强对企业"走出去"的辅导与帮助。

后　　记

赛迪智库工业经济研究所长期跟踪研究工业经济，在对我国工业经济发展趋势研判、制造业发展营商环境、工业高质量发展、工业领域前沿技术创新的基础上，历时半载，经广泛调研、详细论证、数次修订和完善，完成了《2020—2021年中国工业发展质量蓝皮书》。

本书由刘文强担任主编，关兵、王昊、张文会担任副主编，负责书稿框架设计和审稿，关晓旭负责统稿校对。全书共分为六篇，其中：理论篇由王珊（第一章）、张文会（第二章）编写；全国篇由乔宝华（第三章）、张文会（第四章）编写；区域篇由乔宝华、王珊（第五章）、刘世磊、张淑翠、韩建飞、梁一新、孟凡达、张厚明、张凯、张亚丽、韩力、谢雨奇、周禛、苍岚、王珊、李雨浓（第六章）编写；专题篇中的工业高质量发展专题研究由关兵（第七至第十章）编写；展望篇中的形势展望由乔宝华（第十一章）编写，政策展望由王昊（第十二章）编写。同时，本书在研究和编写过程中得到了工业和信息化部各级领导，以及行业协会和企业专家的大力支持与指导，在此一并表示衷心的感谢。

本书以习近平新时代中国特色社会主义思想为指引，围绕我国工业经济当前的重点、热点、难点问题进行研究，特别是对制造业高质量发展过程中所面临的机遇与挑战进行深度分析，构建了成熟的指标体系，旨在推动我国工业经济高质量发展。同时，希望我们的研究能够为探索工业高质量发展新路径提供一些思考，为制造强国战略的进一步落实提供一种新的监测和评估视角。

赛迪智库
面向政府　服务决策

思想，还是思想
　　才使我们与众不同

《赛迪专报》	《安全产业研究》	《产业政策研究》
《赛迪前瞻》	《工业经济研究》	《军民结合研究》
《赛迪智库·案例》	《财经研究》	《工业和信息化研究》
《赛迪智库·数据》	《信息化与软件产业研究》	《科技与标准研究》
《赛迪智库·软科学》	《电子信息研究》	《无线电管理研究》
《赛迪译丛》	《网络安全研究》	《节能与环保研究》
《工业新词话》	《材料工业研究》	《世界工业研究》
《政策法规研究》	《消费品工业"三品"战略专刊》	《中小企业研究》
		《集成电路研究》

通信地址：北京市海淀区万寿路27号院8号楼12层
邮政编码：100846
联 系 人：王　乐
联系电话：010-68200552　13701083941
传　　真：010-68209616
网　　址：www.ccidwise.com
电子邮件：wangle@ccidgroup.com

赛迪智库
面向政府 服务决策

研究，还是研究
才使我们见微知著

规划研究所	知识产权研究所	安全产业研究所
工业经济研究所	世界工业研究所	网络安全研究所
电子信息研究所	无线电管理研究所	中小企业研究所
集成电路研究所	信息化与软件产业研究所	节能与环保研究所
产业政策研究所	军民融合研究所	材料工业研究所
科技与标准研究所	政策法规研究所	消费品工业研究所

通信地址：北京市海淀区万寿路27号院8号楼12层
邮政编码：100846
联 系 人：王 乐
联系电话：010-68200552 13701083941
传　　真：010-68209616
网　　址：www.ccidwise.com
电子邮件：wangle@ccidgroup.com